고 박사의 창조경제 이야기

지식재산을
경영하라

고 박사의 창조경제 이야기

지식재산을
경영하라

고충곤 지음

1판 1쇄 발행 | 2014. 4. 28.

발행처 | **Human & Books**
발행인 | 하응백
출판등록 | 2002년 6월 5일 제2002-113호
서울특별시 종로구 경운동 88 수운회관 1009호
기획 홍보부 | 02-6327-3535, 편집부 | 02-6327-3537, 팩시밀리 | 02-6327-5353
이메일 | hbooks@cmpal.com

값은 뒤표지에 있습니다.
ISBN 978-89-6078-177-1 03320

고 박사의 창조경제 이야기

지식재산을 경영하라

고충곤 지음

Human & Books

고충곤 박사는 기술과 법을 전공한 글로벌 융합 인재로서, 한마디로 학문과 현장을 아우른 경험을 가진 보기 드문 인물이다. 서울대 전자공학과 재학 중 미국 MIT로 전학하여 컬럼비아대학에서 박사학위를 받고 IBM 왓슨 연구소 연구원과 럿거스Rutgers 대학에서 교수 생활을 하다 뜻한 바 있어 다시 로스쿨을 졸업하고 변호사가 되었다.

본인이 삼성전자 디지털미디어 총괄사장 시절, 삼성전자로 영입되어 기술과 법이 만나는 분야에서 기여를 하였다. 광기기 분야 도시바와 삼성의 합작법인을 만들고, 국제 홈네트워크 기술표준 DLNA를 출범시켰다. 기술총괄에서 모바일 운영체제의 보안소프트웨어 개발과 표준특허 개발을 주도하기도 하였다.

또한 정보통신부 장관 재임 시절, 국가 R&D 사업 결과물을 관리하는 지재권센터의 초대 센터장으로 고 박사가 취임하여 전자통신연구원ETRI 특허를 수익화하는 프로젝트를 시작하였다. 이후, LG전자 특허임원으로 재직하고, 정부 주도 IP 전문기업의 토대를 닦아준 후, 현재는 이 모든 경험을 바탕으로 직접 IP 전문기업을 창업, 운용 중이다.

국내 기업이 가장 취약한 분야가 특허 분야이다. 우리나라의 제조업은 전 세계 선도 국가가 되었음에도 불구하고, 유독 지식재산 분야에서는 엄청난 로열티를 외국에게 지불하고 있다. 본인도 이러한 현실이 안타까워서 삼성 CEO 시절에 특허부서를 전문화한 결과, 이제 삼성은 전 세계에서 특허 선도 기업이 되었다.

애플 대 삼성의 소송에서 보듯이 이제 특허 역량이 기업의 생존과 직결되어 있다. 중국은 제조를 추격하고 있다. 우리나라는 고부가가치 제조로 승격해야 하는 절대절명의 시점에 있다. 머리로 승부하는 것이 지식재산이라면, 우리나라처럼 머리가 뛰어난 민족이 못할 이유가 없다.

고충곤 박사는 글로벌 경제 경쟁에서 승리하려면 지식재산이 핵심이고, 일반인들이 지식재산에 대하여 관심을 가지는 것이 중요하다고 한다. 다른 책들과는 달리 핵심 개념을 그림과 사례로 쉽게 설명하고 있다. 재미있는 소송 사례들과, 상표와 저작권에 대한 흥미로운 이야기 등으로 딱딱해지기 쉬운 법과 기술 내용을 편하게 풀어 나갔다. 이제, 지식재산 보유를 넘어서 활용하는 시대를 맞아 IP 펀드로 어떻게 지식재산을 수익화하는지도 설명하고 있다. 지식재산 전반에 관하여 입체적인 이해를 할 수 있도록 일목요연하게 설명되어 있다. 기업의 연구원, 임원, CEO뿐 아니라 전 국민이 이 책을 읽어서 우리나라가 창조경제의 선도 국가가 되기를 염원한다.

진대제(스카이레이크 인큐베스트 대표, 전 정보통신부 장관)

2009년 월풀 사가 LG전자의 냉장고를 국제무역위원회에 특허침해로 고소하였을 때, 고충곤 박사는 LG전자 특허 임원으로 소송을 지휘하여 승소판결을 얻어낸 바 있다. 공학 박사와 미국 특허변호사의 탄탄한 실력을 가지고 한미 양국에서 맹활약해 왔다. 그야말로 지식재산 분야의 최일선에서 종횡무진 활약해 온 그가 이번에 대한민국 창조경제의 불씨를 키워 주기 위해 이 책을 냈다. 지식재산을 보호하고 방어하는 차원을 넘어서서 우리의 기업들이 지식재산 비즈니스 모델을 구축해 수익을 올리고 글로벌 시장을 제패하기 위해 나서야 할 이 시점에, 실전 경험이 충만한 그가 들려주는 지식재산 이야기는 실로 새겨들을 가치가 있다.

이정환 (LG전자 특허센터장)

창조경제의 핵심은 지식재산이다. 고충곤 박사는 국내외 기업, 로펌, 정부에서 활발히 활동해 온, 지식재산 분야에 있어 국내 최고의 권위자이다. 누구나 쉽게 창조경제 시대의 지식재산에 대하여 총체적으로 이해할 수 있는 책을 저술하고 싶었다는 저자의 노력이 책의 곳곳에 배어 있다. 왜 애플과 삼성은 전 세계에서 그토록 치열하게 특허전쟁을 치르고 있는지, 왜 세계 각국의 기업이 지식재산을 지키거나 공격하려고 애쓰는지, 그 명쾌한 답이 이 책에 담겨 있다. 저자는 지식재산 근로자가 우리나라의 핵심자산이며 그들이 21세기의 산업 역군이며 글로벌 시장의 개척자라고 주장한다. 또한, 국가 경제가 한 단계 업그레이드되기 위해서는 상상력과 창의력으로 창출한 아이디어를 지식재산으로 확보하고 이를 활용하는 비즈니스의 단계로까지 나아가야 한다고 역설한다. 대한민국이 전 세계 지식재산의 중심에 서기 위하여 우리에게 꼭 필요한 책이다.

김영민 (대한민국 특허청장)

창조경제의 핵심 기반은 지식재산인데, 필자는 국내외 로펌과 기업에서 쌓은 경험을 토대로 향후 우리 기업이 글로벌 지식재산 경영을 해나가는 데 필수적인 핵심 사항을 아주 쉽게 잘 정리해 놓았다. 우리의 벤처와 중소·중견기업이 한국 경제의 새로운 성장 엔진인 '히든 챔피언'으로 커나가기 위해서는 기업의 경영자와 지식재산 담당자 모두 이 책을 일독해 보는 것이 매우 도움이 될 것 같다.

백만기(한국지식재산서비스협회 회장)

고충곤 박사는 수년 전 서울대에서 IP 강의 중 애플 대 삼성의 특허소송을 예견한, 이론과 실무에 정통한 국내 제일의 미국 특허변호사이다. 쉽고 재미있는 사례 위주의 강의를 읽다 보면, 창조경제의 실체가 저절로 잡힌다. 고충곤 박사의 경륜과 노하우가 녹아 있는 본 저서야말로 국내 IP 전문가들이 섭렵할 대상임을 확신하며, 본 저서가 창조경제 시대를 이끌어 갈 글로벌 인재 양성에 밑거름이 될 것으로 확신한다.

심영택(서울대 법학전문대학교 초빙교수)

SMEs are primary innovators and job makers in a creative economy. This book is an excellent guide for SMEs on how to commercialize their IP through sound management practice to become global players. (창조경제에서 중소·중견기업이 혁신의 주도자이다. 이 책은 중소·중견기업이 창조적 아이디어를 어떻게 지식재산으로 보호하여 글로벌 경제 주체가 될 수 있을지를 보여준다.)

Johnson Kong(IIPCC국제지식재산상업화협회 대표)

우리나라는 창조경제를 패러다임으로 삼아 새로운 경제 도약을 시도하고 있다. 과거 산업 경제 시대에는 추격자 형태의 기술 혁신을 통해 국가의 경제 성장이 가능했다. 하지만 일본의 견제와 중국의 추격이 거세고 글로벌 기업들 간의 무한 경쟁이 펼쳐지는 현 시점에서는, 창의성과 상상력에 의거한 선도적 형태의 기술 혁신에 기반한 새로운 산업의 창조에 우리나라의 미래가 달려 있다. 더군다나 그 새로운 산업은 다수의 일자리 창출까지 이룰 수 있는 새로운 패러다임을 추구해야만 한다. 그것이 바로 창조경제의 핵심이다.

최근 글로벌 기업들은 인문과 기술의 융합에 의한 창조적 혁신을 통하여 글로벌 시장을 선점하려 하고 있다. 필자는 대학에서 전자공학을 전공하여 미국 IBM 연구소에서 일하면서 박사 학위를 받고 미국 대학에서 교수 생활을 했다. 하지만 지식재산 Intellectual Property, IP이 미래 산업의 원동력이 되리라는 신념하에 다시 법학을 전공하여 미국 특허변호사로 한미 양국에서 활동해 왔다. 선진국에서는 지식재산 산업이 제조 산업의 상위 구조였지만, 막상 한국에 와 보니 지식재산 분야는 불모지였다. 우리나라는 특허 분야에서 그동안 눈부신 발전을 했으나 국제적 경쟁 차원에서 보자면 여전히 미흡하다. 우리나라 특허행정은 세계 최고 수준이며, 국내 기업들의 특허 건수는 괄목할 만한 발전을 이루었다. 그러나 지식재산의 내용적인 차원을 보자면, 질적인 수준이 낮고 피상적인 이해에 머물러 있다. 깊은 전략적 인식이 부족하다는 말이다.

최근 애플과 삼성의 스마트폰 분쟁을 계기로 특허와 지식재산에 대한 언론 보도가 많아지면서 이 분야에 대한 국민적 관심도 높아졌다. 지금이야말로 진정한 의미의 지식재산 혁명을 이루어, 제조 산업뿐 아니라 지식재산 분야에서도 우리나라가 세계의 중심이 되는 계기가 되어야 한다. 그러나 뉴스의 홍수 속에 기업이나 일반인은 지식재산 분야의 전문적 지식이 부족해 혼란스럽게 느끼는 경우가 많다. 심지어 전문가라는 사람들도 단편적인 지식에 의거하여 총론만 이야기한다.

필자는 이러한 현실이 안타까워 올바른 글로벌 지식재산에 대한 총체적 안목을 가진 저술이 필요함을 절감했다. 앞으로의 글로벌 경제 시대에는 무엇보다도 지식재산이 복합적으로 적용될 것이다. 특허소송, 라이센싱, 반독점법, 상표, 디지털저작권, 오픈소스 등 여러 가지 주제들이 지식재산이라는 하나의 틀 안에 어우러져 있다. 그래서 많은 사람들이 총체적으로 이해하는 데 어려움을 겪고 있다. 지식재산에 대하여 통찰력을 가지려면 기존의 고정관념을 뛰어넘어 새로운 방법으로 접근해야 한다. 분량보다 핵심, 개별 지식보다 패러다임, 규칙의 암기보다 사례 이해 위주의 접근방법을 택하여야 한다. 법의 추상적인 개념들만 읽어서는 소용이 없다. 실제로 경험해야 한다. 이러한 경험은 사례 연구를 통해 간접경험을 할 수 있다. 그러나 장님 코끼리 만지는 식의 단편적인 지식만으로는 위험하다. 각 지식들이 어떻게 유기적으로 연결되는지를 이해하는 것이 중요하다. 각 사례를 연결해 총체적으로 보는 것이 글로벌 경제 시대의 지혜가 된다.

필자는 이 책에서 독자가 큰 그림을 보고, 나무보다 숲을 보는 지혜를 갖게 되기를 바란다. 세부 지식은 인터넷으로 얼마든지 찾을 수 있다. 혹시 세부 지식이 조금 틀리더라도, 이 책의 취지에 비추어 독자 여러분의 양해를 바란다.

나는 이 책에서 지식재산의 핵심 개념을 사례와 그림으로 설명하려 노력했다. '백문이 불여일견'이라고 그림으로 보고 직관적으로 이해가 되면 최선이다. 그림은 오래 기억에 남는다. 개념을 설명하는 그림이나 개념과 관련된 그림을 통해 개념이 연상되도록 하였다.

지식재산은 국가마다 다르다. 그러나 공통되는 내용이 있게 마련이다. 때문에 되도록 공통되는 글로벌 IP 지식을 중심으로 사례를 들어 설명했다. 사례를 설명하다 보니, 미국 판례를 많이 인용하게 된 점에 대하여 양해를 바란다. 글로벌 지식을 먼저 설명하고 국내 부분은 따로 부연 설명을 하였다.

제1부에서는 창의적인 기술을 보호하는 특허와 제품 마케팅에 중요한 디자인 보호를 다루었다. 특허의 경제·역사적 배경부터 시작해서, 특허 전쟁의 창과 방패가 되는 여러 가지 법리들, 균등론 침해, 간접침해, 특허 무효, 특허소진 등을 다루고 이러한 법리들을 필자가 직접 경험한 〈포레스트 검프〉 영화 소송, LG 대 월풀 소송 등의 사례로 설명하였다.

제2부에서는 IP 융합시대에 맞추어 제품의 브랜드를 보호하는 상표와 문화 예술 콘텐츠를 보호하는 저작권을 다루었다. 상표에서는 상표의 식별력에서 시작하여 최근 이슈가 되는 트레이드드레스, 상표 희석 등을 다루었다. 필자는 어렸을 때부터 문화 예술을 좋아하여 저작권에 각별한 흥미가 있었다. 저작권을 기반으로 공유를 통한 혁신을 추구하는 오픈소스 소프트웨어도 다루었다.

제3부에서는 지식재산의 활용 문제를 다루었다. 앞으로는 지식재산 비즈니스 시대이다. 그동안 기업들은 특허의 양적 창출에 많은 노력을 기울였다면, 이제는 창출된 특허를 활용하여 기업의 수익을 높이고, 그 수익금이 다시 연구개발에 투입되는 선순환 구조를 만들어 나가야 한다. 국내 기업들도 지식재산을 잘 활용해 수비적 입장에서 공세적 입장으로 전환하여 수익을 창조할 시점이다. 지식재산 비즈니스를 활성화하기 위한 IP 금융의 역할도 다루었다.

정리하면, 제1부에서 기술혁신 보호의 중심인 특허와 소비자 구매선택의 기준인 디자인의 핵심을 이해하고, 제2부에서 브랜드를 보호하는 상표와 문화 예술 콘텐츠를 보호하는 저작권과 융합된 융합지식재산의 핵심을 이해하고, 제3부에서는 배타적인 지식재산의 활용 방안에 관한 큰 그림을 다루었다.

모쪼록 이 책을 통하여 지식재산에 대한 글로벌 개념을 이해하고 지식재산 혁신을 확산하여 창조경제를 활성화하기를 기대한다. 이 책은 일반인을 위한 것이지만, 기업의 CEO, 임원, 연구원들에게도 유익하기를, 특히 특허 관련 전문인들에게도 도움이 되기를 바란다. 이 책의 출판을 격려해준 영남중공업 김준헌 회장, 파수닷컴㈜ 조규곤 대표, 인포뱅크㈜ 장준호 박태형 대표, ISC테크놀로지㈜ 정영배 회장, 이지트로닉스㈜ 강찬호 대표, 서울대학교 박영준 교수님, Daniel Sherr 변호사, Erik Overgaard에게 감사드린다. 마지막으로, 전공분야가 아님에도 불구하고 열정적으로 교정을 해준 아내 이은영에게 무한한 감사의 말을 전하고, 미국에 계신 부모님과 형제들에게 이 책을 바친다.

2014년 4월

고충곤

CONTENTS

제2부 융합지식재산 이야기

상표 이야기

저작권 이야기

제3부 지식재산 비즈니스 이야기

제1부

재미있는 특허 이야기

요즘 화두인 창조경제의 실행에서 가장 중요한 것은 지식재산권에 대한 올바른 이해이다. 제1부에서는 지식재산권에 대한 핵심을 그림과 사례 중심으로 풀어가려고 한다. 신문지상을 통해 연일 삼성과 애플의 특허 분쟁이 보도되었다. 최근 구글마저도 삼성과 특허공유계약(Cross-Licensing)을 체결하고 스마트폰 특허분쟁에 적극적으로 개입하였다. 이러한 보도의 진정한 의미가 무엇일까? 특허란 도대체 무엇인지, 특허침해란 무엇인지, 그리고 비즈니스에 어떤 영향을 주는지 차분히 알아볼 필요가 있다. 글로벌 특허분쟁의 실제적인 전쟁터가 미국인 것은, 아는 사람은 다 아는 진실이다. 그러기에 필자는 특허와 특허분쟁을 미국의 판례를 통하여 설명하고자 한다.

1
지식재산
"정신적 창작물"

―

지식재산이란 인간의 정신적 창작 활동의 산물을 재산의 개념으로 보호하기 위한 것이다. 지식재산은 특허, 디자인권, 저작권, 상표권으로 구분할 수 있다. 발명이나 기술적 창작물은 '특허'로 보호가 된다. 제품의 구매를 자극하는 외관은 '디자인권'으로 보호된다. 예술이나 문화적 창작물은 '저작권'으로 보호된다. 지속적인 사업을 통하여 구축된 신뢰와 브랜드는 '상표권'으로 보호된다.

무형재산이란 눈에 보이지 않고 만질 수 없지만 기업의 가치 창출에 기여하는 중요한 요소이다. CEO 리더십, 기업의 전략과 실행력, 기업의 명성과 상품의 브랜드, 기업의 네트워크, 인적자원, 기업문화를 무형재산으로 볼 수 있다.

지식재산은 무형재산의 일종으로, 유형재산과는 분리된다. 특허권은 제품을 제조한 회사가 아니라 제품 적용 기술을 개발한 발명자에게 있다. 디자인권은 금형을 만든 회사에 있는 것이 아니라 외양을 디자인한 디자이너에게 있다. 저작권은 유형재산인 책을 찍어낸 인쇄업자에게 있는 것이 아니라 무형재산인 책의 내용을 쓴 작가에게 있다. 인터넷에서 영화 파일을 유료 구입하더라도 파일은 영화가 담긴 유형재산에 불과하므로 저작권을 양도받은 것이 아니다. 소프트웨어를 구매하면 사용할 권리만 라이센스 받은 것으로, 저작권자의 허락 없이 업로드해서 제3자와 공유하면 저작권 침해가 된다. 기술적 창작물은 특허라는 권리로 보호가 된다. 스마트폰을 무선으로 충전할 수 있는 기술, 눈동자 홍채를 인식할 수 있는 기술 등은 특허로 보호가 된다.

어느 나라나 특허는 각 나라의 특허청에 신청서를 출원해 심사를 거쳐 등록하게 된다. 출원일로부터 20년간 특허권이 지속된다. 국내에서는 기술적으로 난이도가 낮은 발명을 실용신안으로 설정해 10년 동안 보호한다. 미국에서는 디자인을 특허의 범주에 넣어서 디자인 특허Design Patent로 보호한다.

특허의 목적은 세상에 유익한 기술을 축적하는 데 있다. 세상에 유익한 발명을 유도하기 위하여 발명자에게 일정한 기간 동안 제한된 권리를 주는 대신, 독점 기간이 지나면 대중이 자유롭게 사용할 수 있도록 하여 기술 혁신의 촉진과 혜택의 확산을 꾀하는 것이다. 즉, 특허제도가 발달하면 국가가 기술을 많이 축적하게 되는 것이다.

2

지식재산의 경제학
"무임승차 방지"

—

정신적 창작물을 지식재산으로 보호하는 데는 경제학적 이유가 있다.

지식재산은 경제학의 '외부효과Externality'에 의거한다. 어떤 경제활동이 당사자가 아닌 다른 사람에게 의도하지 않은 영향을 발생시킬 때, 이를 외부효과라고 한다. 특히 손해를 발생시키면 부정적 '음의 외부효과Negative Externality'라고 한다. 예컨대, 어느 목동이 양떼를 이끌고 뒷동산 목초지로 가서 풀을 먹인다. 다른 한 목동도 똑같이 하였지만 목초지 풀은 남아 있다. 그런데 마을의 모든 목동들이 똑같이 하다 보니 목초지가 황폐해졌다. 이것이 부정적 외부효과를 설명하는 소위 '공유지의 비극Tragedy of the Commons'이다.

자본주의에서는 시장 경쟁이 기본이다. 그럼에도 불구하고, 모두가 사용해야 하는 공유재를 시장의 기능에만 맡기면 자원이 고갈될 위험이 발생하는 것이다. 지식의 경우에는, 기술 혁신 자체가 고갈될 위험이 있다. 그러므로 힘들게 공유재를 만든 사람에게 제한된 독점을 제도로 인정해 주는 것이 지식재산이다. 쉽게 이야기하면, 지식재산은 '무임승차Free Ride' 를 막기 위한 것이다. 누구나 요리는 안 하고 먹을 생각만 하고 있으면 결국 누가 애써 요리를 하겠는가.

그런데, 반대의 경우도 있다. 공유하면 할수록 전체적인 경제적 효과가 커지는 긍정적 '양의 외부효과Positive Externality'가 있다. 예컨대, 고속도로는 많은 사람이 이용할수록 경제효과가 커진다. 통신 네트워크는 가입자가 많을수록 경제적 가치가 높다. 기술표준은 모두가 사용하여 상호 호환성을 높이기 위한 것이다. 많은 사람이 표준기술을 쓰면 쓸수록 효용이 올라간다.

배타적인 권리 부여만이 혁신의 방법은 아니다. 공유의 허락으로도 혁신을 이룰 수 있다. 오픈소스 소프트웨어는 공유의 철학에 의거한 소프트웨어 혁신 방법이다. 한 사람이 코드를 개발하여 공유를 허락하면, 다른 사람이 개발된 코드를 다시 개발할 필요 없이 더 향상시킬 수 있다. 이렇게 해서 공유하는 오픈소스 소프트웨어 패러다임이 혁신을 주도할 수 있는 것이다. 쉬운 예로, 구글의 안드로이드 스마트폰 운영체제가 바로 오픈소스의 일종이다. 안드로이드 스마트폰 운영체제가 세계 시장을 장악하고 있는 것도 바로 긍정적 양의 외부 효과에 해당하는 것이다. 〈강남 스타일〉이 유튜브상에서 패러디Parody를 많이 허용함으로서 전 세계적으로 유명하게 된 것도 비슷한 효과라 할 수 있다.

3
특허제도의 효시
"르네상스"

특허제도는 경제학적 배경과 더불어 역사적 배경도 있다.

동서고금을 막론하고, 국가는 경제발전을 위해 지속적으로 새로운 기술을 개발해야 한다. 그런데 개발된 기술의 권리를 인정하고 보호해 주지 않으면 아무도 새로운 기술을 개발하지 않을 것이다. 때문에 특허 제도라는 제한적인 독점권을 인정하는 것이다. 그러므로 특허란 역사적으로 새로운 발명에 대하여 부여하는 것이다. 이미 대중에 알려진 발명에는 특허를 부여하지 않는다.

서양 특허의 역사를 보면, BC 500년경 그리스에서 새로운 요리를 발명한 사람에게 독점권을 주었다는 이야기도 있으나, 르네상스 시절인 1474년 베니스에서 시작되었다고 보는 것이 통설이다. 당시 베니스는 유럽의 관문으로 동서양 간의 중계 무역으로 막대한 부를 축적하였다. 이 부를 바탕으로 제조업에도 관심을 가졌다. 베니스 공화국은 새로운 기계를 발명하여 공화국에 특허 신청을 하면 10년 동안 독점권을 부여했다. 발명을 비밀로 숨기지 않고 국가에 신고하면, 제한된 독점적 권리를 줌으로써 그에 준하는 보호와 혜택을 제공한 것이다. 베니스 공화국의 첫 번째 특허는 실크 짜는 공정이었다고 한다.

근대 특허제도는 보호기간만 20년으로 늘어났을 뿐이지, 핵심은 베니스 공화국과 비슷하다. 이미 대중에 공개된 발명은 특허를 받을 수 없다. 발명가 스스로도 특허를 신청하기 전에 발명을 공개하면 특허 등록을 받을 수 없다. 예컨대, 방송에서 신제품을 소개하면서 앞으로 특허를 낼 거라고 이야기하면 끝장이다. 놀랍게도, 베니스에서는 허락 없이 특허 받은 물건을 만들면 그 물건을 파기시켰다. 이러한 조치는 근대 특허침해소송에서 침해제품 생산/판매 금지명령을 내리는 것과 비슷하다.

한편, 영국은 1624년 '독점에 대한 조례Statute of Monopolies'를 제정하면서 14년 기간의 특허권을 명시하였다. 당시 유럽에 비해 상대적으로 기술이 뒤처져 있던 영국은 특허권을 성문화함으로써 유럽 기술자들을 끌어들였고, 기술 부흥과 산업혁명을 주도하여 유럽 최강국으로 등극하게 되었다.

현대 글로벌 특허분쟁의 주도적 역할을 하고 있는 미국의 특허 역사를 살펴보자. 미국은 영국의 식민지였지만, 특허에 있어서는 초창기부터 체계적인 발전을 시도하였다. 우선 1787년 건국 헌법에 특허제도의 설치가 명시되어 있고, 1790년 특허법을 제정하였다. 당시 토머스 제퍼슨Thomas Jefferson과 같은 건국 책임자들이 특허제도의 중요성을 일찌감치 깨닫고 국부를 증진시키기 위하여 적극적인 조치를 취하였던 것이다.

미국이 특허제도를 얼마나 중시하였는가는 3대 대통령이 된 토머스 제퍼슨이 국무장관 시절에 초대 특허청장을 맡아 1790년 첫 특허를 허여許

The Constitution of the United
States of America

Article 1, Section 8, Clause 8

The Congress shall have the power...

to promote the progress of science
and useful arts by securing for
limited times to authors and
inventors the exclusive right to their
respective writings and discoveries.

• 특허제도의 설치가 명시된 미국 헌법(1787)

與한 사실을 보아도 알 수 있다.

심지어 미국에서는 대통령이 특허 발명가가 된 적도 있다. "특허는 천재성이라는 불에 기름을 붓는 것"이라는 유명한 말을 한 링컨은 '수심이 낮은 강에서 선박을 진전시키는 방법'에 관하여 특허를 받았다. 링컨 대통령은 일리노이 주 변호사일 때 특허 사건의 변호를 한 적도 있다.

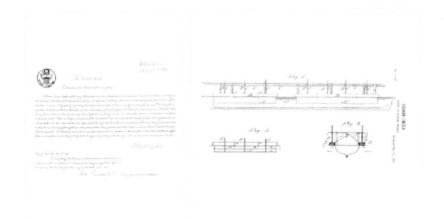

• 1790년 미국 최초의 특허인 '비누 용도 탄산칼륨 제조 방법'(발명자 : 사무엘 홉킨즈) • 링컨 대통령의 특허(US 6,469)

모르스 코드로 유명한 사무엘 모르스Samuel Morse는 1840년 전신을 발명하여 특허를 받았다. 처음에 모르스는 전자기파를 이용한 모든 통신을 독점한다는 아주 넓은 청구항을 신청하였다. 특허청은 이를 거절하고 결국 특정 부호를 이용한 통신에 대해서만 특허를 부여하였다. 결국 특허란, 제한된 독점권의 범위를 협상하는 과정에서 정부와 개인 사이에 정해지는 원칙이라고 볼 수 있다.

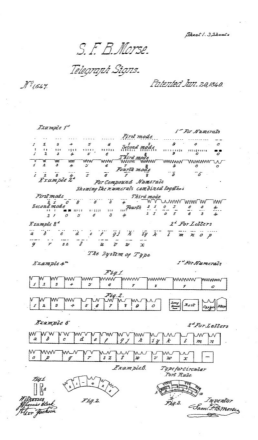

• 모르스의 전신 특허(US 1,647)

전화를 발명한 알렉산더 벨Alexander Bell은 하마터면 특허를 못 받을 뻔했다. 1876년 2월 14일 벨이 특허를 신청한 날 엘리샤 그레이Elisha Gray가 거의 비슷한 발명으로 불과 2시간 늦게 신청을 해서 누가 먼저 발명을 했는지 시비가 붙었기 때문이다. 2년간의 특허분쟁 끝에 미국 특허청은 벨의 손을 들어주었고, 결국 그 유명한 AT&T 회사를 탄생시켜 통신 산업 시대를 열게 되었다. 이와 같이 특허제도는 서양에서 산업 발전의 원동력이 되었다.

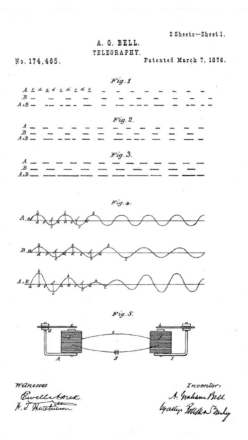

• 알렉산더 벨의 전화 특허(US 174,465)

발명의 왕 토마스 에디슨은 백열전구, 축음기, 영사기 등 1,093개의 세계 최다 특허를 등록하였다. 그 시대에 벌써 에디슨은 특허소송을 하였다. 에디슨은 '에디슨 제너럴 일렉트릭 전구회사'를 세우고 경쟁사를 대상으로 특허소송을 해서 승소하였다. 이 회사가 오늘날의 GE이다.

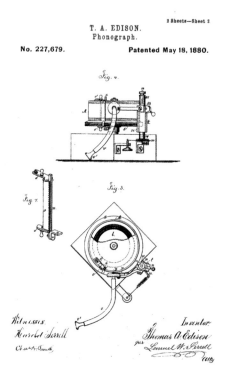

• 에디슨의 축음기 특허(US 227,679)

근대 교통수단의 효시인 비행기를 발명한 라이트 형제Wright Brothers는 1906년에 특허를 등록하였다. 흥미로운 점은 그들이 직접 제조하지 않고 특허료를 받고 제조사로 하여금 비행기를 생산하도록 하였다. 이른바 '라이센싱'의 효시인 셈이다.

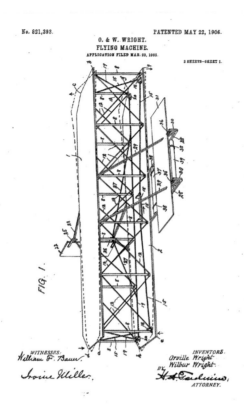

• 라이트 형제의 비행기 특허(US 821,393)

4

특허의 대상
"태양 아래 인간이 만든 모든 것"

—

특허의 역사에서 살펴보았듯이, 특허란 사회 발전에 유익한 제조방법과 기계에 대한 것이다. 그런데 날로 치열해지는 국제 특허분쟁은, 제조업을 넘어서 통신, 소프트웨어, 생명공학, 금융서비스까지 확산되고 있다. 도대체 특허의 대상은 어디까지 확산될 것인가?

우선 어떤 것들이 특허의 대상이 될 수 없을까? 아인슈타인의 'E=MC²'과 같은 자연법칙, 극저온에서의 초전도 현상과 같은 물리적 현상, 수학적 알고리즘과 같은 추상적 아이디어는 특허 대상이 아니다. 이들은 인류가 공유해야 할 대상이고 개인이 독점할 수 있는 대상이 아니다.

그럼 어떤 것들이 특허의 대상이 될 수 있을까? 동력으로 움직이는 자동차와 같은 기계Machine, 동력 없이 움직일 수 있는 척추 교정 목적의 의자와 같은 기구Article, 의약품과 같은 화합물Composition이 특허의 대상이다.

방법Method도 특허가 될 수 있다. 우선 공업화합물 제조 방법은 특허제도가 생길 때부터 당연히 특허의 대상이었다. 그렇다면, 음식물 제조 방법이 특허가 될 수 있을까? 피자 도우 둘레에 공간을 만들어 치즈를 집어넣어 만드는 방법은 특허가 된다. 그러나 추상적인 방법만으로는 특허가 될 수 없다. 예를 들어 '공부 잘하는 방법'은 특허 대상이 아닌 것이다. 추상적이거나 단순한 데이터 변환이 아니라, 물리적인 변환이 수반되는 일련의 과정이 방법으로 보호가 된다. 예컨대, 화학 분야의 아레니우스 공식에 의거하여 고무를 경화시키는 방법은 특허의 대상이다.

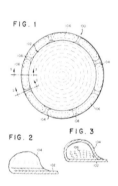

• 피자 만드는 방법 특허(US 4,661,361)

모바일 기기의 발전과 함께 소프트웨어는 정보 산업의 집약체로서 그 중요성이 날로 증가하고 있다. 소프트웨어가 특허로 보호될 수 있을까? 소프트웨어는 프로그램 언어를 사용하므로 저작권으로 보호가 되며, 특정한 기술적 아이디어는 컴퓨터를 구동하는 스텝의 집합인 방법 특허로도 보호가 된다. 예를 들면, 음성 인식 소프트웨어는 두 가지로 보호가 된다. 소프트웨어 자체가 특허의 대상이냐 하는 논란도 있긴 하지만, IBM과 마이크로소프트Microsoft는 일 년에 수천 건의 소프트웨어 관련 특허를 출원하고 있는 것이 현실이다.

소프트웨어가 금융기법에 적용되면, 금융기법도 특허가 될 수 있을까?

미국에서 1998년 스테이트 스트리트State Street 사례에서 허브 앤 스포크 Hub and Spoke 방법의 뮤추얼펀드 금융상품의 특허를 인정하면서 영업방법 Business Method, BM 특허 시대를 열었다. 고객이 구매하고 싶은 상품을 선정 하면 공급업체가 경쟁하며 가격을 내리는 소위 '역경매' 방법에 대하여 프 라이스 라인Priceline 사가 BM 특허를 받았다. 아마존Amazon은 온라인 쇼핑 을 할 때 단계상 클릭 수를 줄이는 소위 '원클릭' 방법에 대하여 BM 특허 를 받았다.

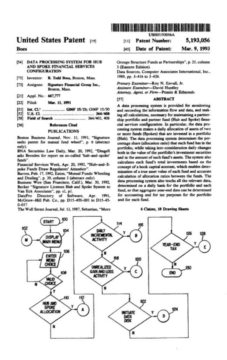

• 스테이트 스트리트 사례에서 문제가 된 금융 특허(US 5,193,056)

최근 인간 게놈 서열 분석, 유전자 조작 등 생명공학이 눈부시게 발전하고 있다. 유용성이 밝혀진 DNA나 아미노산 서열은 특허가 가능하고, 바이오 의약품 특허도 증가하고 있다. 생물 자체가 특허의 대상이 될 수 있을까? 일반적으로 자연에 존재하는 생물은 특허의 대상이 될 수 없다. 그러나 생물이더라도 인간의 조작에 의해 변형을 만들 수 있으면 특허의 대상이 된다.

유조선 사고로 기름이 바다에 유출되었을 때, 이러한 기름을 분해할 수 있는 능력을 가진 특수한 박테리아를 만들게 되자, 이에 따른 특허 보호가 논란이 되었다. 이에 미 연방대법원은 1980년 차크라바르티Chakrabarty 판결에서 "태양 아래 인간이 만든 모든 것은 특허의 대상이 된다"는 유명한 말과 함께 인간이 만든 박테리아도 특허의 대상이라는 판결을 하여 생명공학 특허 시대를 열었다. 이후 하버드대학이 암 연구를 위하여 유전자 조작을 통해 만든 실험 쥐, 소위 '하버드 마우스Harvard Mouse'도 특허 보호가 되었다. 미 연방대법원은 2013년 미리어드Myriad 판결에서 자연의 산물인 인간 유전자 DNA를 단순히 분리시켰다고 특허의 대상이 되지는 않지만 특별한 기술에 의해 합성되었다면 특허의 대상이 될 수 있다고 판결하였다.

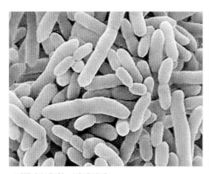

•기름 분해하는 박테리아

•하버드대학에서 유전자 조작으로 만든 실험 쥐

United States Patent [19]

Leder et al.

[11] Patent Number: 4,736,866

[45] Date of Patent: Apr. 12, 1988

[54] TRANSGENIC NON-HUMAN MAMMALS

[75] Inventors: Philip Leder, Chestnut Hill, Mass.; Timothy A. Stewart, San Francisco, Calif.

[73] Assignee: President and Fellows of Harvard College, Cambridge, Mass.

[21] Appl. No.: 623,774

[22] Filed: Jun. 22, 1984

[51] Int. Cl.⁴ C12N 1/00; C12Q 1/68; C12N 15/00; C12N 5/00

[52] U.S. Cl. 800/1; 435/6; 435/172.3; 435/240.1; 435/240.2; 435/320; 435/317.1; 935/32; 935/59; 935/70; 935/76; 935/111

[58] Field of Search 435/6, 172.3, 240, 317, 435/320, 240.1, 240.2; 935/70, 76, 59, 111, 32; 800/1

[56] References Cited

U.S. PATENT DOCUMENTS

4,535,058 8/1985 Weinberg et al. 435/91
4,579,821 4/1986 Palmiter et al. 435/240

OTHER PUBLICATIONS

Ucker et al, Cell 27:257–266, Dec. 1981
Ellis et al, Nature 292:506–511, Aug. 1981.
Goldfarb et al, Nature 296:404–409, Apr. 1981.
Huang et al, Cell 27:245–255, Dec. 1981.

Blair et al, Science 212:941–943, 1981.
Der et al, Proc. Natl. Acad. Sci. USA 79:3637–3640, Jun. 1982.
Shih et al, Cell 29:161–169, 1982.
Gorman et al, Proc. Natl. Acad. Sci. USA 79:6777–6781, Nov. 1982.
Schwab et al, EPA–600/9–82–013, Sym: Carcinogen, Polynucl. Aromat. Hydrocarbons Mar. Environ., 212–32 (1982).
Wagner et al. (1981) Proc. Natl. Acad. Sci USA 78, 5016–5020.
Stewart et al. (1982) Science 217, 1046–8.
Costantini et al. (1981) Nature 294, 92–94.
Lacy et al. (1983) Cell 34, 343–358.
McKnight et al. (1983) Cell 34, 335.
Binster et al. (1983) Nature 306, 332–336.
Palmiter et al. (1982) Nature 300, 611–615.
Palmiter et al. (1983) Science 222, 814.
Palmiter et al. (1982) Cell 29, 701–710.

Primary Examiner—Alvin E. Tanenholtz
Attorney, Agent, or Firm—Paul T. Clark

[57] ABSTRACT

A transgenic non-human eukaryotic animal whose germ cells and somatic cells contain an activated oncogene sequence introduced into the animal, or an ancestor of the animal, at an embryonic stage.

12 Claims, 2 Drawing Sheets

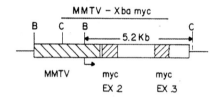

• 하버드대학 마우스 특허(US 4,736,866)

그런데 특허법이란 속지주의 원칙을 따르므로 특허의 대상은 국가마다 조금씩 차이가 있다. 미국은 의료 시술에 관련된 특허를 인정하는 반면, 유럽이나 한국은 인간의 존엄성에 대한 이유로 의료 시술 관련 특허를 인정하지 않고 있다.

농구하는 방법, 예를 들면 매직 존슨의 덩크슛 방법이 특허가 될 수 있을까? 골프 퍼팅하는 방법은 특허로 등록되어 있다. 그러나 필자의 생각에는 이 특허는 미국 특허청에서 허여는 했으나 법원에서 다투면 무효가 될 가능성이 높다. 헌법에서 보장된 인간 신체의 자유를 구속하게 되기 때문이다.

United States Patent [19]

Miller

[11] Patent Number: **5,616,089**

[45] Date of Patent: **Apr. 1, 1997**

[54] METHOD OF PUTTING

[76] Inventor: **Dale D. Miller**, 4801 Indigo Dr., Wausau, Wis. 54401

[21] Appl. No.: **624,264**

[22] Filed: **Mar. 29, 1996**

[51] Int. Cl.⁶ A63B 53/00
[52] U.S. Cl. 473/409; 473/131; 473/300
[58] Field of Search 473/131, 409, 473/207, 212, 213, 214, 226, 251, 266, 293, 300, 294, 252

[56] References Cited

U.S. PATENT DOCUMENTS

3,263,998	8/1966	Fanning	473/409
3,486,755	12/1969	Hodge	473/293
4,067,573	1/1978	Key, Jr.	473/300
4,272,077	6/1981	Spivey	473/300
4,605,228	8/1986	Gundling, Jr.	473/293

Primary Examiner—Steven B. Wong
Attorney, Agent, or Firm—Andrus, Scealos, Starke & Sawall

[57] ABSTRACT

A method of putting features the golfer's dominant hand so that the golfer can improve control over putting speed and direction. The golfer's non-dominant hand stabilizes the dominant hand and the orientation of the putter blade, but does not otherwise substantially interfere with the putting stroke. In particular, a right-handed golfer grips the putter grip with their right hand in a conventional manner so that the thumb on the right hand is placed straight down the top surface of the putter grip. The golfer addresses the ball as if to stroke the putter using only the right hand. Then, the golfer takes the left hand and uses it to stabilize the right hand and the putter. To do this, the golfer places their left hand over the interior wrist portion of the right hand behind the thumb of the right hand with the middle finger of the left hand resting on the styloid process of the right hand. The golfer presses the ring finger and the little finger of their left hand against the back of the right hand. The golfer also presses the palm of the left hand against the putter grip and squeezes the right hand with the left hand. The golfer then takes a full putting stroke with the above described grip.

13 Claims, 2 Drawing Sheets

• 퍼팅 방법 특허(US 5,616,089)

5

특허의 신규성과 진보성
"콜럼버스의 달걀"

앞서 살펴본 바와 같이 특허의 대상이 된다고 해서 특허를 무조건 받을 수 있는 것은 아니다. 특허는 각 나라의 특허법이 정한 일정한 조건들을 충족시켜야 한다. 이 조건에는 신규성과 진보성이 가장 중요한 요건이다.

특허소송은 누가 혁신적인 기술을 먼저 개발했는지를 가리고, 정당한 특허권을 가지고 있다면 상대방에게 침해에 대한 금지나 보상을 하는 것이다. 특허분쟁은 특허권자에만 유리한 것이 아니라, 다른 법정 소송과 마찬가지로 공정하게 원고와 피고에게 창과 방패를 제공한다. 원고에게는 문언상의 침해나 균등론 침해라는 공격 수단을 제공하지만, 피고에게는 비침해나 특허무효라는 방어 수단을 제공한다.

특허란 선행기술Prior Art에 비하여 새롭고 진보한 기술에 부여하는 것이다. 특허청이 심사라는 행정적인 절차를 통해 특허권을 부여하지만, 심사관이 선행기술을 놓칠 수도 있다. 그러므로 등록된 특허라도 법정 소송에서 신규성이나 진보성 결여로 무효가 될 수 있다. 특히 국제 특허분쟁에서 특허무효 시도는 단골메뉴이다.

청구항에 기재된 요소 기술의 조합이 A+B인데, 발명시점에 이미 앞선 선행기술로 A와 B가 하나의 문헌에 존재하고 있다면, 특허는 신규성 결여로 무효이다. 국내에서는 출원 전 같은 기술의 공지문헌이 존재하면 본인 논문이라도 신규성 상실로 무효이다. 미국에서는 1년 예외기간이 있어, 출원 1년 이전에 공지문헌이 있으면 자기 발명이라도 무효이다. 즉, 논문을 발표하고 1년 경과 후 미국 특허를 출원하면 무효가 되는 것이다.

선행기술로 A와 B가 따로 존재하고 있었지만, 두 개를 결합하기가 용이하였다면, 특허는 진보성 결여로 무효이다. 즉, 청구 발명이 선행기술과 동일하지 않아도, 발명과 선행기술의 차이가 그 기술 분야에서 통상의 기술을 가진 사람에게 자명하다면 특허를 받을 수 없다. 일반적으로 신규성 결여는 드물고, 진보성 결여를 가지고 다투게 된다. 선행기술이 존재한다는 증명으로 공지문헌을 찾게 되는데, 전 세계 어디라도 선행 문헌이 있으면 증거로 쓸 수 있다.

우리나라 특허법은 발명을 '자연법칙을 이용한 기술적 사상의 창작으로서 고도한 것'이라고 정의하고 있다. 즉, 자연법칙 자체는 특허를 받을 수 없지만, 자연법칙을 이용한 새로운 기술에 대하여 심사를 해 특허를 허여한다.

전 세계적으로, 신규성의 원칙에 의하여 선행기술과 똑같은 기술은 당연히 특허를 받을 수 없다. 또한 진보성의 원칙에 의해 선행기술과 대비하여 진보의 정도가 미미한 기술도 산업 발전에 기여할 수 없으므로 특허를 받을 수 없다. 단순한 재료 변경, 수치 한정 등은 진보성이 결여된다. 진보성 여부 판단이 특허법에서 가장 중요한 문제 중 하나이다.

우리나라에서는 진보성을 발명의 목적, 구성, 효과 세 가지 요소의 측면에서 고려한다. 발명의 목적이란 발명이 해결하고자 하는 기술적 과제이고, 발명의 구성이란 발명의 목적을 달성하기 위한 기술적 수단을 말하며, 발명의 효과란 발명이 달성한 특유의 기술적 효과를 의미한다. 선행기술 대비 목적이 얼마나 특이한가, 구성이 얼마나 상이한가, 효과가 얼마나 현저한가를 고려한다. 발명이 속한 기술 분야에서 통상의 지식을 가진 자가 용이하게 발명할 정도의 수준이라면 진보성이 없다고 판단한다.

• 한국 특허청

특허청 심사관은 신청된 발명과 가장 가까운 선행기술을 찾고 양자를 대조 비교하여 그 차이점을 판단한다. 출원 당시의 시대로 돌아가서, 통상의 기술자의 입장에서 진보성을 판단한다. 발명의 목적, 구성, 효과를 종합적으로 검토하지만, 구성의 상이성이 가장 중요하다. 구성의 차이로 판단하기 힘들면, 효과의 현저성이나 목적의 특이성도 참작하여 전체적으로 판단한다.

진보성 판단에서 중요한 것이 '사후적 고찰의 오류'이다. '콜럼버스의 달걀'처럼 획기적인 기술 발전도 시간이 지나면 당연하게 여겨진다. 그러므로 과거 출원 시점으로 돌아가서 발명의 진보성을 판단해야 하며, 추후에 분쟁이 생겼을 때 분쟁 시점에서 판단하면 안 된다는 것이 '사후적 고찰의 오류' 원칙이다. 아쉽게도 국내 법원에서는 이러한 원칙을 간과하여 귀중한 특허가 사후에 무효가 되는 경우가 많다. 국내 특허의 무효율이 너무 높아 국제적으로 특허 경쟁력이 낮다는 지적이 있는데, 앞으로는 사후적 고찰의 오류를 범하지 않도록 신중해야 할 것이다.

진보성의 취지는 같지만, 판단 기준은 국가마다 약간씩 다르다. 미국은 구성의 차이만을 일차적 요건으로 보고 있으며 필요하다면 상업적 성공 등 경제적인 효과는 이차적 요건으로 고려한다. 상업적으로 성공한 기술은 진보성이 있을 확률이 높다는 것이다. 그러나 미국 특허 조건에는 고도의 창작이라는 요건은 없다. 남이 생각하지 못한 아이디어에 의거한 기술이라면 고도하지 않더라고 특허를 받을 수 있는 것이다. 전 세계가 지식경제로 가는 상황에서 이러한 진보성 판단 기준의 국제적 통일도 필요할 것이다.

진보성 판단의 예로서, 미국에서 바비큐를 할 때 안전하게 불을 피우기 위해서 쓰는 점화기Lighting Rod가 있다. 총 구조처럼 생겨서 방아쇠를 잡아당기면 불꽃이 튄다. 그런데 어린아이들이 함부로 장난을 하지 못하도록 안

• 바비큐용 가스 점화기(출처: 이베이)

전장치를 누르면서 동시에 방아쇠를 당겨야 작동이 되도록 한 장치를 토카이Tokai가 특허로 등록하였다. 이 특허를 가지고 경쟁사인 이스톤 엔터프라이즈Easton Enterprises를 소송하자, 피고인 이스톤 사는 특허가 무효라고 주장했다. 이스톤은 담배 라이터와 비슷하게 안전장치가 있는 선행기술과 종래 점화기 선행기술을 결합하면 토카이의 특허가 용이하게 도출될 수 있으므로 무효라고 주장하였다. 결국 이 특허는 법원에서 무효 판결을 받

있다.

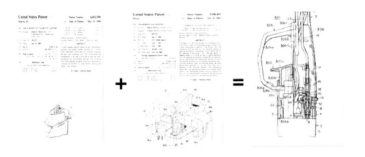

• 두 개의 선행기술을 결합하면 진보성이 부정될 수 있다.

6

특허 청구항의 중요성
"영화 〈포레스트 검프〉 특허소송 사례"

—

신규성과 진보성을 만족시켜서 특허를 받더라도, 실질적인 특허의 권리 범위가 중요하다. 특허의 권리 범위는 청구항Claim이 결정한다.

마치 부동산 문서에 소유 토지의 위치와 경계가 기재되어 있는 것처럼, 특허 기술의 정확한 권리는 청구항에 기재되어 있다. 권리 범위는 기술 요소들Elements의 교집합⁺으로 표현된다. 예컨대, 청구항에 요소 기술의 조합이 A+B+C로 기재가 되어 있는데, 동일한 A+B+C 기술이 탑재된 제품이 시장에 존재하다면 특허침해가 된다.

청구항 요소들이 많을수록, 침해로 판정되기 위한 요소 기술의 숫자가 많아지므로 좁은 권리의 특허가 된다. 청구항이 너무 길어서 요소 기술들이 너무 많으면, 시장 제품에 탑재된 요소 기술 중 하나라도 특허 요소 기술과 달라도 비침해가 되므로 쓸모없는 특허가 된다. 반면, 청구항이 너무 짧아서 요소 기술들이 적으면 권리범위는 넓어지지만, 자칫 기존 선행 기술에 저촉이 되어 오히려 무효가 될 가능성도 높다. 그러므로 청구항은 적절한 권리 범위를 청구할 수 있도록 가급적 간결하면서도 기술적 요소들을 정확한 용어로 기재하여야 한다.

청구항에 대한 적절한 사례로, 오래전 아카데미 수상작인 영화 〈포레스트 검프Forrest Gump〉가 휘말린 특허소송 사례를 살펴보자. 이 영화에는 톰 행크스가 케네디 대통령과 악수하는 장면이 나온다. 이 장면은 특수효과를 사용한 것이다. 원래 있던 케네디 동영상에서 악수하던 인물을 지우고 톰 행크스를 넣고, 케네디 대통령의 대사도 바꾸었던 것이다. 톰 행크스가 화장실에 가고 싶어 하는 동작을 보고 "이 친구 급하다는 말 같은 걸I think he wants to go to pee"로 대사를 바꾸었다. 한 치의 어색함도 허용하지 않는 할리우드 영화사 파라마운트Paramount는 새로운 대사에 맞도록 입 모양도 고치는 립싱크Lip Sync를 했다.

• 톰 행크스가 주연한 영화 〈포레스트 검프〉

• 〈포레스트 검프〉의 한 장면

그러자 립싱크에 대한 특허를 가진 불룸스틴Bloomstein이라는 특허권 자가 파라마운트를 상대로 특허소송을 제기하였다. 블룸스틴 특허US 4,600,281는 영화에서 입 모양을 고치는 특허로, 예컨대 프랑스 영화를 볼 때 자막 대신 영어로 립싱크를 하는 기술에 대한 것이다. 성우를 고용해서 새로운 언어의 입 모양을 측정해, 원래 영화의 입 모양을 고치는 기술이 특허 기술의 요지이다. 필자는 미국 로펌 페니 앤 에드몬즈Pennie & Edmonds 재직 당시, 파라마운트를 대리하여 변호를 맡게 되었다.

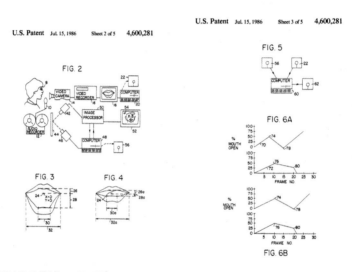

• 블룸스틴의 특허(US 4,600,281)

영화의 대사를 다른 언어로 고쳐 녹음하는 과정을 더빙dubbing이라 하는데, 블룸스틴의 특허는 더빙 과정에서 컴퓨터를 사용하여 영화 장면 중 원래 영화배우의 입 모양을 원하는 언어의 대사로 바꾸는 것이었다. 예를 들면, 프랑스 영화의 불어 대사의 입 모양을 영어 대사의 입 모양으로 바꾸는 식이다. 외국 영화를 시청할 때 밑에 자막이 나오면 자막을 보느라 영화 자체에 집중하기가 어려워지는 경험을 했을 것이다. 그래서 다른 언어로 더빙을 하면 알아듣기는 좋은데, 문제는 입 모양이 맞지 않아서 시각적으로 어색해지는 문제가 발생한다.

이 문제를 해결하기 위하여 블룸스틴 특허는 원래 배우가 이야기하는 입 모양을 측정하고 성우를 통해 새로운 언어로 입 모양을 측정한 다음, 컴퓨터를 사용하여 원래 배우의 입 모양을 새 언어의 입 모양으로 바꾸는 것이다.

〈포레스트 검프〉에서 케네디 대통령이 톰 행크스와 악수하며 대화하는 장면은 톰 행크스가 파란 배경에서 혼자 악수하는 장면을 찍고, 백악관에서 케네디가 농구 선수와 악수하던 옛날 필름에서 그 선수를 뺀 다음 톰 행크스의 이미지를 끼워 넣었다. 악수하는 손의 위치가 정확히 맞지 않으므로 컴퓨터 그래픽을 사용해서 손의 위치까지 조정해 매끄럽게 연출되도록 하였다.

케네디 대통령의 립싱크는 조지 루카스 감독이 만든 특수효과 회사 ILM에서 더그 치앙Doug Chiang이라는 예술감독이 일래스틱 리얼리티Elastic Reality라는 프로그램과 어도비 포토숍Abobe Photoshop, 두 가지 프로그램을 사용하여 만들었다.

일래스틱 리얼리티는 모핑Morphing 소프트웨어이다. 모핑이란 하나의 이미지에서 다른 형태의 이미지로 서서히 바꾸어서 보는 사람에게는 마치 형태가 변형된 착각을 불러일으키는 것이다. 예를 들어, 여자의 모습이 남자의 모습으로 바뀌는 것을 광고에서 종종 접했을 것이다. 이미지의 경계선을 바꾸어 형태만 바꾸는 워핑Warping을 발전시켜 색깔까지 혼합Cross-blending시키면 모핑이 된다.

블룸스틴의 첫째 특허는 특수효과를 써서 만든 영화 자체를 청구하였다. 그런데 영화 자체를 특허의 청구 대상으로 했다는 것이 문제가 되었다. 미국의 특허법에 '인쇄물 예외의 원칙Printed Matter Doctrine'이 있다. 인쇄 기계는 특허를 받을 수 있지만, 특허 기계로 찍은 인쇄물은 특허의 대상이 될 수 없다. 왜냐하면 인쇄물에 독점권을 부여한다는 것은 헌법에 보장된 언론 및 표현의 자유를 구속하는 결과가 될 수 있기 때문이다. 비슷한 논리를 적용하면, 영화를 만드는 데 쓰이는 특수효과는 특허가 될 수 있다 하더라도, 이를 사용하여 만든 영화 자체를 청구하는 것은 헌법에 보장된 표현의 자유를 구속한다고 볼 수 있다. 법원은 이러한 주장을 받아들여서 블룸스틴의 첫째 특허를 무효로 판결하였다. 특허소송의 피고를 대변하는 입장에서 첫 번째 승리이다.

미국 특허소송 절차에는 특허 청구항을 해석하는 소위 '마크만 청문회 Markman Hearing'가 있다. 특허의 권리 범위는 청구항에 기재되어 있다. 그런데 권리 범위가 문장으로 표현되어 있기 때문에 사람마다 해석이 다를 수 있다. 특히 분쟁의 경우, 원고와 피고는 각자에게 유리한 쪽으로 해석하려 들기 때문에 법원이 청구항의 해석에 대하여 판결을 내릴 필요가 있다. 판사가 청문회를 열어 양쪽의 해석을 들은 다음 청구항 문구에 대한 판결을 하게 된다.

블룸스틴의 대표적인 청구항은 방법을 다음과 같이 세 단계로 수행한다. "제1화상과 제2화상, 두 개의 화상이 있는데, 각 화상에 나오는 입 모양이 서로 다른 언어들에 해당하는 경우 (1)제2화상의 입 모양을 대표하는 디지털 데이터를 발생하고 (2)제1화상의 입 모양을 대표하는 디지털 데이터를 발생하여 (3)상기 디지털 데이터와 컴퓨터를 사용해서 첫 번째 화상의 입 모양이 두 번째 화상의 모양과 비슷하도록 변화시킨다."

특허 청구항에 보면 한 '언어'에 해당하는 입 모양을 다른 '언어'에 해당하는 입 모양으로 고친다고 기재되어 있다. 〈포레스트 검프〉에서는 원래 필름의 농구 선수의 영어 대사를 톰 행크스의 영어 대사로 고쳤다. '언어Language'를 '국가 언어Country Language'로 해석한다면 영어를 영어로 고쳤으니 다른 '국가 언어'로 고친 것이 아니어서 침해가 아니다. 물론 원고인 불룸스틴은 '언어'를 '대사Dialog'로 해석해야 한다고 주장하였다. 한 '대사'를 다른 '대사'로 고쳤으니 침해라는 주장이다. 법원은 청구항에 '언어들Languages'이라고 복수로 표현되어 있는 점에 주목했다. '대사'라는 추상적인 개념으로 썼다면 단수로 썼을 텐데, 복수로 썼으므로 '국가 언어'로 해석하는 것이 옳다고 판결하였다. 결국, 파라마운트 영화사가 비침해로 승소했다.

이 사례에서 보다시피 청구항에서 용어의 선택은 너무나 중요하다. 고품질 특허를 만들려면, 발명자의 획기적인 아이디어도 중요하지만, 기술을 완벽히 이해하고 적절한 단어를 구사하여 법적으로 탄탄한 출원명세서를 준비하는 변리사나 특허변호사의 수준도 매우 중요하다. 미국에서는 공대를 졸업하고 로스쿨을 나온 사람만이 특허변호사가 되어 특허 출원을 하도록 제도화되어 있는데, 바로 이런 이유 때문이다.

이 사건과 관계된 또 한 가지 재미있는 사실은 〈포레스트 검프〉를 만든 로버트 저메키스Robert Zemeckis 감독이 〈콘택트Contact〉라는 영화를 만들었는데 이 영화에서 미국 클린턴 대통령이 이야기하는 장면이 나온다. 백악관 기록 필름의 일부분을 삽입했는데 저메키스 감독이 〈포레스트 검프〉 소송이 진행 중이었던 까닭에 입 모양을 고치지 않기 위해 영화 삽입에 적절한 부분을 찾느라고 고생했다는 후문이다.

만일 블룸스틴 특허가 아직도 유효했다면 다른 영화들도 문제가 있었을 수 있다. 예를 들면, 오래전 어린이들에게 폭발적인 인기를 끈 '베이브 Babe'라는 영화는 동물들을 의인화시켰다. 꼬마 돼지가 이야기하는데 돼지 입 모양의 변화가 블룸스틴 특허를 침해하는가 하는 재미있는 문제를 생각해 볼 수 있을 것이다. 돼지의 이야기가 과연 특허 청구항에서 이야기하는 인간의 '언어'인가 하는 우스운 문제로 귀착될 수도 있기 때문이다.

7

균등론 침해
"경쟁사 회피 설계에 대응"

—

영화 〈포레스트 검프〉 특허소송에서 보았듯이, 청구항의 단어 해석이 대상 제품이나 방법과 다르면 비침해가 되지만, 이것으로 문제가 끝나지는 않는다. 제품이나 방법을 특허와 다르도록 회피 설계를 하더라도 비슷하면 침해가 되는 경우가 있어서 주의해야 한다. 바로 '균등론 침해 원칙'이다.

특허침해가 성립하려면 특허의 모든 요소 기술All Elements이 제품에 존재해야 한다. 예컨대, 청구항에 기재된 요소 기술의 조합이 A+B+C인데, 제품이 A+B+C 요소 기술을 포함하면, 명확하게 문자 그대로 '문언상의 침해Literal Infringement'가 된다. 요소 기술 C 대신 회피 설계로 전혀 다른 기술 D가 포함된 A+B+D 제품은 청구항과 다른 조합이 되므로 비침해가 된다. 요소 기술 C를 아예 제외한 A+B 제품도 비침해이다. 그런데, C와 비슷한

C′ 요소 기술이 포함된 A+B+C′ 제품은 침해일까, 아닐까? 문언상의 침해는 아니지만 여기서 끝나지 않는다.

요소 기술 C′가 요소 기술 C와 기술적 차이가 근소하여 실질적인 차이가 없다면, 아래 그림과 같이 균등론 침해로 간주한다. 비슷한 방법, 역할, 결과를 초래하는 경우이다. 청구항에 기재된 대로만 보호한다면, 누구나 약간의 설계 변경 통하여 특허를 회피할 수 있을 것이다. 이를 막기 위해 청구항 기재 범위의 주변을 확장 보호함으로써 특허권자에게 실질적인 권리를 주자는 것이 '균등론 침해 원칙Infringement under the Doctrine of Equivalents'의 취지이다.

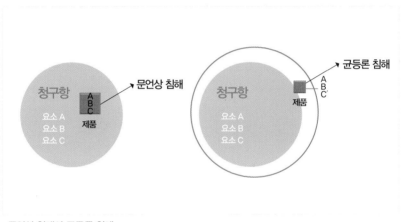

• 문언상 침해와 균등론 침해

앞에서 〈포레스트 검프〉의 케네디 대통령 립싱크에 대한 특허소송을 예로 들었다. 영화배우의 입 모양을 새로운 언어 대사의 입 모양으로 고치는 특허 청구항에 언어들Languages, 즉 복수로 기재되어 있으므로, 영어 대사를 다른 영어 대사로 고쳤다고 해도 문언상의 침해는 아니라고 법원이 판결하였다. 그러나 여기서 끝나지 않고 균등론 침해를 따져 보아야한다.

특허 청구항에는 '성우를 써서 새로운 언어의 대사에 해당하는 입 모양을 측정하여 디지털 데이터를 생성한다'고 기재되어 있다. 영화에서는 조지 루카스 감독의 회사ILM가 특수효과를 맡아, 더그 챙 예술감독 본인이 직접 새로운 대사의 입 모양을 거울을 통하여 관찰해 보고, 상업 소프트웨어를 이용하여 케네디 대통령의 입 모양을 고치는 작업을 하였다. 이미지를 다른 형태의 이미지로 점차적으로 변환시키는 일래스틱 리얼리티라는 모핑 소프트웨어를 사용하였다.

• 일래스틱 리얼리티 모핑 프로그램

법원이 균등론 침해를 판단하는 과정에서, 거울의 자신의 입 모양을 보고 케네디 대통령의 입 모양을 추정한 행위 C'가 과연 입 모양의 디지털 측정이란 C 특허 요소 기술과 근사한지가 문제가 되었다. 입 모양 추정은 컴퓨터 수행이 아니라 단지 인간의 머리에서 일어났으므로, A+B+C'가 아니라 아예 C 요소가 부재한 A+B의 경우가 된다. 요소 기술의 균등론 적용 자체가 불가능하다는 이야기이다. 결국, 법원은 균등론 침해도 없다고 판결하여 파라마운트 영화사가 승소하게 되었다.

이 사건은 엔터테인먼트 산업과 첨단기술이 만난 최초의 분쟁으로 세간의 주목을 받았다. 필자는 이처럼 중요한 분쟁의 일선에서 경험할 수 있었던 것을 행운으로 생각하며 심층 분석과 많은 노력을 경주하여 결국 승소라는 값진 결과를 얻게 되었다. 앞으로도 융·복합 첨단산업에서 비슷한 특허소송이 많이 생길 텐데 이를 해결하려면 전문적인 기술과 법에 대한 깊은 지식이 요구된다고 하겠다.

국제 특허분쟁의 경우, 명확한 문언상의 침해는 드물다. 대부분 기업들이 경쟁사 특허를 피하려고 회피 설계를 시도하기 때문이다. 회피 설계에도 불구하고 특허분쟁에 휘말리게 되면, 균등론 침해 여부가 중요하다. 균등론의 권리 확장 범위는 특허의 지위에 따라 다르다. 특정 분야에서 선구적인 지위의 획기적 발명이라면 확장 해석이 넓게 되지만, 종래 기술을 개선한 발명에 불과한 경우는 확장 해석을 좁게 제한한다. 특허권자 불룸스틴은 자신의 발명이 선구적인 지위의 발명이라고 주장했으나 법원에서는 이를 지지할 수 있는 객관적인 증거가 없다는 이유를 들어 인정하기를 거부했다.

8
특허무효화
"특허 공격 창 부러뜨리기"

앞서 문언상 침해나 균등론 침해로 특허 공격을 받은 경우, 피고 입장에서 가장 좋은 방어책은 문제가 되는 특허 자체를 없애는 것이다. 마치 공격하는 창을 부러뜨리는 격이다.

특허는 특허청이 발행하지만 특허청 심사관이 발견하지 못한 선행기술이 있을 수 있다. 이러한 선행기술을 찾으면 특허를 무효화할 수 있다. 특허란 선행기술 대비 새롭고 진보된 기술에만 부여되기 때문이다. 선행기술은 특허출원 전의 논문이나 특허문서 등에서 찾는다. 전 세계 어느 구석에 다른 언어로 된 인쇄물이라 하더라도 같은 내용을 찾으면 특허무효를 주장할 수 있는 선행기술이 된다.

〈포레스트 검프〉 특허소송 사례에서 필자는 피고인 파라마운트 영화사를 대리하면서, 특허의 립싱크 방법이 선행기술에 해당한다는 것을 증명하기 위하여, 낸시 버슨Nancy Burson의 미국 특허 4,276,570을 찾게 되었다. 1981년에 등록된 특허이므로 1986년 등록한 블룸스틴 특허보다 선행한다.

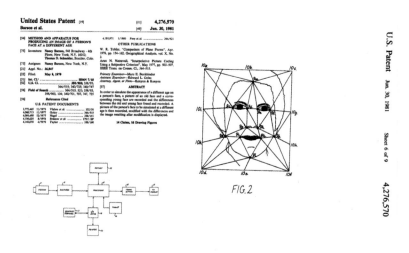

• 낸시 버슨의 미국 특허(US 4,276,570)

선행 특허 기술은 인물의 얼굴 사진을 삼각형 모양의 메쉬mesh로 나눈 다음 메쉬를 변형시킴으로써 그 인물이 나이가 든 모습을 연출하는 것이다. 파라마운트 사가 사용한 일래스틱 리얼리티의 기반이 되는 모핑이나 워핑 기술의 시조로 볼 수 있다. 나이가 들면서 입 주변의 입술 끝이 내려가는 것을 연출할 수 있다면, 립싱크를 위하여 입술을 열고 닫도록 연출하는 것은 너무 쉬운 일이다.

그러나 아쉽게도 이 선행 특허 기술을 가지고 블룸스틴 특허를 무효화시키는 데는 성공하지 못했다. 선행기술을 가지고 특허무효를 입증하려

FIG. Ig.

FIG. Ii.

FIG. Ih.

FIG. Ij.

• 나이 든 모습을 연출하는 특허 기술

면, 선행기술에 특허의 모든 요소 기술이 기재되어야 한다. 법원에서는 블룸스틴 특허의 입 모양을 측정하는 단계가 선행 특허에 나와 있지 않다고 했다. 물론 입 모양을 측정하는 단계는 해당 업계에 종사하는 사람이면 쉽게 생각해낼 수 있지만 말이다.

여담이지만 발명자 낸시 버슨은 화가로, 컴퓨터 그래픽 기술과는 거리가 멀어 보였다. 조사해 보니 공동 발명자이자 컴퓨터 그래픽스 교수인 토머스 슈나이더Thomas Schneider가 남자 친구였던 것 같다. 그 후 그녀는 성형외과 의사와 결혼해 성형외과 클리닉을 차렸다고 한다. 그녀의 특허는 나이가 든 모습을 인공적으로 연출하는 것이었는데, 성형외과 클리닉에서는 거꾸로 특허 기술을 사용해 성형수술 결과로 나이가 어리게 보이는 모습을 연출하여 환자들에게 보여주는 데 사용했다고 한다.

9

특허 진보성 보장하는 상업적 성공
"크록스 신발 사례"

앞장에서 보듯이 특허분쟁에서는 이미 등록된 특허라 할지라도 특허의 무효 여부가 큰 쟁점이 된다. 일반적으로 선행기술을 들이대고 특허의 진보성을 부정하려는 경우가 많다. 특허권자는 피고의 이러한 무효 공격에 대응하여 본인의 특허가 유효함을 주장해야 한다. 이 경우, 특허 기술이 상업적으로 크게 성공한 경우라면, 진보성을 인정받아 특허권자인 원고에게 유리한 증거가 된다.

특허가 유효하려면, 발명이 선행기술과 비교하여 해당 분야 통상의 지식을 가진 사람의 입장에서 판단할 때 일정 수준의 진보성이 있어야 한다. 진보성을 판단하는 일차적 기준은 선행기술과의 비교이다. 그러나 실무상에서는 심사관마다 주관적인 판단이 다르다. 객관적으로 명확한 기준이 없다는 말이다. 특히, 출원 시점에서 선행기술 대비 진보성을 판단하여야 하는데, 몇 년 후 분쟁이 일어난 시점에서 보면, 과거 출원 당시의 기술이 너무나 당연하게 보이는 '사후적 고찰의 오류'가 있을 수 있다. 예컨대, 지금은 당연시하는 인터넷 기술도 당시에는 획기적이었던 기술이다. 이렇게 시계를 돌려놓고 판단해야 하는 진보성 판단에 객관성을 보장하기 위하여 이차적인 요소들Secondary Considerations이 고려된다.

이차적인 요소들로 (1) 상업적 성공Commercial Success (2) 산업계의 찬사Industry Praise (3) 경쟁자들의 모방Copying by Others (4) 장기간 미해결 과제Long Unsolved Problem의 해결 (5) 전문가조차도 불가능하다고 인정한 과제의 해결 (6) 통상적 지식의 부정적 가르침Teaching Away의 극복 등을 고려한다. 이러한 요소가 있으면 진보성이 더 인정된다.

실제 사례로 크록스Crocs 신발 특허의 예를 살펴보자. 크록스는 플라스틱과 고무의 중간 재질인 약간 단단한 발포재를 사용하여 슬리퍼처럼 생긴 신발을 제조 판매하는 회사이다. 가볍고 편하며 물에서도 신을 수 있어 소비자에게 폭발적인 인기를 누리는 신발이다. 크록스는 미국 특허 6,993,858을 등록 받았다. 이 특허의 기술 구조는 나막신 같은 딱딱한 바닥과 공기가 통하도록 구멍들이 뚫려 있는 발등 커버, 발목을 지탱하는 끈으로 구성되어 있다. 크록스 신발이 시장에서 성공해 크록스 신발을 모방한 제품들이 미국으로 수입되자, 크록스는 미국 국제무역위원회ITC에 특허침해 제품의 수입금지 소송을 제기하였다.

크록스 신발은 전 세계적으로 큰 상업적 성공을 거두었다. 대부분의 특허는 결합 발명이다. 크록스 신발의 성공 원인은 딱딱한 바닥과 발뒤꿈치에 거는 끈의 결합이다. 피고 측은 플라스틱 신발 바닥이 있는 아쿠아 클로그Aqua Clog란 제품을 들며, 뒤꿈치 끈도 선행 특허에 나와 있으니 이 둘을 조합하면 용이하게 발명을 도출할 수 있으므로 진보성이 없다고 주장

• 크록스 신발

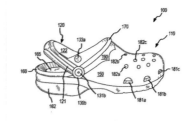

• 크록스 신발 특허(US 6,993,858)

하였다. 언뜻 듣기에 그럴듯하다.

　그러나 연방항소법원CAFC은 선행 특허에 기재된 끈이 크록스 신발끈처럼 딱딱한 재질이 아니라는 점에 주목하였다. 딱딱한 재질의 끈은 발뒤꿈치에 마찰을 주기 때문에 신발에 적용하기에는 상식에 어긋난다. 소위 '통상적 지식의 부정적 가르침Teaching Away'이다. 그렇다고 탄력성 끈을 쓰면 발을 앞으로 압박하기 때문에 불편하다. 크록스는 상식을 깨뜨리고 단단한 재질의 끈을 회전 리벳Rivet으로 고정시켜 발목의 뒤를 지탱해 줌으로써 소비자들에게 편한 착용감을 주었다. 법원은 선행기술이 상식적으로 예측하지 못한 결과를 발명이 실현하였으므로 진보성을 인정하였다. 이렇게 크록스 신발의 상업적인 성공이 특허의 유효성을 더욱 뒷받침하게 되었다.

　그러나 상업적 성공 자체만으로 진보성을 인정할 수는 없다. 선행기술에 의하여 진보성이 부정되는 기술은 아무리 이차적인 요인이 있어도 소용없다. 그러나 선행기술에 비하여 진보성이 있는 기술은 상업적 성공에 의하여 진보성 판단이 더욱 강화된다.

　기술의 발전 속도와 융·복합화가 가속되면서 진보성 판단이 점점 어려워지고 있다. 이러한 경우 상업적 성공과 같은 이차적 요소들을 보다 적극적으로 고려할 필요가 있다.

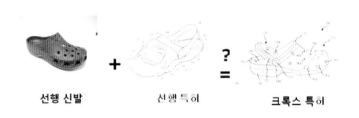

선행 신발 　+　 신행 특허 　?=　 크록스 특허

• 크록스 특허의 진보성

　선행기술의 조합에 의하면 진보성이 부정되지만, 상업적인 성공이 진보성을 지지하는 경우는 어떻게 될 것인가? 그동안 많은 판례에서, 아무리 상업적인 성공이 있다 할지라도 선행기술 대비 진보성이 부정되면 진보성이 없는 것으로 판시해 왔다. 미국 특허 발명의 진보성에 대한 가장 중요한 기준은 일차적으로 선행기술 대비 진보성에 대한 미국 대법원 KSR 판례이다. 미국 대법원 KSR 판례에 의하면 다른 분야의 선행기술이라 할지라도 상식적으로 결합될 수 있으면 진보성이 부정될 수 있다.

　그러나 선행기술 대비 진보성 판단이 쉽지 않은 경우가 많다. 이러한 경우 이차적인 요인을 고려한다. 발명 시점에서 선행기술 대비 진보성을 판단해야 하는데, 분쟁이 일어난 후에 보면 발명 당시의 기술이 자명하게 보이는 편견이 있을 수 있다. 이러한 사후적 고찰Hindsight의 오류를 없애기 위하여 상업적 성공과 같이 이차적인 요인을 고려한다. 본 판결에서는, 상업적인 성공은 특허 발명과 연관Nexus이 있어야만 진보성에 기여하는 요인으로 고려될 수 있다는 점을 명백히 하였다.

특허소송에서 원고 측의 입장에서는 상업적 성공에 대한 크록스 판례를 무기로 특허의 유효를 주장하게 되고, 피고 측 입장에서는 KSR 판례를 무기로 선행기술에 의한 특허무효를 주장할 것이다. 그러나 두 판례를 똑같은 비중으로 생각할 수는 없다. 어디까지나, 일차적으로 KSR 판례가 우선이고, 진보성을 가늠하기 힘든 경우에만 상업적 성공 기준을 고려하여 결론을 내야 할 것이다.

10

출원 금반언 원칙
"특허 공격에 대응하는 방패"

특허분쟁의 방어 입장에서 특허 자체를 무효화시키면 좋지만 똑같은 선행기술을 찾기란 쉽지 않다. 차선책으로 비침해를 증명하는 방법이 있다. 창의 공격에 대한 방패로 생각할 수 있다. 비침해 관련 방패 역할을 하는 '출원 금반언의 원칙'이 바로 그것이다.

특허 권리 범위는 일차적으로 ⑴청구항 ⑵명세서 ⑶특허청의 출원심사이력을 참조하여 결정된다. 이것으로 부족하면 이차적으로 사전, 기술논문, 전문가 증언 등을 참조하게 된다.

특허를 출원하면, 심사관이 선행기술을 조사하여 대부분 일단 거절 통지를 하게 된다. 출원인은 심사관이 찾은 선행기술과 출원기술이 어떻게 다른지 자세히 설명하여 거절 사유를 극복하고 등록을 하게 된다. 이 과정에서 출원인과 심사관 사이에 권리 범위를 주장하고, 설명하고, 보정하는 협상이 일어난다. 이러한 출원심사이력은 특허청에 '출원포대'Prosecution History'로 보존되고, 청구항의 범위를 정하는 필수불가결한 증거가 된다.

출원인이 출원 과정에서 한 주장을 등록 후 추후 특허분쟁에서 번복할 수 있을까? 특허란 국가와 주고받는 협상Give and Take으로 획득한 권리이므로, 출원 과정에서 한 주장은 나중에 번복할 수 없다는 것이 '금반언Estoppel' 원칙이다. 예컨대, 출원인이 심사관의 거절 이유를 회피하기 위하여 청구항의 범위를 줄이는 '축소 보정Narrowing Amendment'을 한 경우, 등록후 이미 감축한 부분에 대하여는 권리를 주장할 수 없다. 아래 그림의 왼쪽에서 처음 청구항 범위를 원으로 보고, 보정에 의하여 4분의 1 부분이줄었다고 가정하자. 이 경우, 시장에 있는 A 제품은 권리 범위 밖이므로원래부터 특허침해가 아니고, B 제품 또한 축소 보정에 의하여 권리 범위밖이므로 특허침해가 아니다.

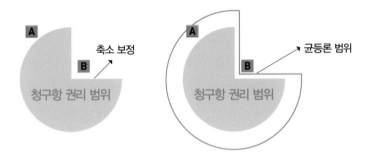

•축소 보정 시 특허의 보호 범위(문언상 침해와 균등론 침해)

그러나 여기서 끝나지 않고 균등론 침해를 고려해야 한다. 균등론 침해란 청구항에 나와 있는 문자 그대로의 침해는 아니지만, 비슷한 침해 제품의 경우에 형평성을 고려하여 권리 범위를 확장 인정하는 침해이다. 결론적으로 축소 보정이 된 경우는 균등론 침해가 거의 적용되지 않는다. 오른쪽 그림에서 균등론으로 확장된 권리 범위가 큰 원으로 표시되어 있다. 보정을 안 한 부분에 대해서는 확장 균등론이 적용되어 A 제품은 이제 균등론 침해가 되지만, 축소 보정 범위에 있는 B 제품은 확장 균등론이 적용되지 않으므로 균등론 침해도 성립하지 않는다.

이와 같이 축소 보정이 일어나면 권리 범위가 많이 줄어들게 되므로, 되도록 축소 보정을 하지 않고 특허를 등록시키는 것이 넓은 권리를 확보하는 중요한 특허 출원 전략이다. 적당한 범위의 청구항을 준비하고 심사관과 인터뷰를 통해 선행기술과의 차이를 잘 설명해 보정 없이 등록시키는 것이 좋은 방법이다.

청구항의 권리 범위를 해석하는 데 있어서, 발명자의 증언은 얼마나 중요할까? 상식적으로 발명자가 누구보다도 특허에 대하여 잘 안다고 볼 수 있지만, 법적으로 발명자의 증언은 일차적 증거가 아니다. 특허란 무형재산으로 소유권이 바뀔 수 있으므로, 발명자와 특허권자는 다를 수 있다. 많은 경우 회사가 특허권자이고 개인은 발명자에 불과하다. 실제로 공동 발명의 특허분쟁의 경우, 한 발명자는 특허권자 원고 측에 고용되어 유리한 증언을 하고, 다른 발명자는 피고 측의 증인으로 고용되어 상반된 증언을 하는 경우도 있다. 그러므로 아이러니컬하게도 발명자 증언은 신빙성이 떨어져서 이차적 증거로만 활용된다.

11

간접특허침해
"직접침해자 없이 간접침해 없다"

—

특허권자 입장에서 공격 무기로는 문언상 침해와 균등론 침해가 있다. 여기에 또 하나의 무기가 '간접침해'이다. 미국의 간접침해에는 두 가지가 있다. 특허가 적용되는 완제품을 제조 판매하지 않더라도 핵심 부품을 공급하는 경우 성립하는 '기여침해'가 있고, 타인에게 특허침해를 부추기는 '유도침해'가 있다.

특허침해가 성립하려면 특허 청구항에 명시된 모든 요소 기술이 대상 제품에 존재하여야 한다. 예를 들어, 특허 기술이 A+B+C라고 가정할 때, C를 빼고 A+B만 있는 제품을 생산하면 침해가 성립되지 않는다. 그러나 A+B가 핵심 기술이라면 이야기가 달라진다. 즉, '간접침해'가 성립될 수도 있다.

특허권자는 발명품의 생산make, 사용use, 판매sell 등 실시에 대하여 배타권을 가진다. 좀 더 정확하게 이야기하면, 판매하는 행위뿐 아니라 광고 등 판매를 위한 청약행위Offer for Sale와 외국으로부터의 수입행위Import도 포함된다. 배타권이란 타인이 허락 없이 특허 기술을 실시하는 행위를 금지할 수 있는 제한적 의미의 '부정적 권리Negative Right'이다. 스스로 실시를 할 수 있는 '긍정적 권리Positive Right'는 아닌 것이다. 예컨대, 내가 개량특허를 보유하더라도, 타인이 원천특허를 보유하고 있다면, 원천특허에 대한 라이센스를 받아야 내가 실시를 할 수 있다.

어떤 완제품에 관한 특허가 존재한다고 하자. 특허권자의 허락 없이 그러한 완제품을 생산한다면 당연히 침해이지만 부품만 생산한다면 침해가 성립되지 않는다. 실제로 많은 회사들이 특허침해를 우려하여 완제품을 만들지 않고 부품만 생산하고 있다. 현실적으로, 부품을 조립하여 완제품을 만드는 협력은 건전한 산업구조의 형태이다.

그러나 특허 제품의 핵심 부품을 생산하여 공급한다면, 특허권자의 입장은 어떨까? 예컨대, 완제품 램프에 대한 특허를 보유한 회사 X가 핵심 부품인 버너를 완제품 회사 Z에 공급하고 있었다. 어느 날 X의 부품 경쟁사 Y가 Z에게 싼 가격으로 버너를 공급하려 한다. X는 Y를 특허로 견제할 수 있을까? 특허법은 이러한 경우를 감안하여 '기여침해Contributory Infringement'라는 간접침해 법리가 있다.

간접침해는 특허 요소 기술이 결여되었음에도 불구하고 침해를 넓게 주장할 수 있으므로, 자칫 남용될 우려가 있다. 미국에서는 간접침해가 남용되는 것을 막기 위하여, '간접침해가 성립하려면 누군가 직접침해가 있어야 한다'는 전제조건이 판례로 확립되어 있다.

실제 사례로 오픈카로 전환할 수 있는 컨버터블 자동차에 대한 사례를 보자. 컨버터블 탑Convertible Top 사가 컨버터블 자동차에 쓰이는 접힐 수 있는 커버 구조에 대하여 미국 특허 2,569,724를 보유하고 있었다. 설명을 위한 목적으로 이 특허가 요소 기술 A+B+C를 명시하고 있다고 하자. 컨버터블 자동차를 제조 판매하는 GM은 합법적으로 이 특허에 대한 라이센스를 받았다. GM 컨버터블 차의 구매자들은 시간이 지나면 커버 구조가 낡아져서 교체를 해야 한다. 그런데 제3의 회사 ARO가 컨버터블 커버를 대체할 수 있는 천 구조$^{(A+B)'}$를 허락 없이 팔자, 특허권자인 컨버터블 탑이 ARO를 소송하였다. 앞에서 설명한 램프 회사와 비슷한 시나리오이다. 핵심 부품$^{A+B}$을 허락 없이 제조 판매했으니 간접침해의 일종인 '기여침해'라는 것이었다. 그러나 법원은 간접침해가 아니라고 판결했다. 왜일까?

구매자는 처음부터 합법적으로 GM 차와 GM에서 만든 커버 구조$^{A+B+C}$를 쓰고 있었다. 그러다가 커버 구조의 일부$^{A+B}$가 낡아져서 ARO의 부품$^{(A+B)'}$으로 교체하였다. 특허 제품의 일부를 수리하는 것은 법적으로 정당한 행위이다. 따라서 소비자는 타사 제품으로 부품을 교체하더라도 직접침해가 성립되지 않는다. 이 경우, 직접침해자가 없으므로, 간접침해도 성립되지 않는다고 미국 대법원은 1961년 판결하였다.

이후 동일한 특허를 포드^{Ford} 자동차에 적용한 사례가 있었다. 포드는 처음부터 문제되는 특허 A+B+C에 대하여 라이센스를 받지 않았다. 결국, 포드 컨버터블 차를 산 소비자도 사실상 침해 제품을 산 것이다. ARO의 부품$^{(A+B)'}$을 사서 수리하는 경우도 침해제품을 수리한 것이므로 소비자가 직접침해가 된다. 따라서 소비자가 직접침해를 하도록 핵심 부품$^{(A+B)'}$을 제공한 ARO사에게는 간접침해가 성립된다.

또 한 가지, 미국에서는 '유도침해^{Inducement}'도 간접침해로 인정하고 있다. 유도침해란 타인으로 하여금 직접침해를 하도록 지시, 교사, 안내를 하는 행위를 가리킨다. 예컨대, 특허 제품을 부분적으로 분해하여 키트로 공급하여 쉽게 조립하는 안내문을 넣어 팔아서 직접침해를 유도한다면 공급자에게는 유도침해가 성립된다.

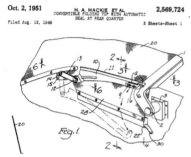

• ARO 사건의 컨버터블 탑의 특허(US 2,569,724)   • 포드 컨버터블 차를 위한 ARO 커버

12

묵시적 라이센스
"통합리모컨 사례"

앞서 이야기한 기여침해의 경우, 직접침해자의 부재가 방어 방법이다. 또 하나의 방어 방법이 있다. 이른바 '묵시적 라이센스'이다.

특허 제품을 구입하는 사람은 그 제품에 대해서만은 특허를 실시할 수 있는 권리를 특별히 명시하지 않더라도 묵시적으로 갖는데, 이를 '묵시적 라이센스Implied License'라고 한다. 이를 확장해서 특허 제품의 특별한 용도의 부품을 구입하면, 다른 부품에 대해서도 특허를 실시할 수 있는 권리를 갖는다. 예컨대, 배터리를 연결하기 위한 특수한 볼록잭과 오목잭의 조합이 특허라 하자. 오목잭만 설치된 카메라를 산 사람은 오목잭과 연결되는 볼록잭에 대한 실시 권리도 갖게 된다. 따라서 볼록잭을 장착한 배터리팩Battery Pack은 특허권자의 허락을 받지 않은 타 회사 제품을 써도 상관없다.

실제 사례로, 특허권자인 제니스Zenith 사는 자사 TV를 제어하는 리모컨에 대한 미국 특허US 4,425,647를 등록받았다. 이 특허는 리모컨에서 송신하는 신호를 TV 수신기가 받는 시스템으로 구성되어 있다. 그런데, 유니버설 일렉트로닉Universal Electronic 사이후 '유니버설'는 제니스 TV뿐 아니라 다른 여러 회사 TV를 제어할 수 있는 '통합리모컨Universal Remote'을 팔았다. 통합리모컨이므로 당연히 제니스 TV도 제어가 된다. 그러나 유니버설은 제니스에 특허 라이센스를 받지 않았다. 그러자 제니스가 유니버설을 특허 기술 침해로 고소하였다.

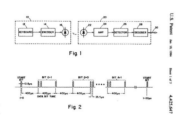 

• 제니스사의 특허(US 4,425,647)-리모컨 송신기와 • 통합리모컨
TV 수신기

제니스 특허는 TV와 리모컨의 조합인데 유니버설은 리모컨만 제조 판매하므로 직접침해는 성립하지 못한다. 따라서 제니스는 간접침해의 일종인 기여침해로 유니버설을 고소하였다. 법적으로 기여침해가 성립하려면 (1)직접침해자가 존재하고 (2)대상 제품이 특수 제작된 핵심 부품이어야 하고 (3)'비침해 용도가 가능한 다용도 물품Staple Article'이 아니어야 한다. 이 원칙에 따라 이 경우를 분석해 보자.

소비자들은 다음 세 가지 목적으로 통합리모컨을 구입한다. (1) 원래 리모컨이 고장난Broken 경우 (2) 원래 리모컨을 분실한Lost 경우 (3) 집 안에 혼란스럽게 많은 리모컨 숫자를 줄이기 위한Reduce Clutter 경우.

첫째 경우, 제품을 구입한 사람은 당연히 고장 난 부품을 수리 교체할 수 있는 권리가 있다. 그러므로 제니스 TV 구입자는 리모컨이 고장 난 경우 통합리모컨을 포함하여 어떤 리모컨이라도 교체할 권리가 있다. 소비자가 직접침해를 하지 않으므로 유니버설에게 간접침해의 책임도 없다.

둘째 경우, 앞서 언급한 대로 특허 제품을 사면 묵시적 라이센스에 의하여 그 제품에 관한 한 실시권이 있어서 일부 부품을 대체할 권리도 있다. 단, 대체를 하여 전체 특허 제품의 사용기간을 늘리면 안 된다. 이 경우, 잃어버린 리모컨을 대체한다고 해서 TV 전체의 수명이 늘어나는 것은 아니므로 합법적이다. 따라서 유니버설에 간접침해가 성립되지 않는다.

셋째 경우, 집 안에 있는 리모컨 개수를 줄이기 위하여 통합리모컨을 새로 구매한다고 해서 제니스 TV를 다른 TV로 교체하는 것이 아니므로, 제니스가 제품에 한정되어 허여한 라이센스의 범위를 넓히는 것이 아니라고 볼 수 있다. 그러나 이 문제는 복잡하므로 다른 기여침해 요건인 '다용도 물품'인지를 판단해야 한다.

통합리모컨은 제니스 TV를 제외한 다른 TV 제품과는 침해 문제가 없으므로 '비침해 용도가 가능한 다용도 물품'으로 볼 수 있어 결국 기여침해가 성립하지 않는다. 만일 제니스가 리모컨만 따로 특허를 냈더라면 이야기는 달라진다. 사례에서 보듯이 특허 제품이 부품으로 구성되어 따로 사업이 가능한 경우는, 부품도 따로 특허화 하는 것이 중요하다.

13

유도침해
"클라우드 기술"

앞서 '기여침해'와 함께 간접침해의 일종으로 언급한 '유도침해'는 네트워크 시대에 점점 더 중요해지고 있다.

이제는 네트워크 시대이다. 모바일 기술이 눈부시게 발전하면서 클라우드 기술도 발전하고 있다. 여행 중 스마트폰으로 사진을 찍어 클라우드에 저장한 후, 집에 돌아와 클라우드에서 여행사진을 꺼내 스마트 TV에서 볼 수 있는 시대이다. 이러한 네트워크 기술을 특허로 보호하려면 조심해야 한다. 클라우드 서버가 외국에 있거나 네트워크상에서 여러 주체가 수행을 하도록 특허 청구항이 작성되면 침해가 성립하기 힘든 경우가 있기 때문이다.

우선, 특허는 청구항 기재 방법에 따라 '시스템 특허'와 '방법 특허'로 구분된다. 시스템 특허란 요소 부품의 집합으로 특정한 기능을 구현하는 시스템에 대한 권리를 청구한다. 시스템은 물리적으로 하나의 제품을 넘어서 넓은 지리적인 공간에 구성될 수 있다.

NTP라는 회사는 무선 이메일에 관한 미국 특허를 가지고 있었다. NTP 특허는 무선 이메일 단말기와 이를 지원하는 서버들의 집합으로 구성된 시스템 청구항으로 되어 있다. 이 특허를 가지고 무선 이메일로 유명한 블랙베리Blackberry 사를 소송하였다.

블랙베리 단말기는 미국에서 판매되는데 블랙베리 서버는 캐나다에 있다. 이 경우 미국에서 침해가 성립될까? 특허침해가 성립되려면 특허 시스템이 등록 국가에서 제조, 판매, 사용, 또는 수입이 되어야 한다. 서버가 캐나다에 있으므로 미국에서의 제조, 판매, 수입은 아니므로 침해가 아니다. 그러나 사용Use에는 해당된다고 미국 법원은 판결하였다. 서버가 캐나다에 있더라도 미국에서 사용은 가능하다는 것이다. 결국 블랙베리는 특허침해로 판명돼 수억 달러의 손해배상을 하고 화해하게 되었다. 그러므로 미국에서 클라우드 기술 관련 시스템 특허는 설사 서버가 외국에 있더라도 사용에 관련하여 직접침해가 성립될 수 있다는 점을 숙지해야 한다.

방법 특허는 변환Transform을 수행하는 여러 요소 단계의 집합으로 권리가 청구된다. 역사적으로 제조 공정 방법이 특허로 보호되어 왔다. 최근에는 웹상에서 비즈니스를 수행하기 위한 소프트웨어도 방법 특허로 보호된다. 이 경우 각 요소 단계가 단일 주체에 의하여 실행이 되어야 한다. 만일 한 단계라도 다른 주체에 의하여 수행된다면 직접침해는 성립되지 않는다. 예컨대, 클라우드 기술 관련 방법 특허에 대하여 클라우드 서버의 서비스는 A 회사가 하고 단말기에서의 수행 작업은 B 회사가 실행하면 실행 주체가 다르므로 일반적으로 직접침해가 성립되지 않는다. 단 예외적으로 A가 B의 대리Agent 역할을 하거나 A가 B에게 계약 의무Contractual

Obligation 상 서비스를 제공하는 경우에는, A와 B를 단일 주체로 보아 직접 침해가 성립한다.

네트워크상에서 직접침해가 성립하지 않더라도 간접침해가 성립할 수 있다. 특히 타인에게 침해를 부추기는 유도침해Inducement가 성립될 수 있다. 예컨대, 인터넷상에서 비즈니스를 할 수 있는 소프트웨어를 공급하면 직접 비즈니스를 하지 않더라도 직접침해를 유도한다고 특허소송을 당할 수 있다.

실제 사례로, 어떤 특허권자가 의사와 환자 사이에 온라인상에서 건강 정보를 주고받을 수 있는 소프트웨어를 방법 특허로 등록하였다. 환자와 헬스케어 두 주체가 의사와 상담할 수 있는 건강 정보를 미리 등록하는 방법이다. 다른 회사가 비슷한 소프트웨어를 만들어 헬스케어 회사에 공급하자, 특허권자는 다른 회사를 유도침해로 소송하였다.

수차례 언급한 바대로 간접침해가 성립하려면 직접침해가 전제되어야 한다. 이 사례에서 직접침해는 환자와 헬스케어 회사 두 주체가 수행해야 발생한다. 피고는 방법 특허의 단계를 단일 주체가 수행하지 않았으므로 직접침해가 성립하지 않고 간접침해인 유도침해도 성립하지 않는다고 주장하였다. 반면 원고는 두 주체가 다르지만 발명의 목적을 수행하기 위하여 협력하였으므로 엄밀한 의미의 직접침해는 성립하지 않더라도 유도침해가 인정된다고 주장하였다. 마치 형법에서 살인 대상을 닮은 인형에 대고 총을 쏘았다고 해도 살인미수죄가 적용될 수 있는 것과 비슷하다. 이 사례에서 미국 연방항소법원은 과감하게 유도침해를 인정하였다. 그러나 아직 논란의 여지가 많으므로, 방법 특허의 청구항은 되도록 단일 주체가 수행하는 것으로 작성하여야 침해 입증이 용이하다.

네트워크 기술이 발전하면서 이제는 많은 주체가 사이버 공간에서 협력하면서 비즈니스를 하다 보니 과거 특허법이 예측하지 못했던 소위 공동 침해 문제들이 생기게 된 것이다. 기술과 법의 관점에서 보면 항상 기술은 법보다 앞서가므로 법은 기술의 발전을 발 빠르게 쫓아갈 필요가 있다. 이 판례를 보면 미국 법원은 기술의 발전을 수용하기 위하여 특허법을 적극적으로 해석해서 적용하려는 것을 알 수 있다.

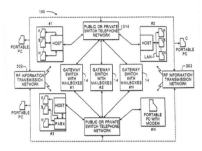

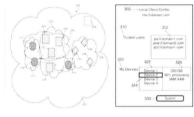

• NTP 미국 특허(US 6,317,592)　　　　　• 애플 아이클라우드(iCloud) 특허

14
특허소진의 원칙
"특허 생태계의 가치사슬"

—

특허 공격에 대한 방어 입장에서 특허무효화가 가장 좋은 방법이라고 했는데, 특허를 죽이지 않고도 완전히 특허로부터 자유로워질 수 있는 방법이 있다. 바로 특허 생태계의 가치사슬에 의거한 '특허소진의 원칙'이다.

제조에도 부품에서 완제품의 제조, 배포, 판매로 이어지는 가치사슬 Value Chain이 있듯이, 특허에도 가치사슬이 있다. 특허법에 의하면, 특허권자는 특허 기술에 관련된 생산자, 판매자배포자, 심지어 소비자 어느 누구에게도 특허료를 요구할 수 있다. 특허권자는 당연히 가치사슬에 관련된 모든 업자들에게 최대의 특허료를 받고 싶어 한다.

실제 사례인데, 다多초점 안경에 대한 핵심 기술을 보유한 특허권자가 있다고 하자. 다초점 안경의 핵심은 다초점 특수렌즈이다. 반제품 형태의 다초점 특수렌즈를 도매상이 안경 소매상에 공급하고 소매상은 완제품

상태의 렌즈로 가공하여 소비자에게 안경을 판매한다. 이 경우, 특허권자는 도매상으로부터 특허료를 받고 또 소매상으로부터도 받는, 이런 다단계 시나리오가 가능할까?

결론부터 이야기하면, '특허소진의 원칙Patent Exhaustion'으로 불가능하다. 특허 물품은 일단 시장에 배포되면, 취득자는 처분이나 재판매를 할 수 있다. 이때 원래 특허권자는 그 제품에 관해서는 특허권을 더 이상 주장할 수 없는 것이 특허소진 이론이다. 왜냐하면, 판매 제품에 대하여 반복해서 특허료를 받을 수 없다는 상식적인 판단 때문이다. 그리고 특허권자가 직접 제조 판매하지 않고 라이센스를 주어 제3자가 제조하여 판매한 경우에도 특허 권리가 소진된다. 문제는 최초 판매가 특허가 커버하는 완제품이 아니라 특허의 일부인 반제품인 경우이다. 이 경우에도 특허가 소진된다는 것이 미국 대법원의 유니비스 렌즈Univis Lens 판결1942년이다.

국내 기업 LG전자가 미국 왕Wang연구소의 PC에 대한 특허를 인수하게 되었다. 이 특허는 컴퓨터에서 CPU와 주변부품들 간에 통신을 원활하게 하기 위한 'PCI Bus'에 대한 특허이다. PC 산업 생태계는 인텔이 CPU와 칩셋Chipset을 콴타Quanta, 콤팔Compal, FIC 등의 대만 제조업체들에게 팔고, 이들은 여기에 주변부품을 결합하여 PC와 노트북을 만들어 미국에 파는 구조이다. LG전자는 이 특허를 가지고 CPU를 제조하는 인텔로부터 특허료를 받았다. 그 다음 LG전자는 가치사슬을 내려가서 CPU를 이용하여 완제품을 만드는 대만 업체를 상대로 추가로 특허료를 받기 위해 특허소송을 제기하였다.

이 사건은 미국 대법원까지 가게 되고, 미국 대법원은 LG전자가 CPU에 대하여 특허료를 이미 받았으므로 완제품에 대하여 특허료를 더 받을 수는 없다고 판결하였다. 특허소진 이론에 따라서, 핵심 부품에 대하여 이미 특허료를 받아 특허가 소진되었다는 것이다. 이것이 미국 대법원까지 간 콴타 v LG 판결2008년의 요지이다.

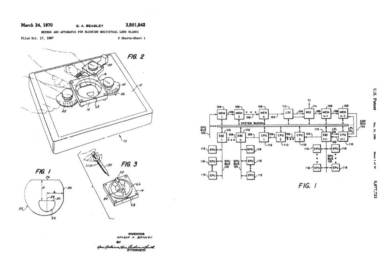

• 유니비스 렌즈 특허(US 3,501,842)　　• 왕연구소 특허(US 5,077,733)

　물론 이 판결 결과에 대해서는 좀 더 세부적인 이해가 필요하다. (1)라이센스 계약에 조건이 없어야 소진이 일어난다. 즉, 라이센스 계약에 소진이 일어나지 않도록 계약을 잘할 수도 있다. (2)특허 청구항에는 장치항과 방법항이 있는데, 장치항뿐 아니라 방법항도 소진이 된다. (3)특허소진은 해당 나라에서 일어나야 한다. 예컨대, 미국 특허는 미국에서 최초 판매로 소진이 되어야 한다. 최초 판매는 제품의 제조 배송이 이루어진 곳보다 라이센스 계약의 협상과 체결이 어디서 있었느냐가 중요하다. 제조가 해외에서 이루어지더라도 핵심 라이센스 계약이 미국에서 일어났으면 미국에서 소진된 것으로 볼 수 있다. (4)크로스라이센스Cross-License에 의해서도 소진된다. 예컨대, 삼성과 애플의 소송에서도 삼성의 통신 특허는 퀄컴Qualcomm과의 크로스라이센스 때문에 소진된 것으로 판결이 나왔다.

특허소진 이론에 따르면, 부품 업체로부터 낮은 특허료를 받더라도 특허소진이 되므로, 상대적으로 특허료가 높은 완제품 업체에게 특허료를 받는 것이 유리하다. 완제품 업체가 특허소송을 더 많이 당하는 이유이다. 완제품 업체는 부품 업체와 특허침해 피소 시 손실보전계약Indemnity을 맺어 부담을 더는 것도 방법이다. 특허소진은 특허분쟁의 창과 방패에서 특허무효와 더불어 또 하나의 중요한 방패 역할을 하므로 숙지해야 한다.

15

표준특허
"LTE 통신 특허"

특허분쟁은 법원에서 창과 방패 논리의 싸움으로 상당한 시간과 돈을 소비하게 된다. 그러므로 가치 있는 특허로 승부해야 한다. 가치 있는 특허에는 '표준특허'와 '상용특허'가 있다.

표준특허란 기술표준에 부합하는 특허이다. 기술표준이란 호환성을 보장하기 위하여 국가나 단체가 정한 규격이다. 공적 단체로는 ISO국제기구, ETSI유럽전기통신표준협회, IEC국제전기기술위원회, ITU국제전기통신연합 등이 있다.

특허의 이론적인 배경에서 설명했지만 기술표준은 '양의 외부효과'를 가지고 있어 많은 사람이 쓸수록 경제적 가치가 높아진다. 기술표준에 부합하는 특허는 기술표준을 구현하는 제품과 자동적으로 맞아떨어지므로 그 특허는 엄청난 가치를 지니게 된다.

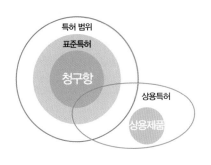

特허 범위
표준특허
청구항
상용특허
상용제품

• 표준특허와 상용특허

기술표준은 당연히 서로 다른 주체가 통신을 해야 하는 통신 분야에 많다. 예컨대, LTE는 4세대 무선통신 표준이다. 이러한 표준은 유럽통신규격단체ETSI 등 표준화기구에서 제정된다. 통신 표준특허의 원조는 퀄컴이다. 퀄컴과 한국의 인연은 1990년대 초반으로 거슬러 올라간다. 퀄컴은 MIT와 샌디에이고대학 교수 출신 어윈 제이콥스 박사가 세운 회사로, 무선통신 관련 '코드분할다중접속CDMA' 원천기술을 보유하고 있었다. CDMA는 군사 통신기술에서 시작된 기술로 암호화하여 전송하므로 감청이 어렵고 전송 효율이 높다. 그러나 당시 이미 통용되는 유럽무선통신표준GSM 기술이 있었고 CDMA 기술을 휴대폰에 적용하는 것은 의문이었는데 우리나라는 이러한 기술을 과감히 도입하여 통신기술 강국으로 비약적으로 발전하게 되었다. 퀄컴도 세계적인 통신기술회사로 크게 성장했을 뿐 아니라 표준특허의 절대 강자가 되었다.

아래 그림은 당시 퀄컴의 CDMA 기본 특허 중 하나이다. 기지국에서 기지국으로 단말기가 이동하더라도 통화가 매끄럽게 유지되는 '소프트 핸드오버Soft Handover'에 대한 기술이다. 이러한 특허를 발전시켜 수천 건의 통신특허를 보유하고 있으며 전 세계적으로 엄청난 로열티 수입을 올리고

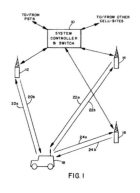

U.S. Patent   Mar. 31, 1992   Sheet 1 of 4   5,101,501

FIG. 1

• 퀄컴 사의 CDMA 특허(US 5,101,501)

있다. 퀄컴의 사업모델은 특이하게 특허와 핵심 부품을 같이 공급하는 모델이다. 퀄컴은 핸드폰의 두뇌에 해당되는 고성능 통신칩으로 시장을 독점하고 있고, 특허 수익도 엄청나다.

아쉬운 점은 우리나라가 CDMA 상용화를 선도했음에도 불구하고 퀄컴에 무선전화기 한 대당 판매가의 5%가량의 로열티를 지불하고 있다는 것이다. 연간 1조 원이 넘는 휴대폰 칩셋 비용 및 로열티를 가져간다. 퀄컴과의 계약 당시 원천기술에 대한 로열티만 생각하였지, 상용화에서 나오는 특허로 퀄컴의 로열티를 상쇄할 수 있다는 생각은 하지 못했다. 퀄컴은 경쟁사 부품을 쓰는 업체에 높은 로열티를 부과하여 공정거래위원회에서 과징금을 받기도 했지만, 전 세계 통신 분야에서 최고의 기술과 특허를 가지고 있기에, 울며 겨자 먹기로 로열티를 지불할 수밖에 없는 상황이 지금까지 이어지고 있다.

최근 애플 대 삼성의 소송에서 표준특허의 중요성이 퇴색하기는 했지만 표준특허의 확보는 여전히 중요하다. 우리나라도 선행 연구개발을 하는 분야의 표준특허를 선점하고 핵심 기술을 수출하여 해당 분야 시장을 독점하는 퀄컴과 같은 회사가 나왔으면 좋겠다. 최신 4세대 통신 기술인 LTE 특허의 많은 부분을 국내 회사가 선점하고 있다는 점은 고무적이다.

과거에는 국가ISO, IEC, ITU 등나 지역ETSI 등이 주도하는 공적표준De Jure

Standard이 주였으나 글로벌 시장 선점을 목적으로 한 빠른 기술 발전 속도로 인하여 사기업 등 민간업체가 주도하는 사실표준De Facto Standards도 중요한 추세가 되었다. 이 같은 추세에서 표준의 수용자Taker가 아닌 제정자 Maker가 될 수 있도록, 이미 정해진 규격을 쫓아가는 옵저버 수준의 수동적인 참여 활동을 넘어 표준을 주도하는 창립회사Founder가 되거나 그 모임의 이사회 회사가 되는 적극적인 활동이 필요하다.

현재 디지털 컨버전스 추세로 제품군 간에 융·복합이 일어나면서 기기들 간의 상호 운용성이 중요해지고 있다. 표준만 통일한다고 해서 제품이 호환되는 것이 아니다. 제품 기술은 여러 단계의 기술 체계로 구성되어 있고 각 레벨마다 쓰는 표준이 다르면 호환이 안 된다. 기기 자체에 대한 표준보다는 기기 사이에 연결할 수 있는 인터페이스에 중점을 둔 디지털 아키텍처의 표준이 중요해지고 있다. 최소한의 표준을 선택하고, 선택된 표준을 이용하여 기기 간의 호환성을 보장할 수 있는 디자인 가이드라인을 만들어 타 회사 제품과 호환이 될 수 있도록 시험하고 인증 프로그램을 운영하는 것이다. 소비자는 인증을 통해 제품을 신뢰하게 되고, 이것은 안정적으로 시장이 창출되는 효과로 연결된다.

예를 들어, 집안의 기기들이 홈네트워크로 연결되어 편리하게 사용하려면 제품들끼리 호환되는 규격을 만들어야 한다. 홈네트워크 규격으로 가장 중요한 국제표준이

•2004년 6월 23일, 세계 홈네트워크 상용화를 선도할 기술 표준 DLNA 발표(왼쪽부터 당시 삼성전자 고충곤 상무, 파나소닉, 노키아, 인텔, 필립스, 마이크로소프트, 소니 대표인 스콧 스마이어스 DLNA 이사회 의장)

DLNA Digital Living Network Alliance이다. 필자는 2004년 삼성전자 임원 시절, DLNA의 이사진과 분과의장을 맡으면서 세계 홈네트워크 상용화를 선도해 갈 DLNA를 출범시켰다.

필자는 기기마다 다른 디지털 저작권을 호환되도록 관리하는 방법에 대한 특허도 등록하였다.

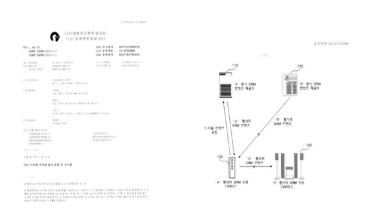

• 필자의 디지털 저작권 관리 방법 호환 관련 특허

16

상용특허
"코닥 디지털카메라 특허"

표준특허 못지않게 가치 있는 '상용특허'가 있다. 상용특허란 기술표준은 없지만 시장의 제품과 일치하는 특허이다. 시장에서 대세로 가는 기능이 있으면 타 업체들이 모방하게 되어 자연히 상용특허가 만들어진다.

사진에 관심을 가진 사람은 노란 상자에 담긴 코닥Kodak 필름에 대한 애착이 대단하다. 코닥은 1892년에 조지 이스트만이 설립한, 카메라 필름을 상징하는 전설적인 회사이다. 일반인들은 잘 모르는 사실이지만, 코닥은 1975년 디지털카메라를 최초로 개발하였다. 그럼에도 불구하고 코닥은 주력사업인 아날로그 필름 사업에만 집중하면서 결국 쇠락의 길을 걷게 되었다.

코닥은 사업이 기울자 보유한 특허를 수익화하기 위하여 특허소송을 하게 되었다. 그림은 디카에서 찍은 이미지를 미리 볼 수 있는 기술Previewing

관련 코닥 특허US 6,292,218이다. 이 특허를 기반으로 삼성전자와 LG전자를 포함 글로벌 업체들을 상대로 미국 지방법원 소송과 국제무역위원회ITC 소송을 제기하였다. 그 결과 코닥은 수억 달러의 특허료를 받아냈지만, 결국 회사는 파산했다.

• 코닥의 디지털 카메라

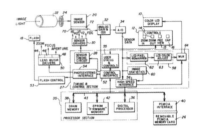

• 코닥 특허(US 6,292,218)

17

디자인 특허

"보호 범위가 넓어지는 디자인 특허"

—

소비자들의 구매 결정이 제품의 성능 못지않게 디자인에 의하여 좌우됨에 따라 제품 디자인이 기업의 핵심 역량이 되고 있다. 예를 들면, 애플은 기술과 동시에 디자인으로도 시장에서 다른 기업과 차별화를 시도하고 있다.

미국은 1842년부터 디자인을 특허의 범주로 간주하여 디자인 특허Design Patent로 보호한다. 보호기간은 원래 등록일로부터 14년이었으나 2013년 오바마 대통령의 특허 개정안이 발효하면서 15년으로 확장되었다. 미국에서 디자인 특허는 디자인에 대한 서술은 필요 없고 그림만 있으면 된다.

디자인 특허로 보호되려면, 제품의 디자인이 새롭고 독창적이고 장식성이 있어야 한다. 디자인의 신규성이란 일반인이 보았을 때, 이미 존재하는

• 애플의 아이폰 디자인 특허(D606,751)

선행 디자인과 비교해서 새로운 디자인이어야 한다. 디자인은 전체적으로 장식적인 외형에 대한 것이므로 디자인의 신규성이 일차적으로 기능의 향상에서 오는 것이라면 디자인 특허를 받을 수 없다.

국내는 산업디자인을 과거 의장법에서 '디자인 보호법'으로 명칭을 변경하여 보호하고 있다. 국내 디자인 보호법은 공산품의 새로운 디자인 창작을 보호한다. 창작 도면을 보호하는 것이 아니라 디자인이 적용된 물품을 보호하는 것이다. 따라서 휴대용 기기, 예를 들면, 스마트폰, MP3 플레이어, 노트북, TV 리모컨 등의 디자인 등록이 가능하다.

국내에서 디자인은 (1)신규성 (2)창작성 (3)공업상 이용 가능성 요건을 만족시켜야 한다. '신규성'이란 선행 디자인과 비교해서 새로운 디자인을 말한다. '창작성'이란 디자인 분야에서 통상의 지식을 가진 이들에게 이미 알려진 디자인을 결합해서 용이하게 창작할 수 없는 디자인을 말한다. 공업상 이용 가능성'은 공업적 생산방법에 의하여 양산 가능한 공산품을 말한다. 디자인은 특허청에 서면이나 온라인 출원을 통하여 등록받을 수 있으며, 국내 디자인의 보호기간은 등록일로부터 15년이다.

등록디자인 30-0616110

(19) 대한민국특허청(KR)　(45) 공고일자　2011년10월12일
(12) 등록디자인공보(S)　(11) 등록번호　30-0616110
　(24) 등록일자　2011년10월05일

(52) 분류　G2-2108A
(51) 로카르노　12-08
(21) 출원번호　30-2010-0005794
(22) 출원일자　2010년02월08일
(73) 등록권자
　현대자동차주식회사
　서울 서초구 양재동 231
　현대 아메리카 테크니컬 센터, 아이캠퍼
　엔비, 엔비아 48198, 유치리아 마을길, 켄테스 모드 G800
　기아자동차주식회사
　서울특별시 서초구 양재동 231
(72) 창작자
　엄경복
　경기도 화성시 실덕동 현대기아자동차남양연구소
(74) 대리인
　한라특허법인
　맹창선나보 | 이은

(54) 승용자동차

일체디자인도면

디자인의 대상이 되는 물품
　승용자동차

디자인의 설명
1. 재질은 금속재, 피부재, 합성수지재, 유리재임.
2. 본 등록은 전기를 충전하여 운행되는 차량으로서, 차량 전면의 후드패널에 접속되어 있는 일부가 완성되어 있어, 충전시 실물타나이 열리는 것임.
3. 본 물품은 충방전시이므로 지빈도는 생략함.
4. 본 물품에서 분사 및 기타의 디자인등록 관리대상에서 제외함.

디자인 창작 내용의 요점
"승용자동차"의 형상과 모양의 결합을 디자인권내부 내용에 요점으로 함.

•현대자동차 전기차 국내 디자인 등록

등록디자인 30-0588245

등록디자인 30-0588245

•삼성전자 휴대폰 국내 디자인 등록(등록번호 30-058824)

18

손해배상
"특허분쟁의 트로피"

—

　신문 기사에서 보다시피 미국에서의 특허 손해배상은 수억 달러 단위의 큰 벌금이다. 그러므로 기업들은 특허침해를 하지 않으려고 노력한다. 기업이 특허소송에서 이기면 손해배상은 특허분쟁의 트로피라 할 만하다.

　특허권자가 침해를 증명하면, 금지명령이나 손해배상을 향유하게 된다. 금지명령은 공장 문을 닫게 하여 시장에서 퇴출시키겠다는 극적인 조치이고, 손해배상은 시장에 남아 있으되 금전적 보상을 하라는 조치이다. 미국에서는 경쟁사들 간에는 금지명령이 가능하지만, 비제조 특허관리회사 Non-Practicing Entity, NPE가 관련된 회사들 간에는 손해배상으로 해결하는 것으로, '이베이eBay 판례'에 의해 확립되었다. 과거의 손해배상액 산출은 주먹구구식이었으나 이제는 경제학 이론에 근거한 합리적인 계산으로 바뀌고 있다.

손해배상에는 '손실이익Lost Profit'과 '합리적 로열티Reasonable Royalty'가 있다. 손실이익은 만일 침해행위가 없었다면 얻었을 이익과 침해행위 때문에 감소된 실제 이익과의 차이로 계산한다. 손실이익은 제조설비나 판매망을 가진 특허권자에게만 허여된다. 예컨대, 특허권자가 공장을 가지고 있지 않은 개인이나 대학이라면, 제조 능력이 없으므로 손실이익을 받을 수 없다.

특허법에 의하면, 손실이익을 못 받는다 하더라도 최소한 합리적 로열티를 손해배상으로 받게 된다. 합리적 로열티란 침해시점에서 가상으로 당사자들 간에 자발적인 협상Hypothetical Negotiation이 있었다면 얼마로 합의를 했을까를 말한다. 일반적으로 로열티는 '판매 물량 × 기준 로열티 × 로열티율'로 계산한다.

로열티 기준은 일반적으로 특허 기능과 관련된 부품 가격이나 제품의 기능 가치에 기초한다. 미국에서는 아직도 '전체시장가치 원칙Entire Market Value Rule'을 고수하고 있다. 전체시장가치 원칙이란 완제품 판매가격에 로열티를 적용하는 것이다. 원칙적으로, 특허 기능이 완제품의 시장 수요를 결정하는 중요한 기능인 경우에만 적용한다.

실제 사례로, 2008년 루센트Lucent 사는 달력에 날짜를 입력하는 기능에 관련된 특허를 가지고 마이크로소프트의 MS 오피스 아웃룩MS Office Outlook 제품을 대상으로 특허침해소송을 제기하였다. 루센트는 완제품 가격에 로열티를 적용하여 3.5억 달러를 요구했다. 그러나 법원에서는 소비자가 마이크로소프트 아웃룩을 구매하는 주된 이유가 날짜 입력 기능 때문이 아니기 때문에, 결국 10분의 1 수준인 2600만 달러로 판결하였다.

로열티율은 침해시점에서 당사자 간에 협상이 있었다면 어떤 비율로 정했을까를 따져본다. 업계에서 확립된 로열티율이 있지 않으면 '조지아 퍼시픽Georgia-Pacific 판례'에서 나온 15개의 요인을 따지는데, 과거에 동일 특허나 비슷한 특허의 라이센스 이력에서 쓰였던 비율이 가장 중요한 증거가 된다. 그러므로 과거에 특정 대상에게 무상으로 라이센스를 주었다면, 현재나 미래에 또 다른 대상에게 로열티를 받기 힘든 중대한 결점이 된다.

국내와는 달리, 미국에서는 고의적 침해가 증명된 경우, 판사의 재량에 의하여 실제 손해배상액의 3배까지 가중시킬 수 있다. 이는 보상의 성격을 넘어서서 악의적인 불법행위가 장래에 되풀이되지 못하도록 하는 징벌적 성격에서 마련된 조치이다. 이러한 이유로 미국에서의 특허 손해배상은 다른 나라에 비하여 매우 과중하다. 과다한 손해배상에 대한 비판도 있으나, 법원은 경제적 논리와 철저한 증거에 입각한 정확한 손해배상 산출로 이러한 우려에 적극적으로 대응하고 있다.

미국의 경우, 소송비용은 아주 예외적인 경우가 아니면 각자 부담이 원칙이다. 반면, 영국과 독일의 경우는 법원에서 정한 비용에 대해 패소자가 부담한다.

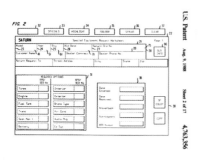

• 루센트의 특허(US 4,763,356)

• 루센트 대 마이크로소프트 특허침해 대상 제품인 아웃룩의 달력 기능

19

미국 연방지방법원
"로켓 일정 법원을 주목하라"

특허분쟁의 하이라이트는 특허소송이다. 여러 변수들을 입체적으로 판단해야 하는 소송은 가히 종합예술에 비할 만하다. 뉴스에서 읽다시피 글로벌 특허소송의 실제 전쟁터는 미국 법원이다.

최근 애플 대 삼성 소송에서 보다시피, 글로벌 기업들 간의 특허분쟁은 미국, 유럽, 중국, 일본 등 전 세계에서 동시다발적으로 벌어진다. 이러한 다국적 소송에서 시장의 규모, 높은 손해배상액, 사실 관련 조사제도, 방대하고 체계적인 판례를 보유한 미국에서의 특허소송이 가장 중요하다고 볼 수 있다.

미국은 주와 연방으로 이원화되어 있어, 50개 주마다 주법들이 따로 있으나 하나의 연방법만이 존재한다. 특허 관련 지식재산권법은 연방법으로 규정되어 있어, 연방법원에서 다루게 된다. 연방법원은 지방법원, 고등법원, 대법원으로 구성되어 있는데, 국내처럼 3심의 개념이 아니고 사실심은 지방법원에서 끝나고 고등법원과 대법원은 항소법원으로 법률심만을 다룬다. 대법원은 특별한 경우만 상고를 허락하므로, 현실적으로 특허사건은 특허 전문 연방항소법원CAFC이 종착역이라고 생각하면 된다.

특허침해소송이 제기되면 피고는 방어수단으로 특허무효를 주장할 수 있다. 특허소송이 제기되면 피고는 반소 형태로 특허무효 확인판결Declaratory Judgment을 구할 수 있다. 특허침해소송과 무효 심판이 이원화된 독일이나 한국과는 달리, 미국에서는 지방법원에서 침해소송과 무효 이슈를 한꺼번에 심리하게 된다. 연방판사는 지방법원 판사부터 종신제이므로 권위가 대단하다.

특허소송은 원고인 특허권자가 소송을 제기하고 피고가 답변Answer을 한 뒤, 관련 사실을 캐기 위한 증거수집Discovery에 들어가면서 시작된다. 특허소송은 여러 분야 전문가들의 싸움이다. 침해 증명, 무효 증명, 손해배상액 산정 등 모든 단계에서 전문가 보고서가 필요하다. 소송 증언 경험이 있는 대학 교수나 전문가를 확보하는 것은 거의 전쟁 수준이다. 실제로 필자도 미국에서 특허소송을 시작할 때 가장 먼저 하는 것이 해당 특허 기술 분야에서 가장 권위 있는 전문가를 확보하는 것이었다.

기본적으로 대리인 변호사가 소송을 진행하지만, 소송비용이 많이 들기 때문에 당사자가 소송의 승패에 대하여 지속적인 판단과 현명한 결정을 하는 것이 중요하다. 가장 중요한 분수령이 '마크만 청문회Markman Hearing' 라고 해서 특허 청구항 해석에 대한 중간 판결이 있다. 청구항의 해석 결과에 따라서 어느 정도 소송의 승패가 좌우되므로, 이 청문회만큼은 당사자들이 참석해서 분위기를 보고 끝까지 갈지 현명한 판단을 내리는 것이 좋다. 이렇게 제기된 소송 중 95% 이상이 중간 합의에 의하여 종료되고 실제 재판으로 가는 경우는 소수의 경우이다.

미국 재판의 가장 큰 특징은 배심원 제도이다. 배심원이 사실 관련 판단을 하고 판사가 법률 관련 판단을 하도록 역할 분담이 되어 있다. 특허 침해^{균등론 침해 포함}나 무효 여부는 사실 관련 판단으로서 배심원의 역할이 중요하다. 원고나 피고 어느 한쪽이라도 요구하면 배심원 재판을 해야 한다. 복잡한 기술 사건에 대하여 비전문인인 배심원들이 평결하는 것에 대한 많은 논란과 비판이 있다. 그러나 실제 재판으로 가면 전문가들조차도 공정하다고 보기 힘들 정도로 상반된 증언을 하는 경우가 많고, 오히려 시민들이 사실 관계를 판단하는 것이 판사에게 부담이 적어서 배심원제를 유지하고 있다.

연방지방법원은 하나이지만, 지리적으로는 미국 전역에 분산되어 있다. 어느 주에 위치한 연방법원이냐에 따라 판사들의 성향이나 소송의 진행 속도에 차이가 있다. 일반적으로 원고는 진행이 빠른 법원을 선호하고 방어하는 피고는 되도록 늦게 진행되는 법원을 선호하게 된다. 소송 진행 속도가 빨라 소위 '로켓 일정^{Rocket Docket}'이라 불리는 법원들로는 동부버지니아 법원, 특허권자 중시로 유명한 텍사스 동부 법원, 하이테크 기업이 많은 북부캘리포니아 법원, 많은 회사들의 법인 설립지인 델라웨어 법원 등이 유명하다.

미국에서도 한때 특허에 대한 부정적인 시각으로 무효율이 높던 시절이 있었다. 그러나 혁신경제를 선도하려면 지식재산이 중요하다는 국가적인 판단하에 지식재산 전문 고등법원인 연방항소법원^{CAFC}을 설립한 후, 특허의 유효율이 높아지고 전 세계가 참조하는 지식재산 판례를 만들어 글로벌 지식재산의 흐름을 선도하게 되었다. 현재 법원장인 레이더^{Rader} 판사를 중심으로 '적극적인 사법 활동을 통한 법과 기술 발전의 조화를 위해 노력하고 있다.

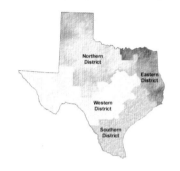

• 텍사스 동부 연방법원(EDTX)

• EDTX 마샬 법원

20

국제무역위원회(ITC)

"글로벌 특허소송의 중심"

—

최근 글로벌 특허분쟁의 중심지로 미국 연방지방법원과 더불어 국제무역위원회가 부각되고 있다.

미국 국제무역위원회International Trade Commission, ITC는 사법기관이 아니라 관세법에 의거한 행정기관으로 과거에는 덤핑이나 관세 등을 다루다가 최근에는 미국 특허를 침해하는 제품의 수입금지가 주요 업무가 되었다. 미국 '이베이 판례' 이후 연방지방법원에서 금지명령이 힘들게 되자, 관세법 제337조에 의하여 미국에 수입되는 제품이 지식재산권을 침해하면 불공정 무역행위로 수입금지를 내릴 수 있는 권한을 가진 ITC가 중요하게 되었다. ITC는 공화당과 민주당 각 3명씩 6명의 위원들로 구성되어 있다.

ITC와 지방법원 소송은 중요한 차이점들이 있다. 첫째, ITC는 수입금지만을 다룬다. 행정판사ALJ가 준사법 성격의 특허 재판을 통하여 예비판정을 내리고 위원회가 최종결정을 내리면, 대통령의 특별한 조치가 없는 한 수입금지가 발효된다. 금전적 보상을 다루지 않으므로, 손해배상을 청구하는 지방법원 소송이 동시에 진행되나, ITC 소송 기간 동안 지방법원 소송은 잠시 중단된다.

둘째, ITC 절차는 초고속으로 진행된다. 12~16개월에 종료하는 것을 목표로 하고 있어 진행 속도가 빠른 소위 '로켓 일정'으로 불리는 연방지방법원들보다도 빠르다. 보통 2~3년간 소요될 소송비용이 한꺼번에 들어가므로 소송비용은 아주 높다.

셋째, ITC는 삼파전이다. 원고와 피고 중심의 지방법원과 달리, 공익을 대변하는 ITC 스탭변호사가 제3자로서 모든 절차에 독립적으로 참여한다. 배심원이 없이 판사가 판결하므로 좀 더 전문적이고 공정한 판결을 기대할 수 있다.

넷째, ITC 원고는 소위 '국내 산업 요건Domestic Industry Requirement'을 만족시켜야 한다. 특허가 적용된 제품을 생산하는 공장이 미국에 있거나, 수리나 서비스를 하는 인력이 미국에 있어야 한다. 특허권자가 제조사인 경우는 특허를 자사 제품에 적용하는 소위 '자기 실시Self Practice'를 해야 한다. 외국 회사라도 이 요건을 만족시키면 ITC 원고가 될 수 있다.

최근 ITC 소송이 증가하고 있다. 심지어 미국 업체들끼리도 해외에서 제조한 제품을 수입금지하기 위하여 ITC 소송을 하고 있다. 비제조 특허관리회사NPE들도 금지명령이 가능한 ITC에서 특허소송을 늘리고 있다. ITC 소송을 당하게 되면, 비침해나 원고 특허의 무효화 시도 외에는 뾰족한 수가 없다. 역공을 시도하려면, 보유한 특허를 가지고 ITC 역제소Counterclaim를 제기해야 한다. 제소를 당하자마자 ITC 역제소를 하면 비슷한 시기에 두 소송이 끝날 수 있으므로 서로 간 협상으로 해결할 여지가 있다.

상대방이 NPE인 경우에는 생산을 하지 않으므로, 역제소가 소용이 없다. 이 경우에는 NPE가 ITC 자격 요건인 국내 산업 요건을 만족하는지를 꼼꼼히 따져야 한다. NPE는 미국 내 상당한 라이센싱 활동이 있어야 원고 자격이 있다. 라이센싱 활동을 증명하려면, 특허 포트폴리오보다 제품과 연결된 특허에 밀접히 관련된 라이센싱이 있어야 하며, 특허 매입비용은 라이센싱 비용에 들어가지 않는다.

기술표준화 단체에서 표준화 과정에 참여하면서 보유 특허를 공정하고 비차별적으로Friendly and Non-Discriminatory 라이센스를 주겠다고 약정한 소위 FRAND 표준특허는 로열티 관련 계약 이슈이므로 ITC에서 금지명령으로 다루지 말아야 한다고 주장하는 목소리가 애플을 중심으로 높아지고 있다. 현재로서는 FRAND 표준특허도 일반특허와 같이 진행하고 있다.

ITC 소송에서 특허의 청구항 하나라도 침해하면 수입금지가 발효되므로, 피고에게 상당히 불리하다. 그러나 준비를 많이 하면 승산이 없는 것도 아니다. 평소에 경쟁사의 특허를 분석하여 언제든지 ITC 역제소 대응을 할 수 있도록 하고, 필요하다면 특허를 외부에서 매입하는 것도 방법이다. 복잡한 절차에도 불구하고 초고속으로 진행되므로 ITC 소송 경험이 많은 전문 변호사나 로펌을 선임하는 것이 절대적으로 중요하다. 국가적으로는 ITC 판사들을 한국에 초청해서 기술 발전상을 보여주면 국가 간의 편견을 불식하는 데 큰 도움이 될 수 있다.

21

ITC 특허소송 실무

"평소에 대응 준비가 중요하다"

—

국내 기업이 점점 ITC 특허소송을 많이 당하는 상황이므로 실무자 관점에서 중요한 내용을 따로 정리해 보았다.

관련 법 제337조

우선 명칭이 국제무역위원회International Trade Commission이지만, 국제기구가 아니라 국제무역에 관한 통상 문제를 관할하는 미국의 무역위원회US ITC이다. US ITC는 불공정 무역행위를 조사하는 독립적인 행정기관으로 통상법에 관련된 반덤핑, 관세 문제, 슈퍼 301조를 관할하고 있다.

ITC의 설립 근거가 되는 미국 관세법 337조19 U.S.C. 337는 불공정 무역행위로 미국 산업에 악영향을 미치는 것을 막기 위하여, 무역지적재산권 규정을 위반한 외국 제품의 미국 반입을 금지시키는 것이 주목적이다. 337

조는 ITC에게 불공정 경쟁에 연루되거나 미국의 지적재산권을 침해한 외국 제품의 수입을 금지할 수 있는 권한을 부여하고 있다.

ITC는 행정기관이지만 준사법기관으로, 재판과 유사한 행정재판에 의하여 수입금지 지시를 내릴 수 있다. 이 지시에 따라 미 관세청U.S. Customs 이 집행을 한다. 337조 섹션 B[Section B]에 의하면, 미국 특허나 저작권을 침해하는 제품의 수입을 금지할 수 있도록 규정하고 있는데, ITC 사건의 90%가 이 경우에 해당된다. ITC 특허소송은 연방지방법원 특허소송과 비슷한데, 법적인 측면에 통상적인 측면까지 더 고려한다고 보면 된다.

ITC 구성

ITC는 미국 워싱턴D.C.에 위치하고 있고 6명의 위원들로 구성되는 위원회 밑에 행정재판을 진행하는 행정판사들과 ITC를 대표하는 스탭변호사들로 구성되어 있다.

(1) 위원회 Commission

위원회는 정치적 임명으로 공화당에서 3명, 민주당에서 3명, 총 6명의 위원으로 구성된다.

(2) 행정판사 Administrative Law Judge, ALJ

5명 정도의 행정판사들이 행정재판을 주관하고 판결을 하게 된다.

(3) 스탭변호사 Staff Attorney

ITC를 대표하여 미국의 공익을 대변하는 변호사들로 소송에 전반적으로 참여한다.

제소 요건

ITC 제소자가 되려면 꼭 미국 기업일 필요는 없다. 국내 기업이라도 미

국 특허를 보유하고, 다음 조건들, 특히 미국 내 '국내 산업' 존재 조건을
만족시키면 된다.

(1) 수입 Importation

우선 상대방의 특정제품이 미국으로 수입된다는 것을 증명하여야 한
다. 예를 들면, 대상 제품이 멕시코에서 제조되어 미국으로 수입된다면, 멕
시코와 미국이 자유무역협정(FTA)이 있음에도 수입으로 간주되고, 멕시
코로부터의 수입을 금지시킬 수 있다.

(2) 특허침해 Patent Infringement

일반 특허소송과 마찬가지로 상대방 특정 제품이 제소자원고의 미국 특
허를 침해하고 있다는 것을 증명하여야 한다.

(3) 국내 산업 요건 Domestic Industry

ITC 제소를 하려면 미국 내 산업이 존재하고 피해를 입었다는 것을 증
명하여야 한다. 기술적 요건과 경제적 요건, 두 가지의 요건이 있다.

  (a) 기술적 요건Technical Prong : 앞서 언급한 대로 ITC 제소를 하려면 꼭
    미국 기업이어야 할 필요는 없으나, 특허나 상표 등 미국의 지식재산
    을 보유하고 활용하고 있어야 한다. 예를 들면, 특허침해로 제소를
    하면, 제소인 스스로가 미국 특허를 활용한 제품을 미국에 출시하고
    있어야 한다. 지방법원의 경우는, 원고가 특허를 자사 제품에 적용하
    지 않더라도, 상대방 제품의 특허침해를 주장하여 손해배상과 제조
    금지 명령을 받을 수 있다. 그러나 ITC에서는 자사 제품에도 적용을
    해야 하고 타사 제품에도 적용이 된다는 것을 증명하여야 수입금지
    가 가능하다. 즉, 다른 기업을 견제하기 위하여 제품의 활용 없이 그
    냥 보유만 하고 있는 특허로는 ITC 제소가 되지 않는다.

  (b) 경제적 요건Economic Prong : 국내 산업을 입증하는 방법으로 대표적

인 것이 미국 내에 상당한 공장이나 장비 투자가 있거나, 상당한 고용이 있거나, 연구개발 시설 또는 라이센싱 실적이 있어야 한다. 즉, 해외에서 생산만 하고 미국에서 연구개발 없이 판매점만 운영하여 제품을 파는 것만으로는 ITC 제소를 할 자격이 없다.

구제 수단

ITC가 취할 수 있는 가장 강력한 조치가 수입금지명령이다. 그러나 연방지방법원과는 달리, ITC에서는 수입금지 이외에 금전적인 손해배상의 판결을 할 수 없다. 물론 당사자들끼리 협상하고 화해하는 과정에서 금전적인 배상이 포함될 수 있다. 따로 손해배상을 추구하려면 동시에 지방법원에 특허소송을 내야 한다.

(1) 수입금지명령 Exclusion Order

수입금지명령은 기본적으로 '물건에 대한 사법권In Rem Jurisdiction'이므로, '개인적 사법권Personal Jurisdiction'이 미치는 미국 국내 업체는 물론 개인적 사법권이 미치지 않는 해외 업체의 물건에 대한 수입금지를 집행할 수 있다.

(a) 제한적 수입금지명령 Limited Exclusion Order : 해당 소송에 관련된 당사자들의 침해 제품만 수입을 금지한다.

(b) 일반적 수입금지명령 General Exclusion Order : 소송 당사자뿐 아니라 침해 제품을 만드는 모든 회사의 제품들도 수입을 금지한다.

실제로는, 당사자의 제품에 국한하는 제한적 수입금지명령이 대부분이다.

(2) 금지명령 Cease and Desist Order

침해 제품의 수입을 금지하더라도 이미 수입된 제품을 팔거나 부품을 조립하여 완제품을 생산한다면, 수입금지의 효과가 무력화될 수도 있다. 그래서 ITC는 수입금지명령 이외에 이미 국내에 수입된 재고에 대하여 판매나 사용을 하지 못하도록 하는 금지명령을 내릴 수 있으며, 다만 이 조치는 개인적 사법권이 미치는 미국 국내 업체에만 적용된다.

ITC 소송의 장점

(1) ITC에서는 특허침해가 결정되면 수입금지가 자동적으로 판결된다. 지방법원에서는 특허침해가 결정되더라도 수입금지 같은 금지명령이 자동적인 것이 아니라 여러 상황을 고려하므로 실질적으로 금지명령이 내려지기 힘들다.

(2) ITC 소송이 12~15개월 정도로 빨리 진행되므로 짧은 라이프사이클을 가진 제품의 보호에 유리하다. 일반적으로 지방법원에서의 소송은 3~4년 걸리고 소위 가장 빠르게 진행되는 곳Rocket Docket도 2년 정도 걸린다.

(3) 개인이나 회사에 대한 사법권한Personal Jurisdiction이 아니라 제품에 대한 사법권한In Rem Jurisdiction이므로, 미국 국외 제조 기업이 만든 위조품 등의 수입금지에 유리하다. 지방법원에서는 개인 사법권한이 필요하므로 미국 국내 기업에 한정된다.

(4) 사법구역Venue의 요건이 없으므로, 단일 소송으로 많은 피고를 제소할 수 있다.

(5) 지방법원과는 달리 배심원이 관여하지 않으므로 전문가들의 의견이 좀 더 반영된다.

(6) 행정판사ALJ가 전담하고 있으므로 기술 및 특허소송에 대하여 경험이 풍부하다.

지방법원과의 비교

(1) 용어의 차이

ITC는 행정기관이므로 지방법원과 약간 다른 용어를 사용한다.

구분	ITC 용어	지방법원 용어
원고	Complainant	Plaintiff
피고	Respondent	Defendant
소송	Investigation	Suit
재판	Hearing	Trial
침해	Violation	Infringement
판결	Determination	Judgement

(2) 금지명령 요건

최근 미국대법원의 이베이eBay 사건 판결에 따르면, 지방법원의 특허침해소송에서 금지명령을 받으려면 돌이킬 수 없는 피해Irreparable injury 등 여러 요인을 고려해야 하기 때문에 사실상 힘들게 되었다. 이에 반하여 ITC에서 수입금지명령은 공익의 측면만 고려하면 되기 때문에 특허침해 판정이 나면 수입금지가 된다.

(3) 지방법원과의 차이

(a) 연방지방법원과 달리 배심원이 없다.

(b) 미국 국내 산업의 존재를 증명하여야 신청할 수 있다.

(c) 지방법원과 달리 손해배상의 구제수단이 없다. 특허침해가 인정되면 수입금지라는 조치가 내려지지만 금전적인 면에서 입은 손해를 보상해 주지 않는다.

ITC특허소송 절차

ITC의 소송절차는 기본적으로 연방지방법원의 절차와 비슷하므로, 서로 비교해서 유사점과 차이점을 설명한다. 예를 들면, 지방법원과 마찬가지로 ITC에서도 특허의 무효를 판결할 수 있다.

(1) 조사 개시 전Pre-Institution

ITC 소송은 제소자가 고소장Complaint을 통하여 특정 피고에 대한 특허침해소송을 ITC에 요구하면, ITC가 이에 대하여 조사를 결정하는 형식으로 진행이 된다. 일반 법원에서는 당사자들 둘만의 싸움이고 법원은 소극적인 심판 역할만 하지만, ITC 소송에서는 ITC가 좀 더 적극적으로 참여하여 삼자 간의 절차로 진행이 된다.

지방법원과는 달리 ITC 소송에서는 고소장에 침해를 주장하는 특허를 청구항별로 정리하고 제품의 사진까지 첨부하여 아주 상세한 청구항 차트Claim Chart를 만들어 제출해야 하기 때문에, 사전에 많은 준비가 필요하다. 보통 6개월~1년 전부터 준비해서 고소장을 작성하고 ITC에 제출해 문제가 없는지를 사전 교감한다.

(2) 조사 개시Investigation

ITC가 고소장에 문제가 없다고 판단되면, 고소장 접수Complaint Filing 30일 후에 조사 개시를 한다는 발표를 ITC 홈페이지에 올리게 되고, 이때부터 실질적으로 ITC 소송이 시작된다.

(3) 답변서Answer

조사 개시 통보서를 송달Service받은 20일 이내외국 기업은 10일 더 연장, 미국 내 기업은 3일 더 연장 가능에 답변서Answer를 제출하여야 한다. 이 기간은 매우 짧은 기간이지만 더 연장되지 않으므로 피고는 빨리 대응해야 한다.

피고는 답변서에서는 일반적으로 비침해와 특허무효를 주장하게 된다.

비침해라는 소극적인 방어 이외에 적극적 방어Affirmative Defense로서 특허 무효Invalidity, 불공정행위Inequitable Conduct 등을 주장할 수 있다. 그러나 지방법원과 달리, 같은 소송 내에서 상대방을 특허침해로 역으로 공격하는 역소송Counterclaim은 가능하지 않다. 대신 역소송을 하려면 피고가 원고를 대상으로 새로운 ITC 소송을 제기하면역제소 된다.

(4) 예비 사실조사 회의Preliminary Discovery Conference

연방지방법원의 '기일확정 회의Scheduling Conference'와 비슷한 회의로, 판사 앞에서 법원 절차 기일을 정한다.

(5) 사실 자료수집Fact Discovery

자료수집Discovery이란 상대방이나 제3자로부터 재판에 필요한 자료를 모으는 과정을 이야기한다. 자료에는 재판에 쓰일 증거뿐만 아니라 다른 정보도 포함된다. 이러한 자료는 많은 경우 상대방에게 있는데 구체적으로는 어떤 문서가 존재하는지 모르는 상태에서, 어떻게 자료를 구할 수 있을까? 미국에서는 상대방에게 포괄적으로 명시한 자료를 다 주어야 한다. 예를 들어, 특허소송의 경우 피고는 원고에게 제품의 개발 기록들을 주어야 한다. 또한 원고는 특허 획득에 대한 자료들을 피고에게 주어야 한다. 약간의 개연성relevance만 있어도 자료를 줘야 한다. 어떻게 생각하면 불공평하게 보이지만, 진실에 접근하기 위해서는 상대방의 자료를 확보하는 것이 필요하므로 미국에서는 이를 광범위하게 허락한다.

만일 이러한 정보가 회사기밀Confidential이면 보호명령Protective Order에 의거하여 상대방 변호사만이 볼 수 있고 상대방은 볼 수 없도록 하여 Attorney's Eye Only, 자료수집과 회사기밀이 서로 상충되지 않도록 하고 있다.

자료수집 단계에서 상대방이 요구한 자료를 주지 않으면 법원에 강제명령신청Motion to Compel을 할 수 있으며 이에 성실히 부응하지 않으면 벌칙

Sanction이 가해진다. 이러한 벌칙은 재판의 결과에 지대한 영향을 끼친다. 그러므로 미국 재판에서는 자료수집에 전적으로 협조해야 한다.

ITC에서의 자료수집Discovery은 조사 개시가 연방정부관보Federal Register에 개시되는 날짜부터 시작된다. 자료수집 기간은 4~5개월로 연방지방법원에 비하면 상당히 짧다. 지방법원과 마찬가지로 문서제출Document Production, 질문서Interrogatories, 인정서Admissions, 증언청취Deposition 등이 포함된다. 지방법원에서는 질문서의 숫자를 제한하지만 ITC에서는 기간이 짧음에도 불구하고 숫자에 제한이 없어 이를 대응하는 데 많은 자원이 소요된다.

(5) 증언녹취Deposition

자료수집의 하나인 증언녹취란, 재판에 사용할 증거를 확보하기 위하여 증인Witness으로부터 증언을 기록하는 것을 이야기한다. 예를 들면, 발명자나 상대방 회사 직원 등을 불러서 질문을 하고 이에 대한 답변을 하는 과정을 기록한다.

증인에는 회사증인Corporate Witness이라고 해서 회사를 대표하는 차원에서 증언을 하는 사람과 개인적인 차원Individual Witness에서 증언을 하는 사람, 두 부류가 있다.

증언녹취는 재판 전의 과정으로, 미국에서는 보통 법원 밖에서 진행이 되는데, 피녹취인 1명, 피녹취인 측 변호사 1명, 녹취를 위한 질문을 하는 변호사Deposing Lawyer 1명, 속기사stenographic Reporter, 최근에는 비디오 촬영을 하므로 비디오 기록video recording을 하는 엔지니어 1명이 참여한다. ITC 증언녹취의 경우도 비슷한데, ITC에서 그 사건을 주관하는 스탭변호사Staff Attorney가 참석하게 된다.

증언녹취의 시간과 장소는 양측이 협의하여 결정하게 된다. 보통 피녹취인Deponent 일인당 1~2일이 소요가 된다. 장소는 피녹취인이 자신의 바쁜 일정 중에 법적 의무 때문에 할 수 없이 나오는 경우가 허다하므로, 피녹취인이 편리한 장소, 많은 경우 녹취를 하는 측 변호사 사무실보다는 녹취를 당하는 측 변호사 사무실에서 하는 경우가 많다. 예를 들어 증인이 한국에 있어서 꼭 한국에 와서 하라고 하면 상대방 변호사가 한국으로 와서 해야 한다.

피녹취인이 비영어권 사람인 경우 통역이 필요하다. 보통 녹취하는 쪽에서 주 통역Main Interpreter을 고용하고, 녹취 당하는 측에서 통역이 맞는지를 체크하기 위하여 보조 통역Check Interpreter을 고용할 수도 있어, 시간과 비용이 배로 소요된다.

국내 기업의 경우에, 한국인이 피녹취인이 되는 경우, 아무리 영어가 능숙하더라도 한국어로 대답하고 통역을 통해야 한다. 상대방 변호사는 기술적, 법적으로 민감한 질문들을 하는 데 익숙해 있는데, 피녹취인이 아무리 영어를 잘한다고 해도 질문을 잘못 이해하여 잘못 대답하고, 함정 질문에 빠지기 일쑤이다. 질문에 대하여 바로 대답을 해서는 안 되고, 자신을 방어하기 위하여 참석한 변호사가 부적절한 질문에 반대objection를 할 수 있도록 생각할 수 있는 시간을 주어야 한다.

답변에는 반드시 '예Yes, 아니오No'로 답해야 하는 것이 아니라, '잘 모르겠다I don't know, 잘 기억이 나지 않는다I don't remember'도 성실한 대답이다. 즉 (a)상대방 변호사의 질문을 이해하여야 한다Understand the question. 이해하지 못하는 질문에는 섣불리 대답하면 안 된다. 질문을 이해 못하겠다고 답하고 상대방이 다시 물어보도록 해야 한다. (b)답변을 할 때는 추측을 하면 안 된다Don't guess. 자신의 지식이나 기억이 확실하지 않으면 '모르겠다' 아니면 '잘 기억이 나지 않는다'라고 하면 된다. (c)대답은 되도록 짧게

하여 필요 이상의 정보를 제공하지 않도록 한다Don't volunteer.

(6) 전문가 자료수집Expert Discovery

미국 재판에서는 객관성에 의거한 설득력을 중시하므로 사안이 중요할수록 전문가들을 많이 활용한다. 얼마나 능력 있는 전문가를 고용하느냐가 재판의 결과에 지대한 영향을 줄 수 있다. 실제적으로 변호사 사무실에서는 특허소송사건을 수임하면 제일 먼저 하는 것이 해당 분야 전문가들을 접촉해서 자문Consultant으로 확보하는 것이다. 이름 있는 전문가의 경우에는, 전화를 하면 이미 상대방과 계약을 한 경우도 종종 있다.

ITC 재판에는 기술적인 사항에 대한 전문가, 손해액에 대한 전문가, 특허법에 대한 전문가가 필요하다. 기술 전문가Technical Expert는 보통 대학 교수, 산업계 자문고문Industry Consultant, 전직엔지니어들이 많이 하는데, 재판에 참석하여 증언을 하는 증인 전문가Testifying Expert와 증언하지 않고 도와주는 비증인 전문가Non-testifying Expert로 나눌 수 있다.

손해배상 전문가Damages Expert는 경제학자, 수학자 등이 하는데, ITC에서는 손해액에 대하여 판결을 하지 않으므로 관련이 없으나, 특정 업체에 한정하지 않고 침해 제품을 만드는 모든 업체를 대상으로 한 일반수입금지명령General Exclusion Order을 추구하는 경우에는 손해배상 전문가가 필요하다.

특허법 전문가Patent Expert는 특허법이나 규칙Rule에 대하여 잘 아는 특허법 저자나 로스쿨 교수들이 하는데, 원고나 피고의 특허변호사들이 특허법 전문가이긴 하지만, 특정한 특허법 이슈, 규정, 절차 등이 재판에 중요하고 양측이 첨예하게 이견이 있을 때 필요하다.

(7) 청구항 해석 청문회Markman Hearing

특허소송에서 가장 중요한 관건이 침해 주장 청구항의 해석이다. 재판으로 가기 전에 원고와 피고가 청구항에 대하여 각자 해석을 주장하고 판사가 결정을 하는 청구항 해석 청문회Claim Construction Hearing를 유명한 사례의 이름을 따서 '마크만 청문회Markman Hearing'라고 한다. ITC는 워낙 소송이 빨리 진행되므로 마크만 청문회를 따로 하지 않는 경우도 많아, 판사나 사건에 따라 마크만 청문회의 개최 유무가 결정된다.

(8) 약식 판결Summary Determination

지방법원에서 법률적으로는 이견이 없고 사실관계만 이견이 있을 경우 배심원 재판까지 가기 전에 약식 판결Summary Judgment로 끝내는 경우가 있는데, ITC에서도 약식 결정Summary Determination이 가능하다. 그러나 ITC에서는 초고속으로 진행되므로 필요 없는 경우가 대부분이다.

(9) 재판Hearing

배심원 재판인 연방지방법원과 달리, ITC는 행정판사ALJ가 배심원 없이 보통 2주에 걸쳐 재판을 진행한다. 일반적으로, 재판 전에 판사의 기술에 대한 이해를 돕기 위하여 기술설명Technology Tutorial을 한다. 증거의 채택에 관해서는 연방증거법Federal Rules of Evidence을 따른다.

(10) 예비 판결Initial Determination

재판 후에는 행정판사가 판결문을 통하여 판결을 하게 된다. 판결문은 지방법원보다 사실적 및 법적 분석을 훨씬 자세하게 기술하여 통상 150~400페이지에 이른다. 통계를 보면, 50%가 행정판사의 예비 판결 전에 화해를 하고, 판결을 하면 25% 정도가 수입금지 결정을 받는다.

(11) 최종 판결Final Determination

행정판사의 예비 판결을 ITC가 승인하면 자동적으로 수입금지명령이 되고, 필요하다면 수정이나 번복을 하게 된다.

(12) 대통령 검토Presidential Review

ITC에서 수입금지명령을 승인하고 나서 60일 내에 대통령이 위원회의 결정을 재심리하고 거부권Veto을 행사할 수 있는 권한이 있다. 대통령이 거부하지 않으면 자동적으로 명령이 확정된다. 역사적으로 대통령이 거부권을 행사하는 경우는 몇 차례밖에 없는 데도 불구하고, 애플 대 삼성 ITC 소송 때 애플 제품의 삼성 특허침해가 확정되어 수입금지를 위원회가 명령했을 때, 오바마 대통령이 거부권을 행사하였다.

(13) 연방항소법원CAFC Appeal

특허소송의 고등법원 역할을 하는 연방항소법원CAFC에 항소를 하려면, 수입금지 확정이 된 날부터 60일 이내에 항소를 하여야 한다.

(14) 판결 후 절차Post ITC

ITC 판결 후 명령이 잘 이행되지 않는 경우의 절차가 있다. 예를 들어, 금지명령Cease and Desist Order을 지키지 않으면, 위반기간 중 하루당 십만 달러까지 벌금 부과가 가능하다.

지방법원과 병렬 진행

수입금지를 요청하는 ITC 소송과 동시에 지방법원에서 같은 당사자들끼리 같은 특허와 제품을 가지고 손해배상 소송을 하는 경우가 많다. 이러한 경우, ITC 소송의 피고인은 지방법원의 소송을 일단 중지할 수 있는 권리가 있다. 이는 피고인이 소송을 방어하기 위하여 두 군데서 이중으로 비용을 부담하는 것을 막기 위한 것이다.

법률상으로 보면 ITC는 지방법원에 비하여 하급 법원이어서, 지방법원의 결정은 ITC에 구속력이 있지만, ITC에서의 특허 관련 결정은 지방법원에 구속력이 있는 것은 아니다. 하지만, 실제로는 ITC의 전문성 등을 고려해 지방법원이 ITC의 결정을 대부분 존중한다고 보면 된다.

(1) 완제품 수입 금지의 확대

ITC에 제소된 반도체칩Chip이 특허를 침해한다고 판정이 되면, 그 반도체칩을 장착한 가치사슬상 '다운스트림Downstream'이 되는 완제품을 생산하는 업체까지 수입이 금지되어야 할까? 최근에 퀄컴 칩이 브로드컴의 특허를 침해한다고 판결이 나면서 퀄컴 칩이 내장된 3G 핸드폰까지 수입이 금지되어야 하느냐는 것이 논란이 되었다. 이 경우 행정판사가 소비자의 권익을 고려하여 핸드폰 제품의 수입금지까지 확장하지 않을 것을 건의했음에도 불구하고, 위원회는 완제품까지 확장할 수 있다고 결정 내린 사례가 있다. 결국, 완제품까지 수입금지가 확대되는 것이 추세라고 볼 수 있다.

(2) 중국 업체의 피소 증가

중국이 세계의 공장으로 떠오르면서 ITC에 피소가 증가하고 있다. 1996년까지만 해도 중국 업체가 피고인 경우는 없었으나 2006년에는 25%가 중국 업체이다. 제조업이 중국으로 이동하면서 미국 업체들이 중국 업체들을 견제하려는 소송이 증가하고 있다.

(3) 라이센싱만으로도 '국내 산업' 요건을 충족할 수 있다.

미국 내 국내 산업 요건이 최근 개정되어, 회사 보유 특허 등을 미국 회사에 라이센스를 주고 있다면 미국 내 산업을 증명할 수 있도록 하였다. 그러므로 미국 내 상당한 시설 투자나 고용이 없이 요건을 충족시킬 수 있으므로 제소하기가 쉬워졌다고 볼 수 있다.

ITC의 강력한 효과 때문에 ITC 제소가 급격한 증가 추세에 있어 국내 대기업은 물론이고 중견기업도 ITC 소송에 휘말리는 경우가 많아지고 있고, 반도체 및 휴대폰, 최근에는 가전 부문까지 확산되고 있다.

국내 기업 입장에서 ITC 소송에 효과적으로 대응하기 위한 제언

(1) ITC의 피고가 되면 설계 변경을 생각하라. ITC 소송의 궁극적 결과는 침해 제품에 대한 수입금지명령이다. 제품 디자인이 변경되어 더 이상 침해가 아니라면 수입금지명령이 의미가 없게 된다. 그러므로 ITC 소송의 피고가 된다면, 빨리 설계 변경을 해서 수입금지명령을 피하는 것이 회사의 미래 위험을 줄일 수 있는 최선의 방법이다.

(2) ITC 특허소송의 피고가 되면, 수입금지라는 극단의 조치를 피하기 위하여 막대한 비용을 지출해야 하기 때문에, 평소에 경쟁 회사의 동향에 대하여 정보를 수집하고 ITC 제소 가능성을 검토하고 대응책을 준비하고 있어야 한다. ITC 제소는 상대방이 1년 가까이 준비해 온 결과이므로 평소에 정보를 수집해 두지 않으면, 기습공격이 되어 대응하기 위한 시간과 능력이 너무 부족하다.

(3) 평소에 자료수집Discovery 준비를 하고 있어야 한다. 회사 내부적으로는 경쟁사의 특허나 제품을 모방했다는 식의 회사 자료를 절대 만들지 말아야 한다. 최근 E-mail 등에 대한 증거수집, 소위 '전자 자료수집E-Discovery'에도 대비해야 한다. 미국 소송에서는 내용적인 면에서 이겼어도, 자료수집을 잘못하면 패소할 수 있다. 회사의 프로세스를 잘 정비하여 준비를 하고 있어야 한다.

(4) ITC 소송은 상당한 전문지식이 필요하므로 ITC 전문 변호사나 로펌을 대리인으로 선임하여야 한다. 특히 ITC에서 '스탭변호사Staff Attorney' 경력을 가진 변호사를 선임하면 유리하다. 유능한 로펌이라 할지라도 '이해관계 상충Conflict of Interest'이 있으면, 예를 들어 반대편 회사의 대리를 한 적이 있으면 선임을 못하므로, 평소에 지속적인 업무 관계를 유지하는 것이 좋다.

(5) ITC 재판 전 기술 설명회Technology Tutorial에 판사의 기술 이해를 돕기 위한 프레젠테이션이나 컴퓨터 애니메이션을 활용한 비디오 자료 등을 잘 만들어 회사의 입장을 설명하는 것이 중요하다.

(6) ITC 제소는 제소 이전에 구체적인 침해 확인 작업이 필요하고 1년 내외로 빨리 진행되는 관계로 막대한 비용이 소요되어서 아무 회사나 쉽게 제소할 수 있는 것은 아니지만, ITC 소송만이 가지고 있는 신속하고 강력한 효과를 고려하면 상황에 따라서는 필요할 수도 있다.

(7) ITC 특허소송의 원고가 되려면 경쟁사 기술을 지속적으로 조사하고 경쟁사 제품에 적용되는 특허를 만들어야 한다.

(8) 평소 제품에 자사 특허번호를 명시하여라. ITC는 금지명령만 다루지만, 병행으로 진행되는 지방법원 소송에서는 손해배상액을 다루게 되므로 그 금액이 중요하다. 특허의 손해액 산정은 제품에 관련 특허번호가 명시Marking된 시점부터가 아니면 소송이 시작된 시점이다. 원고인 경우 특허번호가 명시되어 있어야 손해액이 소송 제기 전으로 소급되어 액수가 커지므로 협상에서 유리하게 된다.

(9) ITC 원고제소자가 되려면 미국 내 연구개발 법인이나 조직을 만들어라. 이제는 국내 기업도 경쟁사를 견제하기 위하여 경쟁사의 부품이나 완제품이 외국에서 미국으로 수입되는 것을 ITC를 통하여 막는 것이 필요할 수 있다. ITC의 원고가 되려면 국내 산업 존재 요건을 충족시켜야 하는데, 이를 위해 미국 내 R&D 법인이나 조직을 만들어 두면 좋다.

22

디자인 특허 분쟁 사례
"크록스 ITC 소송"

제품의 디자인이 소비자의 구매기준이 되면서 디자인 특허에 대한 보호 범위도 넓어지고 있다. 디자인 특허가 상표처럼 넓은 권리를 부여하는 사례를 소개한다.

크록스Crocs는 플라스틱과 고무의 중간 재질인 발포재로 차별화된 소재를 사용하여 슬리퍼처럼 생긴 신발을 제조·판매하는 회사이다. 가볍고 편하고 물에서도 신을 수 있어 소비자에게 폭발적인 인기를 누리는 신발이다. 크록스는 신발류에 대하여 미국 디자인 특허 D517,789를 등록받았다. 그림에서 보다시피, 나막신 같은 구조의 발등 커버에 공기가 통하도록 구멍들이 뚫려 있고, 발목을 지탱하는 발포재 끈이 있다.

•크록스 신발

크록스 신발을 모방한 제품들을 다른 회사들이 제조·수입·판매하자, 크록스는 미국국제무역위원회ITC에 소송을 제기하여 해외로부터 미국 내로의 수입금지를 요청하였다. ITC 행정판사는 모방 제품들이 크록스의 디자인 특허를 침해하지 않는다고 판결하였다. ITC 판사는 우선 디자인 특허의 그림으로 된 청구항의 세부에 주목하였다. 발등 커버 상부에 둥근 구멍들이 뚫려 있고, 끈이 균일한 넓이로 되어 있으며, 측면에 구멍이 같은 간격으로 배치된 점에 주목하였다. 침해 대상 제품 중 월디스Waldies 신발의 경우, 끈이 균일한 두께가 아니고 상부에 뚫린 구멍도 둥글지 않다고 관찰하여 비침해라고 판결하였다.

그러나 연방항소법원CAFC으로 올라가자, ITC 판결을 뒤집고 침해로 판결했다. 우선, 디자인 특허 침해 판단 기준이 '일반관찰자 시험 Ordinary Observer Test'이라고 천명을 하였다. 예전 판단 기준인 '신규성 포인트 시험 Novelty Point Test'에서는 출원자가 출원 디자인에서 어떤 점이 선행 디자인 대비 신규한

•크록스 사의 디자인 특허(US D517,789)

점인지를 지적해야 하는 부담이 있었다. 그러나 최근 일반관찰자 시험에서는 일반인이 선행 디자인을 아는 상태에서 침해 대상 디자인을 전체적으로 보았을 때, 등록된 디자인 특허와 거의 같다고 여겨지면 침해가 성립된다.

따라서 CAFC는 크록스 사례의 경우, 원고의 디자인 특허와 피고들의 신발들을 일반관찰자가 비교하면 거의 같다고 생각할 것이므로 침해라고 판결하였다. CAFC는 그림에 나타난 디자인의 전체적인 느낌을 중시해야 하지, 너무 세부적인 사항에 집착하면 안 된다고 판시하였다. 아래 그림과 같이 크록스 디자인 특허와 피고 월디스 신발을 비교하면서, 소비자 입장에서 보면 두 디자인 중 어느 것이 어느 회사의 것인지 구분할 수 없을 거라고 결론을 내렸다. 결국 크록스는 디자인 특허를 이용하여 ITC 제소 요건을 충족시키고 디자인 특허침해를 증명하여, 미국으로 수입하는 제품에 대한 수입금지 조치를 취할 수 있게 되었다.

상표법은 비슷한 상표를 소비자가 혼동할 가능성이 많으면 침해로 본다. 세부적인 차이에도 불구하고 소비자가 혼동하면 침해가 성립하므로 넓은 의미의 보호로 볼 수 있다. 디자인 특허는 일반인 관점에서 등록 디자인과 제품을 전체적으로 비교해서, 둘 사이에 구분이 잘 안 가면 침해를 인정한다는 점에서 상표권과 가

•크록스의 디자인 특허와 월디스 침해 신발의 비교

깝다고 볼 수 있다. 상표권과 같이 넓은 보호를 하는 이유는 앞으로 중요해지는 디자인의 추세를 반영한다고 볼 수 있다.

23

표준특허 분쟁 사례:애플 vs 삼성
"디자인 특허 vs 표준특허"

—

'세기의 특허전쟁'으로 불리는 애플 대 삼성 특허소송은 UI와 디자인에 강한 애플과 통신표준기술에 강한 삼성전자의 끊임없는 싸움으로 표현된다.

2007년 애플이 iOS 운영체제 기반의 혁신적인 인터페이스를 제공하는 아이폰을 선보이며 스마트폰 시대를 개시하였다. 그러자 다른 핸드폰 회사들은 구글의 안드로이드 운영체제를 중심으로 대응하게 되었고, 그중 대표 주자인 삼성전자는 애플과 맞대결하게 되었다.

미국 지방법원 소송

2011년 4월, 애플이 캘리포니아 지방법원에 삼성전자를 상대로 특허침해소송을 제기하였다. 삼성전자의 스마트폰과 태블릿 PC가 애플의 UI 특

• 애플 아이폰 대 삼성전자 스마트폰

• 애플 대 삼성의 전 세계 특허전쟁(출처: 매경 2013.3.3)

허, 디자인 특허, 상표권을 침해했다는 것이다.

애플의 UI 특허는 멀티터치, 탭투줌, 바운스백 특허이다. 멀티터치Multi-Touch는 두 손가락을 대면 제스처로 인식해서 화면을 축소하거나 확대하는 기능이다US 7,844,915. 탭투줌Tap to Zoom은 화면을 탭 하면 문서가 확대되는 기능이다US 7,864,163. 바운스백Bounce Back이란 화면을 끝까지 내리면 위로 튕기며 끝부분이라는 것을 알려주는 기능이다US 7,469,381. 애플의 디자인 특허는 스마트폰 외형, 아이콘 배열방식에 대한 것이다. 애플은 삼성이

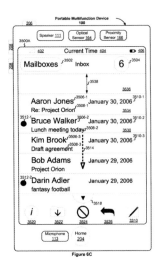

• 애플의 바운스백 특허(US 7,469,381)

아이폰의 둥근 모서리, 외곽을 둘러싼 테두리베젤 등을 모방했다고 주장했다.

삼성은 애플이 삼성의 통신 특허 5건을 침해하고 있다고 주장하였다. 데이터 전송 시 전력 소모를 줄이고 전송효율을 높이는 HSPA고속패킷전송방식 통신표준특허, 데이터 수신 오류를 줄이는 WCDMA 특허 등이다.

2012년 8월 24일 미국 지방법원 배심원들이 만장일치로 애플의 손을 들어주면서 삼성전자가 애플에게 1조 2천억 원$1.05 Billion의 손해배상을 하라고 평결Verdict하였다. 배심원들은 삼성은 애플 특허의 침해로, 반면 애플은 삼성 특허의 비침해로 평결하였다. 배심원들은 삼성 3G 관련 표준특허에 대해서는 특허소진이라고 평결하였다. 아이폰이 인피니언Infineon 칩을 쓰는데, 인피니언 사를 인수한 인텔에 이미 로열티를 냈기 때문에 특허권 소진이론에 따라 특허권이 소진되어 애플은 더 이상 특허료를 낼 필요가 없다는 것이다.

미국 ITC 소송

연방지방법원 특허분쟁과 병렬로, 애플과 삼성은 2011년 미국 ITC에서 각각 서로를 제소하였다삼성의 ITC 소송 337-TA-794, 애플의 ITC 소송 337-TA-796. 애플 제품도 대만의 폭스콘Foxconn이 중국 공장에서 위탁 생산하여 미국으로 수입하기 때문에 ITC에서 수입금지가 가능하다.

ITC는 2013년 6월 애플 제품이 삼성의 3G 통신 관련 표준특허US 7,706,348를 침해했다고 판정하고 AT&T 호환 아이폰4와 아이패드 제품에 대하여 수입금지 권고조치

• 삼성의 ITC 승소 특허(US 7,706,348)

를 내렸다. 그러나 오바마 대통령이 거부권을 행사하였다. 1987년 이후 25년간 대통령이 거부권을 행사한 사례가 없어 '애플 감싸기'라는 비판을 받았다. 일반적으로, 표준화 참여 기업들은 표준화 단체에서 '공정하고 합리적이고 비차별적인 조건Fair, Reasonable, and Non-Discriminatory, FRAND'으로 실시 허락을 하겠다는 서약을 한다. 즉, 합리적인 로열티를 추구하겠다는 서약이다. 이러한 FRAND 서약에도 불구하고 금지명령을 청구하는 것은 표준특허의 남용이라는 것이 미국 공정거래위원회의 입장이다. 그러므로 오바마 대통령은 표준특허침해에 대한 금지명령은 부적절하다고 거부권을 행사하였다.

한편, ITC는 애플의 제소에 대하여는 삼성 제품이 애플의 상용특허US 7,479,949를 침해했다고 판정하고 삼성 스마트폰에 대하여 수입금지 권고조치를 내렸다. 그러나 이번에는 오바마 대통령이 거부권을 행사하지 않았다. 애플의 침해 특허가 FRAND 표준특허가 아니라 상용특허이므로 애플

Portable Multifunction Device 100

Speaker 111 | Optical Sensor 164 | Proximity Sensor 166

210 is SIM card slot
212 is headphone jack

202

Touch Screen 112

Microphone 113 | Home 204 | Accelerometer(s) 168

External Port 124
Figure 2

• 애플의 ITC 승소 특허(US 7,479,949), 일명 '스티브잡스 특허'

의 금지명령신청이 불공정 행위나 특허 남용의 소지가 없다는 논리이다.

다른 국가에서의 판결을 살펴보면, 영국에서는 삼성에 유리한 판결이 나오고, 나머지 국가에서는 대체로 중립적인 판결이 나왔다.

영국

영국 법원에서는 삼성의 편을 들어주었다. 삼성의 애플 디자인 특허 비침해를 판결하고 애플에게 비침해 판결을 신문에 광고하라고까지 명령하였다.

독일

애플은 삼성 갤럭시탭 10.1이 애플 디자인을 침해한다는 이유로 가처분 신청을 했다. 2011년 8월 9일, 독일 뒤셀도르프 법원은 삼성의 의견을 듣는 심리 없이 애플의 가처분 신청을 받아들여 판매금지를 했으나 이후 삼성의 이의신청을 받아들여 가처분을 취소하였다.

네덜란드

애플은 2011년 6월 갤럭시탭삼성 태블릿 PC이 디자인 특허를 침해했다며 네덜란드법원에 판매금지 가처분을 신청했으나 법원이 기각하였다. 이어서 삼성은 갤럭시탭이 비침해라는 확인소송을 내고 법원이 2013년 1월 17일 삼성 제품은 애플의 디자인 특허 침해가 아니라는 판결을 내렸다.

국내

국내는 비교적 중립적으로 약간 삼성전자의 손을 들어주었다. 중앙지방법원은 2012년 애플이 삼성의 통신특허 2건을 침해했다고 판결하고 구형 아이폰4에 대해 판매금지 명령을 내렸다. 한편 삼성에게는 애플의 바운스백 특허를 침해했다고 판결하고 구형 갤럭시S2의 판매금지 명령을 내렸다. 시판 중인 아이폰4S와 아이패드3는 본 판결에서 제외되었다. 한편, 미국과는 달리 삼성이 FRAND 선언을 한 뒤 애플에 소송을 제기한 것은 불공정행위가 아니라고 판결하였다.

지금까지 애플의 전략은 다음과 같이 압축될 수 있다. 애플이 우세한 UI 특허와 디자인 특허로 삼성을 압박한다. 삼성의 통신표준특허에는 특허소진 원칙으로 대응한다. 유럽을 통하여 표준특허에 대한 금지명령이 불공정행위라는 여론을 조성한다. 표준특허 침해로 ITC 수입금지가 나오면 오바마 대통령으로 하여금 거부권을 행사하게 한다. 현재까지는 애플의 전략이 어느 정도 맞아 들어가고 있다.

애플 대 삼성의 특허전 때문에 전 세계 핸드폰 시장은 애플과 삼성이 양분하다시피 하고 있다. 2010년 시장점유율 8%에 불과하던 삼성은 시장점유율 30%로 스마트폰 1위를 차지하게 되었다. 애플은 업계 2위가 되었다. 다른 제조사들은 존재감조차 잃어가고 있다. 결국 애플과 삼성이 특허전쟁을 하면서 두 기업 모두 세계 최고의 기업이라는 엄청난 홍보효과를 누린 것이다. 애플과 삼성의 화해가 이루어질 거라는 관측이 계속 나오고 있음에도 번번이 깨지는 것은 이러한 홍보효과에 대한 묵시적인 합의가 작용한 것일 수도 있다.

24

상용특허 분쟁 사례
"LG 대 월풀 ITC 소송 사례"

—

상용특허란 표준은 아니지만 시장의 제품과 일치되는 특허이다. 경쟁사들끼리 시장에서 치열하게 경쟁하다 보면 상용특허 분쟁이 생기게 마련이다.

LG전자는 가전 분야에서 뛰어난 기술력을 바탕으로 전 세계 시장을 석권하고 있다. 오랫동안 가전시장은 미국의 월풀Whirlpool 사가 주도하고 있었다. LG전자가 미국에서 시장점유율을 늘려가자 월풀이 LG전자를 상대로 특허소송을 하게 되었다.

2009년 미국 월풀은 냉장고 특허를 가지고 미국 국제무역위원회US ITC에서 LG전자를 특허침해로 고소하고 수입금지를 시도하였다. 당시 필자는 LG전자 특허 임원으로 소송 지휘를 맡아 본 소송을 진행하였다. 필자는 이미 월풀에 대응하여 세탁기 소송을 이긴 바 있어, 다음 공격은 냉장고

•LG냉장고와 월풀 냉장고 비교

가 될 것이라는 예측을 하고 철저한 대비를 하고 있었다. 월풀 특허 중에서 공격 가능한 냉장고 특허 20건을 추려서 대응 자료 및 전략을 준비하였다. 월풀은 5건의 특허로 소송을 해 왔는데 20건 예상 문제에서 다 나왔다. 그 결과, 최초 5건의 특허 중 4건의 특허를 취하하게 되고 1건의 특허US 6,082,130만 남게 되었다.

남은 1건의 월풀 특허는 얼음 만드는 제빙기Ice Maker가 있는 냉장고의 문에 얼음을 저장하고 이송하는 기술Ice Delivery에 대한 특허이다. 1년 동안의 치열한 공방 끝에, ITC 행정판사는 월풀 특허는 유효하나 비침해로 LG전자에 승소판결을 내렸다.

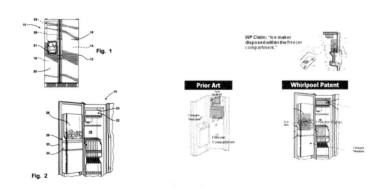

•월풀 특허(US 6,082,130)   •선행 기술과 월풀 특허

LG 2-door Ice maker is in the door, not in the freezer cabinet

Icemaker

Ice bin

Freezer Compartment

Closure member

• LG 냉장고는 제빙기가 냉동고가 아니라 문에 장착

그림에서 보다시피, 월풀 특허의 청구항에 의하면 제빙기Ice Maker가 냉동고 칸Freezer Compartment에 있어야 한다고 명시되어 있다. 반면, LG 냉장고는 제빙기가 냉동고가 아니라 문Door에 달려 있어 비침해가 되어야 한다. LG의 냉장고 기술은 문에 제빙기를 장착함으로써 냉동고 칸의 가용부피를 확장시킨 우수한 기술이다.

그러나 최종 결정을 내리는 위원회가 행정판사 판결의 청구항 해석을 파기하고 비침해를 번복하는 바람에 재심을 하게 되었다. 위원회는 냉장고 문을 닫으면 결국 제빙기도 냉동고 안에 있게 된다고 청구항을 해석하였다. 결국 LG 냉장고가 월풀 특허를 침해하였다는 판결을 내리라고 행정판사에게 명령한 셈이다.

이에 필자는 이 소송을 이기려면 결국 월풀 특허를 원천적으로 무효화시키는 수밖에 없다고 판단하고, 선행기술을 찾았다. 월풀 발명 이전에 제빙기는 파나소닉이 개발했었고, 얼음 저장 및 이송 장치는 히타치가 개발했었으며, 이 두 기술을 조합하면 월풀 특허 기술이 용이하게 도출될 수 있다는 것을 증명하였다. 결국 ITC 행정판사는 이를 받아들여 월풀 특허를 무효로 선언하고 위원회가 승인함으로써 LG 냉장고 대미 수출금지라는 커다란 걸림돌을 제거하게 되었다. 참고로 LG는 매년 수억 달러 상당의 냉장고를 미국에 수출하고 있다.

•LG전자의 ITC 승소 기사   •LG전자－월풀 ITC 특허소송 일지

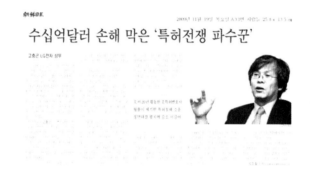

•ITC 승소 후 필자의 기사(출처 : 조선일보 2009년 11월 19일)

25

반독점법과 특허
"표준특허의 미래"

애플 대 삼성의 전 세계 소송에서 FRAND 표준특허 남용에 대한 불공정행위 제재 이야기가 심심치 않게 나온다. 특허에 왜 반독점 이야기가 나올까? 기술혁신에는 특허와 표준이라는 두 가지 상반된 패러다임이 존재하기 때문이다.

특허의 경제적 배경에서 언급한 대로, 특허란 무임승차를 방지하기 위하여 탄생하였다. 한 명의 양치기가 양떼를 몰고 산에 올라가 풀을 먹이는 것은 문제가 없었지만 여러 양치기들이 몰고 가니 먹일 풀이 없어졌다. 이른바 '공유지의 비극'이다. 기술개발은 안 하고 남이 개발하면 무임승차하려고만 하면 누가 밤새워 기술개발을 하겠는가. 경제학 용어로 '음의 외부효과'이다. 그래서 기술혁신에 대하여 제한적인 독점을 허용하여 재산권에 상응하는 배타적인 권리를 부여한 것이 특허권이다.

반면, 기술표준처럼 자유 사용 내지는 공유를 조장하는 경우가 있다. 고속도로는 되도록 많은 사람이 쓰도록 만든 것이다. 기술표준이란 되도록 많은 기기들이 호환되도록 정한 제품 규격이다. 예컨대 LTE는 통신기술표준이다. 남이 만든 것을 공짜로 쓰면서 더 많은 경제적 효과를 창출하려는 것이 '양의 외부효과'이다. '오픈 이노베이션'은 바로 이러한 효과를 이용한 기술혁신이다.

　문제는 표준과 특허가 만나는 '표준특허'의 경우, 두 가지 패러다임이 충돌하게 된다. 공유로 제정된 표준을 특허로 독점한다는 모순이 있다. 표준특허를 특허의 관점에서 보면 특허청 소관이지만, 독점의 관점으로 보면 공정거래위원회 소관으로 부처 간 충돌도 있다. 표준특허에 관한 갈등은 특허법과 공정거래법에 의한 조율로 해결할 수밖에 없다.

　미국에서는 1890년 제정된 셔먼 법Sherman Act을 기본으로 클레이튼 법Clayton Act을 포함, 백 년 넘게 반독점법 역사를 가지고 많은 판례를 만들어 왔다. 보통 확연하게 알 수 있는 담합가령, 가격 담합에는 '당연위법의 원칙Per Se Illegal'을 적용하고, 다른 경우가령, 가치사슬에서 기업 간 수직적 공조에 대해서는 '합리의 원칙Rule of Reason'을 적용하여 구체적으로 경쟁제한 효과를 평가하고 위법성을 판단한다.

　미국 법무성DOJ과 공정거래위원회FTC는 1995년 공동으로 라이센싱에 대한 반독점 가이드라인을 발표하여 특허 보유가 시장지배력Market Power을 의미하는 것은 아니며, 특허풀과 같은 공동라이센싱도 일반적으로 경쟁을 촉진하여 반독점법에 위반되는 것이 아니라는 견해를 분명히 하였다.

　그럼에도 불구하고, 표준특허와 특허풀 관련 논란이 있다. 첫 번째 갈등으로 표준특허 선언에 대한 논란이 있다. 표준에 관련된 특허를 보유한 회사들은 누구나 다 쓸 수밖에 없는 표준기술에 대한 로열티 수익이라는 엄청난 혜택을 누리게 된다. 그러므로 대다수의 표준화 기관이나 단체들은 기술표준을 채택하기 전에 회원사들로 하여금 후보 표준에 얼마나 많은 특허를 가지고 있는지 선언하게 하고 투표를 거치도록 하고 있다.

그런데 만일 표준화 과정에서 특허의 존재를 의도적으로 은폐하여 표준에 채택되도록 한 다음 특허료를 요구한다면 계약 위반이다. 때문에 이 계약 위반이 특허권 행사를 제한할 수 있는 불공정행위가 되느냐가 논란거리가 된다. 대표적인 사례로 '램버스RAMBUS' 회사는 표준화에 관련된 특허를 표준화 활동에서 공개하지 않았다는 이유로 법원에서 제재를 받았다.

두 번째 갈등으로 FRAND 논란이 있다. 기술표준이 정해지면 후보 기술 간의 경쟁은 없어지고 표준기술만이 독식을 하게 되므로 독점이 된다. 이러한 독점에서 발생할 수 있는 과다 로열티 요구나 차별 로열티 요구 등의 횡포를 줄이기 위하여, 표준특허에 대하여 대다수의 표준화 단체들은 FRAND Fair Reasonable and Non-Discriminatory라는 공정하고 합리적이고 비차별적인 라이센스 허여에 동의하도록 하는 모델을 택하고 있다.

이러한 FRAND 특허에 대하여 법원에서 손해배상은 가능하지만 과연 금지명령이 가능한지가 현재 논란이 되고 있다. 금지명령 반대 측은 FRAND 계약 자체가 금전적으로 해결하겠다는 의지의 표명이었으므로, 금지명령은 부당하다고 주장한다. 반면 금지명령 찬성 측은 FRAND 로열티의 액수에 대하여 서로 합의를 못하면 금지명령이 필요할 수밖에 없다고 주장한다.

2012년 모토로라 대 애플 소송에서 모토로라는 FRAND 특허에 대하여 애플에게 금지명령을 내려줄 것을 요구했지만 미국 법원은 거절했다. 합의금을 도출하기 위하여 금지명령이 꼭 필요한 것은 아니라는 것이다.

미국 공정거래위원회FTC는 FRAND 특허의 금지명령 추구 자체가 독점방지법 위반이라는 입장이다.

• 미국의 공정거래위원회(FTC)와 한국 공정거래위원회

　미국 국제무역위원회ITC는 특허침해로 판정하면 수입금지를 내리는 기관이다. 이 기관은 피해 보상은 다루지 않고 금지명령만 다룬다. 앞의 논리대로라면 FRAND 특허를 ITC에서 제기할 수 있는지가 문제이다. 애플 대 삼성의 ITC 소송에서 애플 측은 삼성의 표준특허는 FRAND 특허로서 금지명령이 부적절하므로 ITC에 제소하는 것 자체가 부당하다는 논리를 폈다. 결국, 삼성의 표준특허를 애플이 침해했다고 판결하고 수입금지를 권고했으나 오바마 대통령이 앞의 이유를 들어 거부권을 행사하였다.

　필자의 생각으로는, 표준화 단체와의 협약 없이 기술표준에 부합되는 비非FRAND 표준특허와, 표준화 단체와 협약한 FRAND 표준특허와는 구별이 되어야 한다고 생각한다. FRAND 표준특허는 금전적으로 해결하겠다는 의지의 표명이 있었으므로 금지명령이 부적당하지만, 비FRAND 표준특허는 금지명령도 가능해야 구분이 되기 때문이다. FRAND 특허를 ITC에서 제기할 수 있느냐의 문제는, ITC는 수입금지만 다루는 행정기관이므로 일단 진행을 하되 금지명령의 적절성을 공익의 관점에서 고려하도록 하는 것도 생각해 볼 수 있다. 예를 들어, 특허 기술에 대하여 과거에 거의 무상으로 준 이력이 있다면 FRAND 원칙에 의해 다른 측에도 비슷한 대우를 해주어야 하는데, ITC 소송을 제기한다면 과대한 로열티를 얻기 위한 수단으로 볼 수 있으므로 공익적인 측면에서 부정적으로 판단할 수 있다.

FRAND 논란은 국제적으로 진행형이지만 국내 기업에도 시사하는 바가 크다. 첫째, 표준특허의 가치평가는 금지명령의 논란을 고려하여 현실적으로 하향 조정되어야 한다. 둘째, 표준특허에 대하여 국내 기업에게는 돈을 안 받고 해외 기업에게만 돈을 요구한다면 FRAND 위반이 된다. 그러므로 국내 기업들 간에도 특허료를 내는 문화가 절실히 요구된다.

시장을 빼앗으려는 경쟁사들끼리의 특허분쟁 말고도 최근에는 특허 자체로 수익을 실현하려는 특허 비즈니스가 늘고 있다. 이에 비제조 특허관리회사NPE들에 의한 특허소송이 늘고 있다.

특허의 권리를 지역, 기간, 용도 등으로 나누어 기술을 독점적으로 실시할 권리, 즉 전용라이센스Exclusive License를 허여하는 경우가 증가하고 있다. 그런데 특허 거래가 활성화되어 특허 소유권이 회사에서 회사로 여러 차례 넘어가는 경우가 생기게 된다. 이러한 경우 전용실시권자가 과연 특허소송의 원고로서 합당한 실체적인 권리를 가지고 있는지가 문제된다.

미국 특허소송에서, 원고가 특허침해를 제기하면, 피고는 방어의 하나로 원고의 적격성Standing에 대한 반론을 제기할 수 있다. 원고가 적격하지 않으면, 내용에 관계없이 소송이 기각될 수 있다.

특허는 동산Personal Property으로 분류된다. 특허권자는 타인이 허락 없이 제조, 사용, 판매, 판매청약하는 것을 금지할 수 있다. 일반적으로 특허권자는 특허침해 민사소송을 통하여 침해행위에 대한 구제를 받을 수 있다. 특허소송의 원고는 특허권자이다. 공동 소유의 경우, 모든 특허권자들이 소송에 참여해야 한다. 공동 소유권자가 전용실시권을 제공하려면 동의가 필요하지만, 통상실시권은 독립적으로 허여할 수 있다.

일반적으로, 특허권자가 특허소송을 제기하는 경우는 원고적격성에 별 문제가 없다. 특허법은, 전용실시권자Exclusive Licensee도 특허권자와 비슷하게 실질적인 권리를 가진 것으로 간주하여, 단독이나 특허권자와 공동으로 소송을 제기할 수 있도록 하고 있다.

특허라이센스에는 독점적 실시권을 부여하는 전용실시권Exclusive License과 비독점적 실시권을 부여하는 통상실시권Non-Exclusive License이 있다. 국내법 표현으로 하면 실시권은 크게 물권적 성질을 가지고 있는 전용실시권과 채권적 성질을 가지고 있는 통상실시권으로 나눌 수 있다. 즉, 전용실시권은 사실상 특허권과 가까운 지위를 가진다. 라이센스는 일반적으로 기간이나 지역이나 용도로 쪼갤 수 있다. 미국에서 용도Field of Use로 라이센스를 쪼개는 경우를 제너럴 토킹 픽처스 독트린General Talking Pictures Doctrine이라 하여 오래전부터 확립이 되었다.

재실시권Sublicense이란 라이센스를 허여받은 자가 제3자에게 다시 허여한 라이센스를 말한다. 일반적으로 통상실시권자는 재실시권을 부여할 권리Right to sublicense가 없다. 반면, 전용실시권자는 재실시권 부여 권한을 받는 경우가 흔하다.

전용실시권자가 특허권자와 거의 같은 권리All substantial rights를 가지고 있는 경우, 특허권자와 독립적으로 소송 원고가 될 수 있다. 예컨대, 특정 지역의 전용실시권Territorial exclusive license은 다른 제한이 더 없다면, 그 특정 지역에서는 특허권자와 거의 같은 권리로 간주하여, 전용실시권자라 할지라도 단독으로 소송 원고가 될 수 있다.

그러나 전용실시권자가 특허권자에 근접한 권리를 가지고 있지 않은 경우, 전용실시권자 단독으로 소송할 수 없고, 특허권자와 공동으로 소송 원고가 되어야 한다. 지역 한정과는 달리 용도 한정의 경우, 전용실시권자 단독으로 소송할 수 없다. 이는 특허권자가 복수의 소송을 당할 위험을 고려한 것이다. 예컨대, 특정 지역 전용실시권에 용도 한정이 더해진 경우는, 그 특정 지역에서도 전용실시권자 단독으로 소송 원고가 될 수 없다.

이제 실제 사례인 위아브 솔루션스WiAV Solutions 대 모토로라Motorola 사건을 보자. 원래 록웰 인터내셔널Rockwell International 사는 음성의 부호화와 복호화 기술에 관한 특허들을 보유하고 있었다. 이 특허들이 여러 회사에 복잡한 과정을 통하여 이전되었다. 특허 자체의 소유권은 커넥선트Conexant 사를 거쳐 현재 특허 소유자인 마인드스피드 테크놀로지Mindspeed Technologies 사에 이전되었다. 커넥선트는 그 특허들 중 무선핸드셋Wireless Handset 분야를 분리하여 전용실시권을 스카이웍스Skyworks 사에 허여하였다. 즉 무선핸드셋 분야에 대하여 스카이웍스에 특허권을 양도한 셈이다. 스카이웍스는 퀄컴의 계열사들에게 라이센스를 줄 수 있는 권리를 주었다. 원고인 위아브 솔루션스이하 '위아브'는 스카이웍스로부터 7개 특허들이하 "마인드스피드 특허들"의 무선핸드셋 분야에 대한 전용실시권Exclusive field of use license을 구입하였다. 시프로 랩 텔레콤Sipro Lab Telecom, 이하 '시프로'는 스피치 코덱Speech Codec 관련 특허풀을 운영하는 대리인데, 2건의 특허에 대하여 마인드스피드로부터 라이센스를 받았다.

이렇게 특허 소유권이 이전되면서, 전용실시권 허여 이전에 여러 회사들이 통상실시권뿐 아니라 재실시권Sublicense 부여권도 가지고 있었다.

특허권자인 위아브는 노키아Nokia, 모토로라, 팜Palm, 소니 에릭슨Sony Ericsson 핸드폰 업체들을 상대로 버지니아 동부 연방지방법원Eastern District of Virginia에 마인드스피드 특허들을 침해했다고 제소하였다. 피고들은 원고가 소송 당사자로 부적격하다는 이유Lack of Standing로 기각을 요청하였다. 연방지방법원 판사는 위아브가 마인드스피드 특허들에 대하여 전용실시권을 받기 전에 제3자에게 재실시권이 허여되었기 때문에, 전용실시권자로 볼 수 없으므로 원고로서 적격성이 부족하다고 소송을 기각하였다.

항소심에서, CAFC는 전용실시권 전에 제3자에게 설정된 재실시권이 우선 권리이지만, 우선 권리에도 불구하고 원고가 특정 피고들에 대한 배타권이 조금이라도 남아 있다면 전용실시권자로 인정될 수 있다고 판시하면서, 지방법원의 판결을 번복하였다.

우선, 전용실시권 부여 이전에 라이센스를 설정하는 것은 문제가 없다. 논란의 핵심은 전용실시권 이전에 설정된 재실시권 부여권이 미래에 라이센스를 부여할 수 있기 때문에 전용실시권의 실체적 권리에 흠이 될 수 있다는 것이다.

CAFC는 다음 두 가지 유형의 피고들에게는 원고 자격이 없다고 판시하였다. (1)피고가 우선 권리자들부터 라이센스를 허여 받은 경우 (2)우선 권리자들로부터 라이센스를 허여 받을 능력이 있는 경우이다.

CAFC는 상기 원칙에 입각하여, 피고들이 권리자들로부터 라이센스 제공을 받을 수 있는지를 다음과 같이 검토하였다. 록웰 사이언스 센터 Rockwell Science Center는 관련 계열사에게 라이센스 허여가 가능하지만, 피고는 계열사가 아니었다. 마인드스피드와 커넥선트는 자회사나 스핀오프나 공동개발 파트너에게 라이센스 허여가 가능하지만, 피고는 그런 회사와 관계가 없었다. 스카이웍스는 퀄컴에게 라이센스 허여가 가능하지만, 더 이상 라이센스를 제3자에게 주지 않겠다고 약속했기 때문에 스카이웍스의 우선권은 문제되지 않는다. 퀄컴의 계열사Affiliates에게 라이센스 허여가 가능하지만, 피고는 퀄컴의 계열사가 아니다. 시프로는 라이센스 허여가 가능하지만, 마인드스피드로부터 도출된 권리이므로 마인드스피드가 문제 없으면, 시프로의 우선권은 문제가 될 수 없다.

결국 어느 피고도, 우선 권리자들로부터 라이센스 제공을 받을 능력이 없기 때문에, 위아브는 피고들에 대하여 소송 자격이 있다고 CAFC는 결론을 내렸다.

특허소송으로 수익을 창출하는 특허 비즈니스가 증가하면서, 특허 권리를 용도별로 쪼개서 전용라이센스를 허여하는 사례가 늘고 있다. 또한, 특허 거래가 활성화되면서, 특허가 여러 회사로 소유권이 넘어가는 과정에서 기존에 설정된 권리들이 같이 넘어가게 되므로, 점점 특허의 권리 관계가 복잡하고 다각화되어 가고 있다.

미국 특허법은 오래전부터 특허 권리를 용도별로 나누어 전용·실시권을 허여하는 것을 인정하였다. 전용·실시권자는 단독이나 특허자와 공동으로 특허소송을 제기할 수 있다. 전용·실시권 이전에 설정된 통상실시권이 있다면, 통상실시권자를 제외한 대상에 대해서는 전용·실시권을 인정하였다. 문제는 전용·실시권 이전에 설정된 재실시권 부여권의 경우이다. 재실시권 부여권은 단순한 라이센스를 넘어서 실질적인 특허권을 의미하기 때문에, 재실시권 부여권 설정은 상당한 권리의 유보Reservation of rights를 뜻하고, 남은 부분에 대한 전용·실시권의 실체성에 대한 의문이 있었다.

CAFC는 재실시권 부여권 설정에도 불구하고, 배타적 권리가 남아 있으

면 전용·실시권자로 인정
함으로써, 특허소송 원고
적격자의 범위를 확장하
였다. 또한, 미래 실시권을
받을 대상이 있더라도 그
대상이 제한되어 있고 피
고와 상관이 없다면, 소송
자격을 부여하는 상대적
분석을 도입하였다.

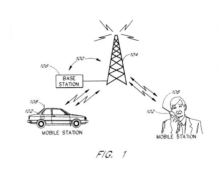

FIG. 1

• 위아브(WiAV)의 특허(US 6,539,205)

　이러한 확장은 특허 비즈니스 모델에 지대한 영향을 주게 되었다. 예컨대, 특허를 인수하고 자기 회사와 계열사가 특허 보호 라이센스를 받은 다음, 타 회사를 상대로 특허소송을 하거나, 다시 파는 이른바 '캐치 앤 릴리스Catch and Release'기법이 널리 쓰이게 될 것이다.

27

특허의 상식과 비상식
"삼국지 장수들의 싸움"

—

창조경제에서 필요한 지식재산 경쟁력을 갖추려면 지식재산에 대한 올바른 이해가 필요하다. 80 대 20 법칙이 있듯이, 지식재산의 80%는 일반인 상식과 부합하지만, 20%는 국가마다 역사적, 사회적 이유로 상식과 반하는 경우가 있다.

특허 지식도 일반적으로 상식과 부합하지만, 때로는 상식과 반하는 경우가 있다. 예를 들면, 특허란 자산인가, 부채인가? 일반인들은 특허를 자산으로 인식하고 있다. 그러나 시장 제품과 관련이 없거나 하자가 있는 특허는 출원과 등록 유지 비용만 들어가니 부채나 다름없다. 즉, 유효 특허만이 자산이다.

기업 간 특허분쟁에서 5만 건의 특허를 가진 기업과 3천 건의 특허를 가진 기업이 싸우면 누가 이길까? 상식적으로 특허를 많이 보유한 기업이 이길 것 같다. 그러나 법원에서의 특허소송은 일반적으로 10개 미만의 소수 정예 특허로 싸우게 된다. 마치 삼국지에서 양쪽 군사 수에 관계없이 장수들끼리의 전투가 전쟁을 좌우하는 것과 비슷하다. 결국 소수 정예 고품질 특허를 보유한 쪽이 이긴다.

원천기술에 의한 원천특허는 일찍 등록하는 것이 좋을까, 늦게 등록하는 것이 좋을까? 상식적으로 일찍 등록하여 권리 확보를 해두는 것이 좋을 것 같다. 그러나 오히려 늦게 등록하는 것이 나을 수도 있다. 원천기술이 개발되었어도 아직 상용화가 되지 않은 경우에는 특허를 등록하여도 로열티를 받을 수 있는 제품이 없다. 특허를 출원한 다음 시장에서 제품이 나올 때까지 기다려, 권리 범위를 재조정하여 늦게 받아야 원천특허를 만들 수 있다. 즉, 원천특허 확보는 '움직이는 과녁 맞추기' 게임이다.

페이스북이나 트위터가 나오기 전, 국내에서 싸이월드 등 소셜 네트워크 비즈니스가 먼저 개발된 것은 잘 알려진 사실이다. 당연히 원천특허를 우리나라에서 가져야 함에도 불구하고 당시 국제 특허 등록을 하지 않아 원천특허가 없는 것이 안타까운 현실이다.

글로벌 기업의 경우, 개념을 특허화 하여 출원하고, 시장이 성숙할 때까지 기다린다. 경쟁사가 눈치채고 회피설계를 하지 못하도록 회사 이름이 아니라 개인의 이름으로 출원한 다음, 등록 단계에서 회사로 명의 변경을 한다.

원천특허 확보에 가장 중요한 것이 빠른 출원이다. 특허란 기술적 아이디어에 권리를 부여하는 것이므로 불완전하더라도 일찍 출원하는 쪽에 권리를 부여한다. 늦게 출원하면 완전하더라도 선행기술로 무효가 될 수 있다. 남보다 빨리 출원하는 방법은, 창조적 아이디어가 있으면 브레인스톰을 통해 발명으로 구체화하여 출원하면 된다.

등록특허가 가치가 높을까, 출원특허가 가치가 높을까? 상식적으로 등록특허가 높을 것 같다. 그러나 시장 제품에 맞지 않는 등록특허보다 시장 제품에 정조준할 수 있는 '출원 중인 특허'가 더 가치가 높을 수도 있다. 실제로 라이센싱을 할 때는 등록특허와 출원특허를 같이 묶는 편이 좋다. 상대방이 등록특허의 회피설계를 하려 해도 출원특허로 정조준할 수 있기 때문이다.

국가 지원 연구개발의 결과도 원천특허화에 박차를 가해야 한다. 국가 과제의 경우, 과제가 끝나면 특허 등록 실적을 성과로 평가한다. 그러나 시장이 형성되기 전 일찍 등록한 특허는 시장의 방향과 맞지 않으면 원천특허가 되기 힘들다. 오히려 출원특허가 시장에 정조준할 수 있으므로 가치가 있는데, 과제가 종료되면 예산이 없어 포기하는 경우가 많아 원천특허 확보를 못하고 있는 것이 현실이다. 해결 방법으로, 과제 기간 동안 특허 전문 회사와 계약을 맺어 과제가 종료되더라도 해외 특허 등록을 계속 추진한다면 원천특허를 만들 수 있다.

요즘 소프트웨어가 중요한 지식재산이다. 컴퓨터 프로그램을 쓴다고 표현하듯이 글쓰기와 비슷하다고 해서 저작권으로 보호하는 것이 상식이다. 하지만 소프트웨어는 특허로도 보호가 된다. 하드웨어로 구현하던 기술이 점차 소프트웨어로 구현되는 추세이다. 하드웨어가 특허로 보호된다면, 소프트웨어도 특허로 보호되는 것이 당연하다.

특허분쟁 시 소송비용은 누가 부담하는가? 상식적으로 진 쪽이 부담하는 것이 맞지 않을까? 그러나 미국에서는 자기 권리는 자기가 지켜야 한다는 개념에서 승패와 상관없이 각자 부담이다. 반면, 유럽에서는 진 쪽이 소송비용의 일부를 부담한다.

창조경제에서 절실한 고품질 원천특허를 확보하려면, 일반인의 상식을 뛰어넘는 전문 지식이 필요하므로, 섣불리 판단하지 말고 창조 인력과 지식재산 전문가의 협조로 정확한 전략을 세우고 실행하는 것이 필요하다.

28

글로벌 특허분쟁
"외안군단도 필요"

삼성전자, LG전자, 현대차, SK 등 한국 기업들은 세계적인 불황 속에서도 글로벌 시장에서 선전하고 있다. 실적이 좋은 만큼 우리 기업에 대한 외국 경쟁 기업의 견제도 점점 더 노골적이 되고 있다.

국내 기업을 상대로 무역분쟁, 특허소송, 영업기밀소송 등이 줄을 잇고 있다. 어떻게 대응해야 할까?

지식재산 전문인력

지식재산은 기술과 법, 양쪽에 정통한 전문인력이 다뤄야 한다. 하지만 국내 기업은 특허 출원과 라이센싱은 특허부서에서, 소송은 일반 법률부서에서 다루고 있다. 시너지가 일어나지 않는 구조다. 대부분 국내 기업의 특허부서는 특허 관련 경험을 쌓은 엔지니어 출신이 담당하고, 법률부서는 법대 출신이나 국내 변호사 인력으로 채워져 있다. 공대를 졸업하고 로스쿨을 마친 특허 전문가로 가득 찬 미국 기업과 경쟁하기 힘들다. 미국에서 특허변호사를 영입하는 것도 방법이다.

지식재산 포트폴리오 매니저

이제는 특허 출원이나 특허소송만 하는 사람뿐 아니라 회사의 미래 시장을 예측하고 특허 포트폴리오를 구축하기 위하여 매입과 매각을 구사할 수 있는 인력이 필요하다. 즉, 경쟁사와 특허괴물의 소송을 방어하고, 중국 기업과 원가 경쟁사를 선제적으로 견제하고, 미래를 위하여 불필요한 특허는 팔고 차세대에 필요한 특허를 매입할 수 있는 인물이 필요하다.

차세대 지식재산 포트폴리오

창조경제에서는 지식재산이 상품이다. 상품에 하자가 없어야 하는 것처럼, 특허도 하자가 없어야 한다. 선행기술과 겹치거나 청구항에 문법 오류가 있으면 '하자 상품'이 된다. 공들여 만든 제품이 사소한 하자 때문에 리콜이 되는 것처럼, 특허 역시 작은 실수 하나로 수년간의 노력이 물거품이 될 수 있다. 이런 실수 탓에 좋은 기술을 갖고도 제대로 된 특허권을 확보하지 못한 기업이 허다한 것이 현실이다. 특허 품질 쇄신을 하고, 별 쓸모없는 국내 특허 확보보다 미국과 유럽 특허 확보 위주로의 전략 변경이 필요하다.

차세대 시장 선점을 위한 준비는 기술과 특허가 정비되어야 하는데, 차세대 전기차의 경우, 구글은 무인자동차, 애플은 전기자동차 기술과 특허 준비에 박차를 가하고 있다. 이대로라면 기술을 먼저 개발하고 있어도 천문학적 특허료를 지불해야 할 확률이 높다.

소프트웨어 개발

자동차가 전자화·IT화 되면서 소프트웨어의 비중이 높아지고 있다. 소프트웨어의 특허 보호도 중요하고, 최근 오픈소스 소프트웨어 대응도 필요하다. 전사적으로 리스크 없이 오픈소스 소프트웨어를 활용하는 프로세스인 오픈소스 가버넌스Open Source Governance가 중요하다.

현지 법 준수

시장이 있는 현지 법을 준수해야 한다. 1982년 일본 히타치는 FBI와 IBM이 함께 벌인 함정 수사에 걸렸다. IBM으로부터 영업기밀을 인수하려고 했는데, 그것이 함정이었던 것이다. 미국에서 기술 인수를 어떻게 추진해야 하는지를 모르는 히타치가 당한 것이다. 히타치는 기술 경쟁에서 이기기 위한 순수한 동기로 인수를 추진하다가 '범죄 기업'이라는 꼬리표를 달고 말았다.

가장 큰 시장인 미국은 증거수집Discovery을 중요하게 여겨 증거인멸을 엄하게 다스린다. 국내 기업들도 내부적으로 문서관리를 체계화하고, 미국에서 소송이 시작되거나 소송이 임박한 경우, 관련 파일을 지우지 말고 보존해야 한다.

특허 외인군단 필요

외국 기업들은 비제조 특허전문회사NPE와 연합하여 국내 기업을 우회적으로 공격하고 있다. 이에 대응하려면, 국내 기업도 친기업 특허전문회사와 전략적 제휴를 해야 한다. 제조기업이 자회사로 NPE를 두면 오히려 법적으로 역공을 당할 수 있으니 바람직하지 않다. 최대한 독립적인 회사이되 우호적인 NPE가 좋다. 해외에서는 많은 경우, 전직 임원이 NPE를 차리는 경우가 많다.

29
미국 특허법 개정
"특허 품질 개선"

—

수출 지향 국가인 우리나라에게 미국은 세계에서 가장 큰 시장 중 하나이다. 그러므로 미국의 특허법 동향은 국내 업체들의 최대 관심사다. 최근 미국의 특허법 개정과 논의가 화두가 되고 있다.

미국 시장에서 제품을 팔려면 끊임없이 특허소송의 위험이 따를 수밖에 없고, 수출 기업들은 시장 보호를 위하여 미국 특허 확보가 필수이다. 최근 특허로 수익을 올리기 위한 특허 비즈니스에서도 시장 가치가 높은 미국 특허 확보가 관건이다. 그러므로 미국의 특허제도가 우리 기업의 활동에 큰 영향을 미친다.

미국은 최근 특허개혁법안H.R. 1249, America Invents Act을 국회에서 통과시키고, 2013년 3월 16일부터 전면적으로 시행하고 있다. 과거 문제점으로 지적돼 오던 선발명주의, 등록특허의 품질, 특허전문기업의 문제 등을 시정하려는 취지이다.

특허를 등록하려면 발명이라는 기술적 행위와 출원이라는 법적인 행위가 필요한데, 중요도에 따라 정책 이슈가 있다. 대부분 국가가 발명의 시기와 상관없이 먼저 출원한 사람에게 권리를 부여하는 '선출원주의'를 택하고 있다. 이는 신속한 발명의 공개를 유도하는 특허제도의 취지와도 부합한다.

과거 미국은 비록 출원을 늦게 하더라도 먼저 발명한 사람에게 권리를 부여하는 '선발명주의'를 고집하고 있었다. 이는 진정한 발명자를 보호한다는 측면은 있으나 발명의 완성 시기를 확인하는 절차가 복잡하여 권리 안정화 측면에서는 문제가 있었다. 이제 미국도 선출원주의를 택함으로써 국제적으로 통일이 되었다.

특허란 선행기술 대비 새로운 기술이어야 한다. 특허 심사관이 똑같은 선행기술이 존재하는 것을 모르고 특허를 허여한다면 그 등록특허는 무효 가능성이 높은 특허가 된다. 부실한 특허가 양산된다는 지적에 따라 등록 후 '이의신청 제도Post Grant Review'를 신설하였다. 특허가 등록된 후라도 9개월 내에는 누구나 선행기술에 의거한 특허의 취소를 청구할 수 있다. 이제는 경쟁사의 특허를 모니터링하고 있다가 전략적으로 상대방 특허를 견제할 수 있게 되었다.

등록된 특허를 무효화 하려면 법원에 비싼 비용의 '무효확인 민사소송 Declaratory Judgment Action'을 제기하여야 한다. 민사소송을 거치지 않더라도 특허청에서 행정절차에 의하여 특허무효를 다툴 수 있도록 '당사자들 간의 무효심판제도Inter Partes Review'를 강화시켰다. 그러면서도 특허침해와 무효 이슈를 동시에 해결하도록 제도를 개선하였다.

과거 NPE들이 침해소송에서 피고 기업들을 무더기로 소송하여 피해가 많았다. 이를 개선하기 위하여 공동 피고인의 수를 제한하는 방향으로 특허법을 개정하였다.

특허 정책은 역사적으로 큰 파도를 그리고 있다. 미국에서는 1900년 초 특허가 유행인 시기가 있었으나, 대공황 이후 기업에 대한 독점 규제로 특허제도가 쇠퇴하다가, 1980년대 일본에 빼앗긴 제조업을 되찾기 위하여, 친특허 정책을 쓰고 특허 전문 연방항소법원CAFC을 만들면서 경제 패권을 다시 장악하였다. 최근에는 진정한 기술혁신을 위한 논의가 깊어지면서 지나친 특허 보호의 단점을 시정하는 등 특허제도를 수정하고 있다. 그러나 지식 기반 경제를 선도하기 위한 조정 국면이지, 절대로 특허제도의 쇠퇴기는 아니다.

지식재산 제도는 국가의 보이지 않는 인프라이다. 마치 고속도로를 건설하고 수리해야 산업이 부흥하는 것처럼, 기술과 환경의 빠른 발전에 맞추어 지식재산 제도를 적절히 개혁하여야 창조경제를 선도할 수 있다.

• 미국 특허개혁법안 AIA(HR 1249)

• 2011년 9월 16일, 오바마 미국 대통령 특허개혁법안(AIA) 서명

제2부

융합지식재산 이야기

제1부에서는 제품을 제조하는 데 필요한 기술과 디자인에 관한 특허권을 다루었다. 아무리 제품을 잘 제조하여도 마케팅을 잘해야 제품을 팔 수 있다. 우수한 제품이라도 소비자에게 판매하려면 광고의 역할이 중요하고 소비자에게 신뢰를 줄 수 있는 브랜드가 필요하다. 제2부에서는 브랜드를 보호하는 상표권에 대하여 이야기한다. 제품이나 서비스 브랜드를 소비자에게 각인시키기 위해서는 광고의 역할이 중요하다. 광고는 문화 예술 엔터테인먼트와 연결되어 있다. 문화 예술을 보호하는 저작권에 대하여도 이야기한다.

상표 이야기

1

상표와 브랜드
"상품의 출처로 품질을 신뢰한다"

상품과 서비스의 공급이 넘치는 산업사회에서 소비자는 브랜드에 의존하여 구매 선택을 하게 된다.

브랜드는 오랜 시간에 걸쳐 상품을 공급해 온 업체의 위상을 나타내는 추상적인 개념이다. 추상적인 브랜드는 형상화된 상표를 통하여 소비자에게 전달된다. 상표란 시장에서 판매되는 상품이나 서비스의 출처를 나타내는 명칭을 보호하여 소비자가 올바른 선택을 하게 하기 위한 수단이다. 소비자는 상표를 볼 때, 그 브랜드 회사가 과거부터 쌓아온 제품의 품질을 연상하고 구매 선택을 하게 된다. 그런데 이러한 상표가 혼동되면 잘못된 구매 선택을 하게 된다. 여기에 상표의 본질이 있다.

필자가 서울에서 운전을 하다가 사거리에서 신호등에 멈추자 차장 너머로 거리 상인이 도넛을 사라고 한다. 창을 내리고 얼핏 보니 '던킨도넛

Dunkin Donut'이다. 던킨도넛이 세계적으로 유명한 회사인데 거리에서 팔다니 참 딱하다고 말했더니, 옆에 앉아 있던 아내가 던킨도넛의 짝퉁이니 조심하고 지적해 주었다. 자세히 보니 던킨도넛이 아니라 '도넛도넛Donut Donut'이라고 쓰여 있었다. 그러나 주홍색과 분홍색으로 이루어진 글씨체며 모양은 거의 똑같아 보였다. 필자는 어수룩한 소비자로서 상표를 혼동하여 잘못된 선택을 할 뻔했던 것이다. 바로 이런 상황을 보호하기 위한 것이 상표법이다.

• 도넛도넛 vs 던킨도넛

상표는 중세 길드 시대에 기능공의 출처를 표시하는 것에서 시작하여, 현대 사회에서는 출처 표시, 품질 보장 기능, 타 상품에 대한 경쟁력 표시, 광고 기능, 영업상의 이익 보호, 소비자의 상품 선택권 보호 등 여러 목적을 가지고 있다. 예컨대, 맥도날드 햄버거 식당에서는 미국이나 한국이나 똑같은 맛의 햄버거와 프렌치프라이를 기대할 수 있다.

상표는 보통 명칭이나 로고를 이용하여 상품의 출처를 표시한다. 명칭은 당연히 식별력이 있어야 소용이 있다. 한 단어에도 여러 의미가 있는데 이차적인 의미가 연상되면 상표로 인정될 수 있다.

현대 추세는 상품의 출처가 연상 가능한 모든 것을 상표로 인정하는 추세이다. 색깔, 소리, 심지어 냄새도 상품의 출처를 연상시키면 상표로 인정된다. 영화 상영 전에 영화제작사를 알리는 짤막한 음향효과는 상표로 등록되어 있다. 할리 데이비슨Harley Davidson 사는 자사 오토바이 특유의 엔진 소리를 상표화 하려고 시도했었다. '샤넬 넘버5' 향수는 상표로 등록되어 있다. 이런 추세라면, 미래에 맛도 상표로 보호될 가능성까지 생각해 볼 수 있다.

미국의 경우, 상표는 보통 10년 동안 허락되나 갱신할 수 있으므로 잘 관리하면 무한히 계속될 수도 있다.

상품 분류Classification

상표는 모든 업종의 상품이나 서비스에 대한 보호에 적용되는 것이 아니고, 특정 업종의 상품이나 서비스에만 적용되는 것이다. 그러므로 상표를 출원할 때는 반드시 상표를 사용할 상품이나 서비스의 업종Class을 지정하여야 한다. 즉, 업종이 다르면 타인이 동일한 상표라도 사용할 수 있다는 이야기이다. 통용되는 국제분류International Classification of Goods and Services는 상품과 서비스를 크게 45개의 업종으로 나누고 있다.

상호Trade Name

상호는 영업의 주체, 즉 회사를 나타내는 명칭으로, 상품의 출처와는 별개이므로 상표적인 의미의 독점권은 없다. 즉, 상호를 등록했다고 해서 그 상호를 상품의 출처를 나타내는 상표로 쓸 수는 없다. 물론 애플의 'APPLE 상표'처럼 상호와 상표가 같은 경우도 많이 있다.

라이센스

상표권자는 타인에게 상표를 라이센스 해줄 수 있다. 과거에는 상표 라이센싱에 대하여 부정적이었다. 상표란 본인이 만들고 파는 상품에만 본인의 출처를 나타내는 이름을 붙이는 것으로 시작했는데, 어떻게 타인이 만들거나 파는 상품에 본인의 출처를 나타낼 수 있느냐에 대해 부정적인 시각이 있었기 때문이다. 그러나 제조와 판매가 분업화되고 위탁 제조 및 판매가 일반화되면서, 상표 라이센싱도 긍정적으로 발전되었다.

2
상표의 유형
"인증마크도 상표의 일종"

상표에는 여러가지 유형이 있다.

제품마크

좁은 의미의 상표란 '펩시 콜라PEPSI Cola'나 '나이키 슈즈NIKE Shoes'처럼 제품의 상표를 나타내는 '제품마크'이다.

•펩시 콜라 상표

서비스마크

'서비스마크Service Mark'란 버거 킹Buger King처럼 식당, 보험, 건설, 방송 등 서비스의 출처를 나타내는 상표이다. '버거 킹'이란 엄밀히 말하면 햄버거를 파는 식당 서비스업이지 제조업이 아니다.

• 버거 킹(Burger King) 식당 서비스마크

• PGA 단체마크

단체마크

'단체마크Collective Mark'란 단체를 나타내는 상표의 일종이다. 우리에게 익숙한 예로서, PGA는 미국 남자 프로골프 협회Professional Golfers Association 를 지칭하는 단체마크이다. 그러므로 PGA가 인쇄된 티셔츠를 팔려면 PGA의 라이센스를 받아야 한다.

• 인증마크 UL

인증마크

'인증마크Certification Mark'란 특별한 품질을 만족하는 제품에 대하여 검사 단체에서 인증하는 것으로 상표의 일종으로 분류된다. 익숙한 예로서, 생활가전 제품에 표시된 UL인증이 있다. 전기제품이 미국의 안전인증기관인 UL^{Underwriters Laboratory}에서 시행하는 일정 안전기준을 통과하면 UL인증을 받게 된다. 소비자는 UL인증이 표시된 전기제품의 안전성에 대하여 신뢰하고 구입하게 된다. 참고로, 미국에서 단체마크나 인증마크는 연방법으로만 보호가 된다.

3

상표의 식별력
"암시상표를 고안하라"

출시될 제품을 위하여 상표를 새로 고안하려면 어떤 명칭이 좋을까?

'식별력'과 '기억성', 두 가지를 고려해야 한다. 상품이나 서비스의 출처에 대한 혼동을 막기 위한 목적으로는 '식별력Distinctiveness'이 중요하다. 식별력이 높을수록 상표로 등록하기가 쉽고 상표로서 유효성도 높아져서 권리 행사에도 쉬운 강한 상표Strong Mark가 된다. 한편으로, 소비자가 쉽게 상표로부터 출처 회사를 떠올릴 수 있어야 한다. 이름에서 연상되는 것이 있어 출처를 쉽게 떠올릴 수 있다면 가장 좋은 방법이다.

일반적으로 상표는 지정 상품과 조합하여 형용사로 사용한다. 상표로 쓰일 명칭을 체계적으로 분류하면 다음과 같다.

명칭상표

사전에 나오는 일반 명사를 상표로 쓰면, 보통 '명칭상표Generic Mark'라고 하여 상표 등록이 안 된다. 예를 들어, 다이어트 콜라DIET Cola의 경우, DIET라는 일반 명사를 비설탕을 써서 만든 콜라의 종류를 지칭하기 위하여 쓴 것이 되기 때문에, DIET를 상표로 쓸 수 없다. 설사 등록시키더라도, 권리 행사를 하려고 하면 상대방이 일반적 명칭을 근거로 무효를 주장하거나 비침해를 주장할 가능성이 커서 권리 행사가 어려운 약한 상표 Weak Mark가 된다.

또한 상표가 너무 유명해지면 상표 자체가 일반명사화 되어 명칭상표로 둔갑하는 경우가 있다. 예를 들면, 에스컬레이터Escalator는 원래 오티스Otis 사가 소유한 상표였으나 일반 명사화 되었다.

•거의 일반명사화 된 아스피린 상표

묘사상표

상품이나 서비스의 특성을 직접적으로 서술하거나 묘사하는 명칭을 '묘사상표Descriptive Mark'라고 한다. 예를 들어, '래피드 컴퓨터RAPID Computer'라 하여 빠르다는 뜻의 'RAPID'를 컴퓨터의 상표로 쓰려 한다면, 컴퓨터의 속성을 묘사하는 데 불과하므로 상표로 사용할 수 없다. 묘사상표는 등록이 되더라도, 권리 행사가 힘든 약한 상표Weak Trademark가 된다. 예를 들어, '아이스 콜드 아이스크림ICE COLD Ice Cream'도 'ICE COLD'라는 상표는 아이스크림의 속성을 직접적으로 묘사하므로 상표로서 문제가 있다.

• 맥도날드 상표

묘사상표는 나중에 논의할 '이차적 의미의 획득'을 증명할 수 있는 경우를 제외하고는 일반적으로 등록받기 어렵다. 예컨대, 개인의 성명이나 지명은 묘사상표로 간주하여 상표출원으로 바람직하지 않다. 그러나 예외가 있다. 맥도날드 햄버거McDonald's Hamburger의 McDonald는 개인의 성명으로 원래는 상표가 되기 어려웠으나, 워낙 오랜 기간의 사용으로 인한 이차적 의미의 획득으로 상표 인정이 된 경우이다.

창작상표

• 창작상표 Exxon

기존에 없는 단어를 창작해서 상표로 쓰면 '창작상표Coined Mark'로서 가장 광범위한 보호를 받는다. 예를 들어, 'EXXON Oil'의 경우 'EXXON'은 원래 사전에 있었던 단어가 아니므로 상표로 쓸 수 있다. 'KODAK Camera'의 'KODAK'이나 'XEROX copier'의 'XEROX'도 창작 명칭이다. 창작 명칭은 식별력이 있으므로 상대방에게 권리 행사를 하기 쉬운 강한 상표Strong Mark가 된다.

임의상표

기존에 있던 단어라 할지라도, 지정 상품과 관련이 없는 경우에는 '임의 상표^{Arbitrary Mark}'로서 광범위한 보호를 받는다. 예를 들면, 애플은 'APPLE' 을 컴퓨터의 상표로 사용한다. 사과와 컴퓨터는 아무 상관이 없으므로 소비자가 혼동할 가능성이 없어 상표로 등록하는 데 문제가 없다. '펭귄 북스^{PENGUINE Books}'라는 출판사 상표는 펭귄과 출판사가 아무 관련이 없 으므로 상표로 등록할 수 있다. 임의상표는 강한 권리행사를 할 수 있는 상표^{Strong Mark}이다.

•애플 상표　　　　　　　　　•펭귄 북스 상표

암시상표

상품나 서비스를 직접 묘사하지는 않지만 상품이나 서비스의 속성을 암시하는 경우에는 '암시상표^{Suggestive Mark}'라 하여 상표 등록이 가능하다. 암시상표의 예로, '그레이하운드 버스 서비스^{GREYHOUND Bus Service}'를 들 수 있다. 'GREYHOUND'란 사냥개가 열심히 뛰어다니는 것으로부터 부지 런한 버스 서비스를 연상하게 된다. 묘사상표와 암시상표 간의 구분은 직 접묘사인지, 연상에 의한 간접묘사인지에 달려 있다.

창작상표나 임의상표는 식별력이 뛰어난 강력한 상표로 등록을 받거나 권리 행사는 쉽지만, 창작상표의 경우는 구매자로 하여금 새로운 단어를

• 그레이하운드 버스 라인(Greyhound Bus Line) 상표 • 암시 상표 선키스트

암기시켜야 하고, 임의상표의 경우는 상표와 상품 간의 연관성을 암기시
켜야 하는 단점이 있다. 반면, 묘사상표는 서술이나 묘사를 하므로 구매
자가 암기를 하지 않아도 되지만, 식별력이 약한 상표로서 상표 등록이나
권리 행사를 하기가 어렵다. 그러므로 상품이나 서비스를 서술하거나 묘
사하지는 않지만, 암시하거나 연상시키는 암시상표Suggestive Mark가 마케팅
측면에서 가장 바람직하다고 할 수 있다.

　예를 들어, '선키스트SUNKIST' 상표를 보자. 'Sun Kissed Orange햇빛을 가
득 받고 자란 오렌지'를 연상시키는 좋은 암시상표이다. '옵세션 퍼퓸OBSESSION
Perfume'은 끌릴 수밖에 없는 냄새의 향수를 암시하는 좋은 상표이다. '스타
벅스 커피STARBUCKS Coffee'의 'STARBUCKS' 상표는 소설《모비딕》에 나오는
커피를 사랑하는 일등항해사의 이름에서 따온 암시상표로 볼 수 있다.

　단어를 약간씩 변경하여 창작상표와 암시상표의 장점을 꾀하는 경우도
있다. '스와치SWATCH'는 'Swiss Watch'의 준말로 창작 명칭인 동시에 시계
의 종주국인 스위스를 연상시킨다. '소니Sony'는 소리를 연상시키는 라틴어
어원을 변형시킨 창작상표이다.

swatch

• 스위스 시계를 암시를 하는 스와치   • 맥도날드 에그 맥머핀(Egg McMuffin)

패밀리 상표

복수의 상표가 단어의 일부를 공유하면, 그 복수 상표 그룹을 패밀리 상표Family of Marks라 하고, 그 자체를 상표로 인정한다. 예를 들어, 맥도날드에서 파는 빅맥BigMc, 맥너겟McNUGGETS, 에그 맥머핀EGG McMUFFIN은 'Mc'를 공유하는 패밀리 상표이다.

4

이차적 의미의 획득
"출처의 연상이 상표의 핵심이다"

결국 상표의 본질은 소비자의 머릿속에 어떤 의미로 상표나 서비스가 각인되느냐이다.

앞서 이야기한 대로, 개인 이름이나 지역 명칭 등의 묘사적 명칭은 상표 등록이 힘들지만, 소위 '이차적 의미 획득Secondary Meaning'의 경우에는 예외가 된다. 오랜 사용에 의하여 이미 상표로 쓰이고 있는 경우, 묘사적 명칭이라 할지라도 이차적 의미를 증명할 수 있으면 상표를 받을 수 있다.

'할리데이 인HOLIDAY INN'이란 세계적인 호텔 체인이 있다. 문자 그대로 보면 휴일에 가는 호텔을 뜻하므로 묘사적 명칭으로 상표를 등록받기 힘들다. 그러나 이 호텔은 오랜 세월 동안 이 명칭을 사용했기 때문에, 대부분의 소비자들의 머릿속에는 'HOLIDAY INN' 상표를 보면 휴일이 생각나는 것이 아니라 특정 호텔을 상기시키게 되므로 이차적 의미를 증명하여 상표로 쓰이고 있는 경우이다.

•할리데이 인 호텔 상표　　　　　•KFC 상표

'케이에프시 치킨KFC Chicken'은 원래는 'KENTUCKY FRIED CHICKEN'의 약자이다. 문자 그대로 하면, 미국 켄터키 주에서 나오는 튀김 닭이라는 뜻이므로 묘사적 명칭이 되어 상표로 등록받기 힘들다. 그러나, 소비자들은 켄터키 주는 떠올리지 않고 유명한 튀김 닭 회사를 상기하므로 정식 상표로 쓰이고 있다.

　이차적 의미의 획득을 증명하는 증거로는 (1)오랜 기간 사용 (2)상표를 이용한 판매 및 광고 (3)공중의 의견 (4)라이센스 존재 (5)피고에 의한 도용 (6)소비자 증언 (7)설문조사 등이 있다.

　마이크로소프트는 '윈도우 운영체계WINDOWS Operating System'을 개발하고 미국 특허상표청에 상표를 출원하였으나 반대에 부딪혔다. 문자 그대로 하면, 운영체계의 사용자 인터페이스에서 창문처럼 열고 닫는 것을 묘사한 것이므로 묘사적 명칭이 되어서 상표로 등록받기 힘들었다. 예외로 이차적 의미를 증명하려면, 구매자들이 'WINDOWS Operating System'

•마이크소소프트의 Windows 운영체계 상표

을 접하면 창문이 생각나는 것이 아니라 마이크로소프트가 상기된다는 것을 증명해야 했다. 마이크로소프트는 많은 돈을 들여 설문조사를 실시했고, 많은 사람들이 그렇게 생각한다는 증거 자료를 제출하여 결국 상표를 등록하게 되었다.

참고로, 명칭상표Generic Mark는 묘사상표와는 달리 설사 이차적 의미를 획득했다 할지라도 상표가 될 수 없다.

5

트레이드드레스
"식당 외관도 상표 보호 가능"

—

'트레이드드레스Trade Dress'라고 하여 상품의 형상Product's total image and overall appearance이나 용기Container의 형상도 상표로 쓰일 수 있다. 트레이드 드레스란 상품 전체의 이미지Visual Image와 그것이 만들어내는 종합적인 인상Impression이다. 미국에서는 식당의 외부 장식을 상표로 인정하였다. 투 페소스Two Pesos, Inv. 대 타코 카바나Taco Cabana, Inc의 1992년 판례를 통해서였다. 이 사례에서는 '타코 카바나'라는 멕시코 식당의 외관과 장식이 화려한 색채의 벽화와 네온등과 그림으로 구성되어 있는데, 이후 개업한 '투 페소스' 식당이 외관과 장식을 비슷하게 하였다고 해서 타코 카바나가 투 페소스를 상표의 일종인 트레이드드레스를 침해한다는 이유로 고소하였다. 배심원들은 소비자들이 혼동할 수 있다고 하여 상표 침해를 인정하였고 미국 대법원이 확정하였다.

Taco Cabana   **Two Pesos**

• 타코 카바나 식당과 투 페소스 식당

6

미국의 상표 등록
"선 사용주의"

—

미국 연방 상표법은 '랜햄 법Lanham Act 15 USC § 1127.'에 의거하고 있다. 주로 명칭을 가지고 출처를 나타내지만 기호Symbol나 도형Logo도 상표가 될 수 있다. 간단한 문구Phrase도 상표로 쓸 수 있다. 예를 들어, AT&T 사의 "Reach out and touch someone"이나 아멕스Amex 사의 "Don't leave home without it" 등의 슬로건도 미국의 상표가 될 수 있다.

상표는 각 나라의 상표법에 따라 보호되므로, 해당 국가의 상표청에 상표 출원Application을 하고 등록Registration을 해야 한다. 미국은 상표 사용Use을 전제로 하는 '사용주의'를 택하고 있고, 먼저 상표를 사용한 사람에게 우선 권리를 부여하는 '선先 사용주의'를 채택하고 있다. 사용주의에 따라 미국에선 등록 없이도 일단 상표를 사용하기 시작하면 관습법으로 보호된다. 그러나 미국 전역이 아니라 실질적으로 사용하고 있는 지역에만 한정되므로, 미국 전역에서 보호를 받으려면 연방 상표 등록을 해야 한다.

미국은 연방국가로서 연방 상표Federal Trademark와 주 상표State Trademark가 동시에 존재한다. 주 상표법은 특정 주 안에서 일어나는 상업 활동에만 적용되므로, 연방 상표법이 중요하다. 미국 연방 상표 등록은 미국 특허상표청US PTO에 상표 출원서를 내면서 시작된다. 연방 상표 등록은 10년 동안 유효하며, 계속 연장할 수 있다. 연방 상표 출원에는 두 가지, (1) 사용 출원 (2)사용 의도 출원이 있다.

사용 출원

미국은 사용주의를 채택하고 있기 때문에, 실제로 상표를 사용하고 나서, 처음 사용한 날짜와 증거를 제출하면서 '사용 출원Use Application'을 하게 된다. 상표의 경우 상업 활동에 상표를 사용했다는 것을 증명하기 위하여, 상표가 찍힌 상품을 발송했다는 선적 라벨Shipping Label이나 사진 등의 증거를 제출한다. 광고물이나 제품 카탈로그만으로는 불충분하다. 서비스의 경우, 서비스마크가 들어간 신문 광고나 회사 편지지Letterhead Stationery, 상표가 들어간 명함 등을 증거로 제출하면 된다.

사용 의도 출원

6개월 내에 상표를 사용할 계획이 있으면, 실제로 상표를 사용하기 이전이라도 미리 '사용 의도 출원Intent-to-Use Application'을 낼 수도 있다. 일단 출원 후 나중에 사용 증거를 내면 등록이 된다. 6개월 안에 증거를 내야 하지만, 3년까지 연장할 수 있다.

미국 특허상표청에서 상표심사관Trademark Examiner이 심사를 해서 거절 사유를 내고 의견 제출 통지서를 받으면, 논리적인 설득을 해서 거절사유를 극복해야 한다. 심사관이 허락하면 상표청 관보US PTO's Official Gazette에 공고가 나가게 되고, 타 회사가 30일 내에 반대하지 않으면 등록이 된다. 만일 등록에 반대하는 회사가 있으면, 이의신청Opposition Proceeding 절차에서 반대를 극복하여 등록을 하게 된다.

상표청의 등록 장부에는 (1)정식상표를 등록하는 '주 등록부Principal Registers' (2)제한된 보호의 상표를 등록하는 '부 등록부Supplemental Registers' 두 가지가 있다. 등록이 되고 나면, 연방 상표를 나타내는 ® 심벌을 쓸 수 있다. 그 전에는 상품의 경우 TM, 서비스의 경우 SM이라고 표기하면 된다.

•사용상표 TM과 등록상표 ®

상표 출원 시, 묘사상표로 거절이 되면 미국 상표청의 '주 등록장부'에는 정식 상표로 등록이 불가하다. 그러나 부 등록장부'에는 등록이 가능할 수도 있다. '부 등록장부'에라도 5년 동안 유지하면 이차적 의미를 획득한 것으로 간주되고, 정식 상표로 인정을 받아 '주 등록장부'에 등록시킬 수 있다.

상표 출원을 개인이 직접 할 수도 있지만, 일반적으로 법률사무소의 상표 전문변호사를 통하게 된다. 상표 전문변호사는 업무상 언어에 정통해야 하므로 여러 나라 언어를 하는 사람이 많다. 상표 변호사가 상표 검색을 하고, 처음부터 거절되지 않을 상표를 선택하는 데 자문을 하거나, 거절사유가 나오는 경우 극복하기 위한 논리적 주장을 하게 된다. 참고로 미국에서는 변호사만이 상표 업무 관련 대리를 하고, 특허 변리사Patent

● 스타벅스 커피숍 TM상표와 ® 상표

Agent는 상표 업무 대리를 할 수 없도록 되어 있다.

7

국내 상표 등록
"선 등록주의"

—

우리나라는 미국과 달리 상표 사용과 관계없이 등록을 하는 '선 등록주의'를 택하고 있고, 출원한 사람들끼리는 먼저 상표 출원한 사람이 우선권을 갖는 '선 출원주의'를 채택하고 있다.

국내에서 상표 출원을 하면, 선 등록되거나 선 출원된 상표와의 '유사성'을 비교한다. 유사성은 앞서 이야기한 식별성과 소비자 혼동 가능성인 상표 침해 기준과 비슷하다.

상표의 유사여부는 동종의 상품에 사용되는 두 개의 상표를 그 외관, 칭호, 관념 등을 객관적, 전체적, 이격적으로 관찰하여 일반 수요자나 거래자가 상표에 대하여 느끼는 직관적 인식을 기준으로 하여 그 어느 한 가지에 있어서라도 거래상 상품의 출처에 관하여 오인, 혼동을 초래할 우려가 있는지의 여부에 의하여 판단한다. 외관, 칭호, 관념 중 어느 하나가 유사하다 하더라도 다른 점도 고려할 때 전체로서는 명확히 출처의 혼동을 피할 수 있는 경우에는 유사상표라고 할 수 없으나, 반대로 서로 다른 부분이 있어도 그 호칭이나 관념이 유사하여 일반 수요자가 오인 혼동하기 쉬운 경우에는 유사상표라고 보아야 한다. _대법원 2008.12.9 선고 2008후 1395판결

또한, 국가, 종교, 단체에 관련된 상표, 공공질서나 미풍양속에 반하는 상표, 주지·저명한 상표와 동일하거나 유사한 상표는 등록될 수 없다. 미국을 제외한 대부분 국가는 '선 등록주의'를 택하고 있고, 사용하지 않거나 사용할 의도가 없어도 등록이 가능하다. 해외에 상표를 붙인 제품을 수출하고 나서, 판매 국가에 다른 사람이 상표를 소유하고 있다는 것을 알게 되면 너무 늦다. 심지어 그 상표권자가 그 나라 세관에 상표 등록을 해놓았으면 제품이 수입금지를 당할 수도 있다. 이 같은 불이익을 당하지 않으려면, 먼저 판매하려는 국가에 상표 출원을 하여야 한다. 국제 파리 조약에 따라 한 국가에 상표 출원을 하고 6개월 안에 다른 국가에 출원하면 원 출원일로 소급 인정된다.

• 카페베네 커피숍 국내 상표 등록

8

상표권 침해
"소비자 혼동이 문제"

—

상표권자의 상표를 제3자가 허가 없이 쓰게 되면 상표권의 침해행위가 일어나고, 상표권자는 상표 사용중지를 요청하는 편지Cease and Desist Letter 를 상대방에게 보내거나, 법원에 침해 금지를 요청할 수 있다.

상표의 침해 판단 기준은 다음과 같다.

소비자 혼동 가능성

상표법의 목적은 상품과 서비스의 출처에 대한 명칭을 보호함으로써 브랜드를 보호하는 것이다. 그런데 타인이 비슷한 명칭을 원 상표권자의 허락을 받지 않고 무단으로 상표로 사용한다면, 소비자의 입장에서 출처에 대한 혼동을 가져오고 원래 상표권자의 영업권을 보호할 수 없다. 그러므로 상표법은 소비자가 혼동할 정도로 비슷한 명칭의 사용을 원 상표권의 침해로 간주한다. 이때 기준은 '실제 혼동Actual confusion'이 아니라 '혼동의 가능성Likelihood of confusion'이다.

예를 들어, '씨티뱅크CITIBANK'는 전 세계적으로 유명한 은행 상표이다. 그런데 'CITY BANK'를 상표로 등록시키려 한다면, 발음상 똑같기 때문에 소비자의 혼동 가능성이 높을 것이다. 그러므로 상표 침해가 성립한다. '플레이보이PLAYBOY'는 전 세계적으로 유명한 성인잡지 상표이다. 만일, 'PLAYMEN'을 등록시키려 한다면 발음이 다르고 철자가 다르다 할지라도 의미가 비슷하므로, 소비자의 혼동 가능성이 높아 상표 침해가 성립할 수 있다. 실제로 이태리 성인잡지 《PLAYMEN》은 상표 침해로 미국에서 판매가 금지되었다Playboy Enterprise, Inc. v. Chukleberry Publish, Inc. 687 F.2d 563(2nd Cir. 1982).

• 플레이보이(Playboy) 대 플레이멘(Playmen)

소비자의 혼동 가능성을 결정하기 위한 증거로는 원고의 상표권이 얼마나 강한지, 원고와 피고의 상표 명칭이 얼마나 비슷한지, 지정 상품이나 서비스가 얼마나 비슷한지, 피고의 의도, 실제 혼동의 여부 등을 고려하게 된다.

위조 행위

타인의 상표와 동일하거나 거의 동일한Substantially Indistinguishable 상표를 동일한 제품에 사용하여 의도적으로 진품으로 팔려 하면 '위조 행위Counterfeit'가 된다. 상표침해의 일종으로 볼 수 있지만, 일반 상표침해의 경우는 혼동 가능성을 증명해야 하는 어려움이 있는 반면, 위조 상표침해의 경우는 상표가 거의 동일하다는 것만 증명하면 된다. 일반 상표침해와는 달리 위조 상표침해는 형사 처벌까지 가능하다.

상표 자격 상실

상표가 하나의 출처를 나타내지 못하고 여러 출처를 나타나는 데 쓰이게 되면, 출처를 나타내기보다는 상품의 종류나 군을 표기하는 명칭상표Generic Mark가 되어 상표로서의 자격을 상실한다. 상표가 보통명사화 되어 상표로서의 효력을 상실하는 경우를 '제너리사이드Genericide'라고 한다. 예를 들면, '에스컬레이터Escalator'는 원래 상표였다가 일반 명사가 된 경우이다.

상표 관리

상표권자는 이러한 효력 상실을 막기 위하여 상표 관리를 해야 한다. 예를 들어, 많은 사람들이 "카피 더 리포트Copy the report" 대신 "제록스 더 리포트Xerox the report"라고 말한다. 이러한 현상이 심해지면, 언젠가는 법원이 'Xerox'는 이제 일반 동사가 되었다고 판결할 수도 있다. 우스갯소리로 "I can xerox the xerox with a xerox"란 말이 있다. 설사 소비자들은 보통명사로 쓰더라도, 상표권자는 스스로 그렇게 사용하면 안 된다. 절대 상표 자체를 제품의 명사나 동사로 쓰지 말고, 항상 형용사로 상품 단어 앞에 표현을 해야 한다. 예를 들면, xerox를 copy한다는 동사로 쓰면 안 되고, xerox를 copier라는 제품의 단어로 쓰면 안 되며, 항상 "XEROX copier" 라고 형용사로 쓰도록 사내 교육을 해야 한다.

• 제록스(Xerox) 상표와 복사기

9

상표희석 이론
"유명 상표는 업종에 무관"

—

    일반적으로 상표는 등록할 때 지정한 제품이나 서비스의 업종에 한정되어 있다. 그러나 이미 소비자들에게 각인이 되어 있는 유명 상표를 타인이 다른 업종이라도 마구 쓴다면 문제가 될 수 있다.

    예를 들어, 어떤 사람이 '맥도날드 서점McDonald' s Bookstore'를 차린다고 하자. 유명한 햄버거 회사와 업종과 주인이 다르므로 소비자 혼동이 없다고 치자. 그래도 맥도날드 입장에서는 상표에 관한 문제를 제기할 수 있다. 소비자 입장에서는 'McDonald's'를 보며 햄버거 식당과 서점은 전혀 다른 업체가 운영한다는 사실을 외워야 하는 부담이 생긴다. 식당을 운영하는 맥도날드 입장에서는 상표권 가치의 손상Tarnish으로 볼 수 있다. 소위 상표가치희석 이론Trademark Dilution Theory이다.

    미국은 1996 '상표희석법Trademark Dilution Act'을 통과시켜15 U.S.C. § 1125(c) 유

명 상표에 대해서는 넓은 상표권 보호를 하고 있다. 일반 상표권과는 달리, 유명 상표라면 지정 업종이 아니더라도 상표를 쓸 수 없도록 보호하는 것이다. 참고로 맥도날드 상표는 유사 상표를 퇴출시키기 위하여 전 세계에서 법정 싸움을 하고 있다. 그러나 2009년 말레이시아에서는 맥커리 McCurry 식당을 막지 못했다.

• 맥커리(McCurry) 식당 대 맥도날드(McDonald's) 식당

10

상표의 공정 사용

"영화 〈플라이트〉와 버드와이저"

상표는 상표권자가 제품이나 서비스의 출처를 밝히기 위하여 사용한다. 그런데 여러 가지 다른 이유로 상표를 쓰는 경우가 있다.

상표침해는 상표를 '상표적 목적', 즉 제품의 출처를 표시하거나 연상시키기 위한 목적으로 사용했을 때만 일어난다. 다른 목적으로 상표를 사용하는 것은 상표의 '공정 사용Fair use'에 해당된다. 예컨대, 이 책에서 강의 목적을 위하여 상표를 인용하는 것은 상표의 상표적 목적이 아니므로 공정 사용이다.

〈플라이트Flight〉라는 2012년 할리우드 영화가 있다. 덴젤 워싱턴Danzel Washington이 알코올 중독 파일럿인 캡틴 휩Captin Whip으로 출연해 비행기 사고에 영웅적으로 대처하며 많은 승객을 구하는 스토리이다. 영화에서 주인공이 버드와이저Budweiser 맥주를 마신다. 보통은 영화에 제품이 나오면 그 제품 회사는 광고 효과 때문에 행복하다. 문제는 이 영화에서는 맥주를 마시는 것이 알코올 중독과 연계돼 부정적 홍보가 되었다는 점이다. 버드와이저 회사Anheuser-Busch가 발끈해서 파라마운트 영화사에 맥주 상표를 지우라고 경고장을 보냈다. 물론 영화사는 미리 허락을 받지 않았다. 허락을 요구했더라도 허락해 주었을 리 만무하다. 이러한 경우 상표의 침해일까?

영화사는 상표를 상표 본연의 목적으로 쓴 것이 아니다. 맥주는 영화의 스토리를 전개하기 위해 필요한 소품이고 이에 가장 보편적인 버드와이저 맥주를 쓴 것뿐이다. 이런 사용이 불법이라면, 헌법에 보장된 표현의 자유를 침해할 수도 있다.

• 영화 〈플라이트〉와 문제가 된 버드와이저 맥주

다른 예로, 자사 제품 광고를 하면서 타사 제품을 비교하여 우위를 주장하는 비교 광고는 상표의 공정 사용일까? 타사 제품의 상표를 보여주는 자체가 상표의 목적으로 쓰는 것인데 문제는 타사의 허락을 받지 않고 쓴 것이다. 때문에 일반적으로 이러한 비교 광고는 상표침해로 볼 수 있다. 참고로, 타인의 저작물을 비교하여 비판하는 저작물의 경우는 저작권의 공정 사용이 된다. 이 경우는 타인의 작품을 인용하더라도 비판이라는 새로운 창작물이 나오기 때문이다.

11

상표 라이센싱
"품질 관리가 필요하다"

상표도 지식재산이므로 권리를 양도하거나 라이센싱 할 수 있다. 회사가 경영상의 이유로 더 이상 제조를 하지 않고 상표를 이용하지 않으면 타 회사에게 양도할 수 있다. 유명한 상표라면 타 회사가 제조한 제품에 상표권 라이센스를 주고 상표를 붙이고 팔게 할 수 있다.

다른 지식재산과 마찬가지로, 상표권자는 기간Period, 지역Geographical Region, 유통 경로Trade Channel를 한정하여 독점적인 전용실시권이나 통상실시권을 부여할 수 있다. 전용실시권자는 상표권자의 허락 없이 침해자에게 소송을 제기할 수 있다. 미국에서 전용실시권 권리 행사를 하려면 특허상표청US PTO에 등록해야 한다.

과거에는 타인이 제조하거나 판매를 하며 원 상표권자의 상표를 붙이는 라이센싱이 소비자를 기만하는 것이 아니냐는 부정적인 시각이 있었다.

그러나 위탁 제조 및 판매가 보편화되면서 타인이 제조를 하더라도 마치 원 상표권자가 제조한 것과 다름없이 간주되도록 상표 라이센싱이 허락되게 되었다. 그렇다 할지라도, 소비자의 보호를 위해서는 상표권자Licensor의 상품과 실시권자Licensee의 상품에 품질 차이가 발생하지 않도록 상표권자가 품질 관리Quality Control를 해야 한다. 이러한 조항이 들어 있지 않는 상표 라이센스는 '네이키드 라이센스Naked License'라 하여 상표권자가 상표 관리에 대한 의무를 저버리는 것으로 간주하고 상표 무효의 사유가 된다.

상표 라이센싱에서는 '실시권자의 금반언 원칙Licensee Estoppel'이 적용되어, 실시권자는 일단 라이센스를 받고 나서 추후에 상표가 무효라는 주장을 할 수가 없다. 참고로, 특허 라이센싱의 경우는 라이센스를 받은 실시권자라 할지라도 특허가 무효라는 주장을 할 수 있으므로 정반대이다.

글로벌 경제에서 상표는 회사의 브랜드 가치를 보호하는 중요한 무형자산이 되고 있다. 특히 지주회사Holding Company나 프렌차이즈Franchise Company의 경우, 상표는 로열티를 받는 중요한 자산이다. 수출기업은 해당 판매국의 상표권을 확보하지 못하면, 해당 관세청에서 수입금지를 당할 수도 있고, 판매금지 분쟁에 휘말릴 수도 있다.

그러므로 수출기업은 글로벌 비즈니스의 일환으로 글로벌 상표 전략을 짜야 한다. 특히 미국 시장에서 브랜드 론칭을 하기 전에 반드시 상표를 출원해야 한다. 상표 검색을 해서 타 회사의 상표를 침해하지 않도록 하고 소비자들에게 잘 전달할 수 있는 암시적인 명칭을 상표로 개발하여 연방상표를 출원·등록하고, 등록된 상표를 미국 관세청에 등록해 놓으면 다른 업체의 상표 도용을 막을 수 있다.

12

상표와 디자인의 융·복합
"디자인도 상표와 같이 넓게 보호"

—

전통적으로 다른 분야에 있던 기술들의 융·복합Convergence 현상이 일어나면서, 역사적으로 따로 발전된 지식재산들도 진화를 하며 융·복합이 일어나고 있다.

우선 한 가지 제품에 여러 가지 지식재산이 적용된다. 기술적 기능의 보호를 위한 특허, 제품 디자인의 보호를 위한 디자인권, 제품의 브랜드 보호를 위한 상표권, 제품과 분리되는 미적인 요소의 보호를 위한 저작권이 적용된다. 예컨대, 하나의 스마트폰에는 LTE 통신기술 특허, UI나 아이콘 디자인, '갤럭시S4'와 같은 상표, 앱스토어 관련 저작 등 다양한 지식재산이 함께 존재한다.

저작권은 저작물의 표현을 보호하지만 내재된 아이디어는 보호하지 않는다. 침해 판단에 있어서는 보호 대상이 아닌 아이디어, 주제, 소재 등을 제외하고 남은 부분만을 서로 비교하는 소위 '분리정복Divide and Conquer' 접근 방법을 쓴다. 예컨대, 다른 사람의 글을 소화하여 다른 시각에서 풀어 쓰면 저작권 침해가 아니다. 세부적인 차이도 저작물의 독창성이 인정되므로 저작권은 '좁은 범위의 보호'이다.

상표란 시장에서 판매되는 상품과 서비스의 출처를 나타내는 명칭이나 로고를 보호하여, 소비자의 올바른 선택을 보호하고 궁극적으로 브랜드를 보호한다. 상표는 침해 판단에 있어서 소비자가 혼동할 가능성을 본다. 유명한 도넛 업체인 던킨 도넛의 상표인 'Dunkin Donut'과 비슷하게 'Donut Donut'이라는 상표로 도넛을 팔게 되면, 소비자가 자칫 혼동할 가능성이 있으므로 침해이다. 소비자가 혼동하면 침해가 성립하므로 상표란 '넓은 범위의 보호'이다.

디자인은 소비자의 구매결정을 좌우하는 제품의 디자인을 보호하는 데 있다. 미국은 특허의 범주에 포함하여 디자인 특허라는 이름으로 보호하지만, 국내는 독립적으로 디자인권으로 보호한다. 디자인이 보호되려면 제품의 디자인이 기능과 독립적으로 독창적이고 새로워야 한다. 과거에는 비슷한 디자인도 세부 디자인만 다르면 비침해를 인정하는 '좁은 범위의 보호'였다. 그러나 최근 디자인 침해기준이 바뀌고 있다. 소비자의 입장에서 전체적인 느낌이 등록된 디자인과 혼동될 정도로 비슷한지를 판단하는 '넓은 범위의 보호'로 바뀌고 있다. 제1부에서 설명하였듯이, 미국 법원은 크록스Crocs 신발과 세부 디자인이 다르더라도 전체적으로 모방한 제품들의 디자인 침해를 인정하였다. 기능보다 디자인 차별화가 소비자들의 제품 선택에 더 영향을 끼치는 현대 추세를 반영하여 넓게 보호하는 것이다. 흥미로운 것은 최근 디자인 침해기준은 앞서 이야기한 소비자 혼동 가능성에 의거한 상표 침해기준과 비슷해졌다.

한편, 상표도 진화하여 출처를 나타
내는 모든 것을 상표로 인정하는 추
세이다. 색깔도 보호가 되고, 소리도
보호되고 있다. 제품이나 용기의 형
상도 상표의 일종인 트레이드드레스
Trade Dress로 보호하고 있다. 예컨대,
독특하게 디자인한 와인병은 그 자체
가 출처를 나타내므로 상표로 보호가
된다. 어떤 제품의 디자인을 보고 그
제품을 만들었을 회사가 연상되면 상

• 특이한 모양을 가진 '샤토 뒤 파프(Ch
ateau du Pape)' 와인병

표가 된다. 즉, 상표의 범위가 디자인까지 확장된 것이다.

그러므로 이제 제품의 디자인은 디자인과 상표 두 가지로 보호되는 시
대가 되었다. 애플과 삼성의 스마트폰 전쟁에서 애플이 주장하는 법적 근
거는 디자인과 트레이드드레스 침해이다. 더 나아가서 애플은 소비자의
감성 '룩 앤 필Look and Feel'에서 나오는 체험을 법적으로 권리화 하려고 한
다. 이제 지식재산은 기술뿐 아니라 다른 무형재산들과의 상호작용에 의
하여 진화되고 발전되어 가고 있다. 지식재산의 융·복합 진화에 대한 이
해가 전제되어야 올바른 대응이 가능하다.

문제는 법의 발전이 기술의 발전을 따라가지 못하고 있다는 점이다. 고
속도로, 전기 등 인프라가 잘 갖추어져 있어야 산업이 발전할 수 있다. 이
런 의미에서 지식재산도 국가 산업 발전에 중요한 무형의 인프라이다. 일
반적으로 기술의 변천 속도에 비하여 법의 개정 속도는 늦다. 그러나 지식
재산의 경우에는 기술의 진화 속도에 맞추어 적극적으로 관련 법을 개정
하여야 혁신을 선도할 수 있다.

저작권 이야기

1

문화 예술과 저작권
"아이디어는 공유, 표현은 보호"

—

역사적으로 기술과 경제가 발전하게 되면 문화 예술도 발전해 왔다. 최근에 우리나라는 경제적 발전과 함께 한류 문화 콘텐츠 중심의 엔터테인먼트 산업도 눈부신 발전을 하고 있다. 문화 예술 창작물은 저작권으로 보호된다. 저작권Copyright의 기본 정신은 다양한 창작물의 표현을 보호함으로써 대중에게 표현에 내재된 아이디어와 사상을 전파하여 문화 발전을 도모하는 데 있다.

지식재산의 경제적 배경과 같이, 창작 의욕을 북돋아주기 위해 창작자 개인에게 독점권을 주지만, 독점기간이 지나면 대중에게 창작물을 향유하게 함으로써 더 큰 문화 발전에 기여할 수 있는 공익을 위한 수단이다.

기술 창작물은 특허로 보호되지만, 문화 예술 창작물은 저작권으로 보호된다. 인간의 사상이나 감정을 표현한 창작물을 저작물이라 하고 이를 저작권으로 보호한다. 달에 인간을 보내기 위한 로켓을 개발하고 질병을 치료하기 위한 신약 개발을 장려하기 위한 것이 특허제도라면, 새로운 소설을 쓰고, 음악을 작곡하고, 미술 작품을 창작하는 것을 장려하기 위한 것이 저작권제도이다. 예를 들어, 스마트폰의 기능은 특허로 보호되고, 스마트폰으로 듣는 MP3 음악은 저작권으로 보호된다.

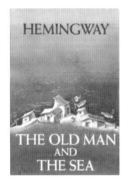  

• 저작물의 종류–책, 악보, 회화

저작권의 가장 중요한 요건은 독창성Originality이다. 저작권의 독창성은 특허에서 이야기하는 신규성과 다르다. 특허에서는 선행기술과 비교해서 새롭고 진보된 기술을 개발해야 인정을 받는다. 반면, 저작권은 문화와 예술의 다양성을 장려하기 위한 것이므로 창작자 스스로가 창조한 창작물을 만드는 독창성이 중요한 조건이다. 타인보다 더 새로운 스타일의 소설을 써야 하는 것이 아니라 자신만의 독특한 소설을 쓰기만 하면 저작권으로 보호된다.

특허는 선행기술과 비교하여 신규성을 판단하기 위한 심사를 거친다.

보통 특허를 출원한 후, 특허청에서 1~2년의 심사를 거쳐 서로 간에 권리 범위를 협상하여 특허를 허여한다. 그러나 저작권은 심사가 필요 없다. 저작권은 자신이 독창적인 글을 썼으면, 그 순간 저작권이 발생한다. 만일 다른 이가 자신의 작품을 베꼈다고 주장하면, 침해소송에서 시비를 가리면 된다. 우리나라를 포함해 대부분 국가에서 저작권은 창작과 동시에 권리가 발생하므로 권리 보호를 위하여 등록 절차가 필요하지 않다. 그러나 추후 분쟁 시 입증의 문제가 있으므로 등록을 해두는 것이 바람직하다.

저작권의 중요한 요건은 표현이다. 일반 특허는 새로운 기술적 아이디어 자체를 보호한다. 반면 저작권은 아이디어를 전달하는 표현을 보호하지, 아이디어 자체는 보호하지 않는다. 어떤 글을 읽고 그 글의 주제를 자기 나름대로 표현하면 저작권 침해가 아니다. 문화의 발전은 다양한 표현을 통한 아이디어의 확산에 의하여 이루어지기 때문이다.

저작권은 기능적인 제품 자체를 보호하는 것이 아니다. 일반 특허는 유용한 제품의 기능을 보호하고, 디자인은 제품의 외양을 보호하지만, 저작권은 유용한 제품Useful Articles을 보호하지 않는다. 예컨대, 의복은 아무리 패션이 예술적이라 해도 소비자가 입기 위한 유용한 제품이므로 저작권으로 보호되지 않는다.

2

저작권의 역사
"저작권은 진화 중"

앞서 저작권의 경제적 배경을 언급하였는데 저작권의 역사적 배경에 대하여 살펴보자.

인쇄 기술이 없던 고대에는 서적이 사람의 손에 의한 필사에 의해서만 가능하였으므로 필사본의 가치 이외에 내용에 대한 가치는 따로 의식되지 않았다. 그러다가 1455년 구텐베르크Gutenberg의 인쇄활자로 서적의 배포가 대량화되면서 서적의 내용에 대한 권리, 즉 저작권에 대한 논의가 시작되었다.

일반적으로 1710년 '앤 여왕 칙령Statute of Anne'을 근대 저작권법의 효시로 본다. 그 이전에는 책을 찍어내는 인쇄업자들이 권리를 가지고 있었으나, 앤 칙령부터 글을 쓴 작가에게 권리를 부여하기 시작함으로써 근대 저작권의 기초를 마련하였다.

•구텐베르크 인쇄기 　　　　•영국의 앤 여왕과 칙령

저작권은 인쇄물에서 시작하여 시간이 흐름에 따라 음악, 미술, 건축, 사진, 영화 등 다양한 창작물로 확장되었다. 20세기에는 '베른 조약Berne Convention' 및 '국제지적재산권기구WIPO의 저작권 조약WIPO Copyright Treaty' 등을 통해 저작권이 국제적으로 비슷하게 통일되어 가는 추세이다. 우리나라도 베른 조약에 가입되어 있어 국제 저작권을 보호하고 있다. 참고로, 베른 조약은 특별한 등록요건 없이 권리가 발생하는 방식을 택하고 있다.

•저작권 심벌

대부분의 국가에서 저작권

은 창작이 유형매체에 고정Fixed in a Tangible Medium of Expression되는 순간 권리가 발생한다. 유형매체로는 종이, 캔버스, 필름, 컴퓨터 저장장치 등을 들 수 있다. 권리 보호를 위하여 따로 등록Registration 등의 절차가 필요하지 않다. 그러나 추후 분쟁 시 입증의 문제가 있으므로 등록을 해두는 것이 바람직하다.

국내 저작권법은 한미 FTA가 비준되어서, 개인이 저작물을 공표한 시점부터 보호를 시작하여 저작자 생존기간 동안과 저작자 사후 70년 동안 존속된다. 단체 명의의 저작물인 경우는 공표 후 70년 동안 존속된다.

미국은 국회도서관Library of Congress에서 저작권을 관장하고 있으며, 국내는 한국저작권위원회에서 관장하고 있다.

•미국 국회도서관   •한국저작권위원회

3
저작권의 독창성 요건
"문화 수준과 무관"

—

저작권으로 보호되는 저작물은 본인의 독창적인 창작물이어야 한다. 이때 요구되는 독창성Originality은 높은 예술적 수준의 독창성이 아니라, 저작자 자신이 남의 것을 베끼지 않고 표현한 정도의 독창성이다. 예를 들어, 어린이가 그린 그림도 저작권 보호가 된다. 즉, 요구되는 독창성이란 뛰어난 수준의 창조성Creativity이 아니라 자신의 사상이나 감정을 담는 최소한의 독창성이면 된다. 참고로, 로고는 너무 짧아서 저작권법상 독창성이 있다고 보기 힘들다.

문화의 수준에 대한 판단이 독창성에 영향을 미칠 수 있을까? 미술 작품은 당연히 저작권으로 보호가 된다. 그런데, 미국에서는 한때 서커스 포스터가 저작권 보호가 될 수 있는지에 대한 논란이 있었다. 서커스는 그 당시 저급 문화로 여겨져서, 서커스를 광고하기 위한 저급 포스터가 미

•저작권 보호 대상에 대한 시비가 된 서커스 포스터

술 작품과 같은 고급 예술을 보호하기 위한 저작권으로 보호될 수 없다는 반대 의견도 있었다. 그러나 법원은 대중의 문화적 수준에 대한 판단이나 광고의 수단과 상관없이 독창성만 있으면 저작권 보호의 대상이 되어야 한다고 판결하였다. Bleistein v. Donald Lithographing Company, 188 U.S. 239 (1903)

사진도 한때 저작권의 대상이 될 수 있는지 논란이 있었다. 미국에서는 1884년 유명 극작가 오스카 와일드Oscar Wilde의 사진이 저작권의 대상인지 논란이 되었었다. 사진은 실물을 대상으로 그대로 찍는 것이므로 독창성이 없다고 볼 수도 있다. 그러나 미국 법원은 사진작가가 연출하는 피사체의 구도, 빛의 방향과 세기 조절, 카메라 앵글 설정 등의 과정이 독창성이 있으면 저작물로 인정될 수 있다고 판결하였다. Burrow-Giles Lithographic Company v. Napoleon Sarony, 111 U.S. 53 (1884) 그러므로 증명사진이 아닌 사진은 일반적으로 저작권의 보호를 받고, 원칙적으로 사진을 찍은 사람이 저작권자이다.

많은 노력을 들여 결과물을 만들었다

•저작권 대상에 대한 시비가 된 오스카 와일드 사진

고 해서 독창성이 보장될 수 있을까? 예를 들어, 전화번호부는 저작권으로 보호받을 수 있을까? 전화번호부는 전화번호가 단순하게 알파벳순으로 배열되어 있어 독창성이 있다고 보기 힘들다. 그러나 수만 건의 전화번호들을 수집하는 데는 많은 노력이 들어간 점을 감안해 저작권으로 보호받아야 한다는 의견도 있었다. 이에 대해 미국의 파이스트Feist 판결에서는, 설사 상당한 노동력이 투입되었다 하더라도Sweat of the Brow 저작물로 인정되기 위해서는 최소한의 독창성이 요구되는데, 단순한 알파벳 순서 배열은 최소한의 독창성마저도 인정하기 힘들다고 판결하였다. 결국, 독창성은 정보의 양의 아니라 정보의 독창적 배열이다. 예컨대, 전화번호부를 알파벳 순서가 아니라 다른 창의적 방법으로 배열한다면 저작권을 인정받을 수 있을 것이다.

현대 기술에서 많이 쓰이는 데이터베이스Database는 데이터 요소의 집합이다. 전화번호부와 같은 논리로 저작권의 보호는 되지 않는다. 그러나 데이터베이스는 많은 자본과 노력이 들어간 결과물이다. 국내 포함 일부 국가에서 저작권법과 별도로 데이터베이스 특별법을 만들어 보호하고 있다.

4

다양한 저작권
"저작인격권도 있다"

—

저작권의 대상은 인쇄물에서 시작하여 시대가 변함에 따라 음악, 미술, 건축, 사진, 영화 등 다양한 대상으로 확장이 되었다.

저작물의 범주에는 소설과 시나리오 등의 어문저작물, 음악 멜로디와 가사 등의 음악저작물, 회화와 조각 등의 미술저작물, 연극저작물, 건축저작물, 사진저작물, 영화 등 연속적 영상을 담은 영상저작물이 있다. 무용의 안무Choreography도 연극저작물의 범주로 보호한다. 예컨대, 김연아

•무용도 저작권이 있다.

선수의 안무, 비보이의 안무, 싸이의 〈강남스타일〉 안무는 저작권의 대상이 된다. 최근에는 컴퓨터 소프트웨어도 저작물의 범주에 포함이 되었다. 저작물에 따라 저작권의 성격이 조금씩 차이가 있다.

저작권의 소유

저작권은 우선 창작을 한 저작자Author에게 부여된다. 주의할 것은 어떤 작품의 제작을 의뢰하거나 지원을 했다고 해서 저작자가 되는 것은 아니라는 점이다. 특별한 사전 계약이 없는 한 저작권은 돈을 댄 제작자가 아니라 창작자에게 있다. 사후 계약을 통하여 원 저작권을 제작자에게 양도할 수는 있다. 예를 들어, 공연기획사가 뮤지컬의 저작권을 원 저작자로부터 양도받을 수 있다. 미국에서는 '공용저작물Work made for hire'이라고 해도 창작자가 저작권을 가지는 것이 원칙이나 고용관계가 있을 때는 직원의 업무상 저작물이 회사에 귀속되도록 하고 있다.

저작재산권

국내 저작권은 저작물에 대한 경제적 보상을 위한 저작재산권과 저작자 인격의 보호를 위한 저작인격권으로 크게 나뉘어 있다.

우리나라 저작권법 제4조에 의하면, 저작물은 다음과 같다. (1)어문저작물소설, 시, 논문, 강연, 연설, 각본 (2)음악저작물악보, 가사 (3)연극저작물연극, 무용, 무언극 (4)미술저작물회화, 서예, 조각, 판화, 공예, 응용미술 (5)건축저작물건축물 (6)사진저작물 (7)영상저작물영화 (8)도형저작물지도, 도표, 설계도, 약도 (9)컴퓨터프로그램 저작물.

저작재산권에는 복제, 배포, 공연, 전시, 방송, 전송 등 저작권자의 허락을 요하는 여러 종류의 '권리의 다발Bundle of Rights'이 있다. 각 권리는 저작재산권의 종류에 따라 다르다. 기본적으로 저작권자는 저작물을 복제할 수 있는 허가를 주는 '복제권Right to Reproduce'과 저작물의 원 작품이나 복제물의 배포 및 유통을 허락할 수 있는 '배포권Right to Distribute'이 있다. 음악이나 영상저작물인 경우 저작물의 공연을 허가해 줄 수 있는 '공연권 Right to Publicly Perform', 미술저작물인 경우 전시 허가를 줄 수 있는 '전시권 Right to Publicly Display'이 있다. 예를 들어, 노래방 반주기에 의한 재생은 '공연'이 되므로 음악 작곡자의 '공연권' 허가가 있어야 한다.

저작인격권

저작권의 의의는 돈의 가치로만 따질 수 없는 면이 있다. 문화 예술 창조활동에서 유래되기 때문에, 독점에서 나오는 경제적 재산권 이외에 비경제적 측면인 예술가의 명예와 인격에 관한 권리를 부여한다. 저작인격권은 역사적으로 독일에서 '저작물은 개인 인격의 산물'이라는 인식에서 유래하였다. 저작인격권의 보호는 국가에 따라 달라서 유럽의 경우는 인격권을 중시하나 미국의 경우는 별로 중시하지 않는다.

우리나라는 공표권, 성명 표시권, 동일성 유지권, 세 가지를 저작인격권으로 인정하고 있다. 공표권은 저작자가 미공표 저작물의 공표 시기나 방법을 결정할 수 있는 권리이다. 그러므로 원 저작자로부터 미공표 저작물을 샀다고 해서 원작자의 허락 없이 함부로 공표할 수는 없다. 성명 표시권은 원 작품이나 복제품에, 또는 저작물의 공표에 있어서 저작자가 원하는 대로의 실명이나 이명異名을 표시할 수 있는 권리이다. 예컨대, 미술 작품을 샀다고 해서, 미술 작품의 작가 이름을 잘못 표기하면 안 된다. 그러므로 저작권을 양도 및 이용 허락을 받은 사람은 저작자의 이름을 올바르게 표기하도록 주의해야 한다.

동일성 유지권은 저작물의 내용 및 형식의 동일성을 유지할 권리이므로, 저작물에 대한 권리를 샀다고 해서 함부로 그 저작물을 고칠 수 없다. 예컨대, 흑백영화에 대한 권리를 샀다고 해서 무단으로 컬러화 시키면 동일성 유지권의 침해가 된다. 이 경우, 고친 작품이 설사 원 작품보다 더 좋다 하더라도 위반이 된다.

저작인격권은 일신 전속적 권리이기 때문에, 저작재산권과는 달리 이를 다른 사람에게 양도나 상속할 수 없다. 그러므로 원 저작자가 아니라 양도에 의한 권리자는 저작인격권이 없다. 원 저작자도 사망 후에는 저작인격권의 침해가 성립되지 않는다.

편집 저작권

'편집물Compilation Work'은 편집물을 구성하는 소재의 선택이나 배열에 독창성이 있다고 인정되면 저작물로 보호가 된다. 예를 들면, 여러 사람의 시를 모아 모음 시집을 만들면, 편집 저작물로 보호가 된다.

이차적 저작권

원 작품에서 '파생된 저작물Derivative Work'이 원 작품과 비교하여 독립적인 창조성이 있으면 소위 '이차적 저작권'이 생긴다. 원 작품의 번역, 각색, 편곡, 이미지 변형 등이 이에 속한다. 이차적 저작물의 제작은 원 저작자의 허락이 필요하다. 예컨대, 인터넷에서 저작권 보호된 이미지를 퍼 와서 허락 없이 포토샵을 이용하여 변형한다면, 이차적 저작권 침해가 된다. 예컨대, 원작 국문소설을 영어로 번역하려면 국문 원작자의 허락이 필요하다. 영문 번역본에 대한 이차적 저작권은 번역자에게 있다. 이차적 저작물을 이용하려면 이차적 저작권자뿐 아니라 원 저작자의 허락도 필요하

다. 상기 예에서, 영어 번역본을 영화화하려면, 국문 원작자와 영문 번역자의 허락이 필요하다.

•소설 《레미제라블》

 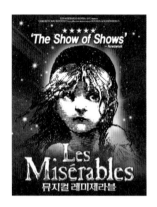

•소설을 뮤지컬, 영화로 만든 이차적 저작물

5
저작인접권
"가수들도 권리가 있다"

대중문화가 발달한 현대 사회에서는 저작물의 효과적인 전달과 보급도 저작물의 창작에 버금가게 중요하다.

같은 노래라 할지라도 어떤 가수가 곡을 어떻게 해석하여 부르느냐가 상업적 성공을 좌우하는 경우를 많이 본다. 음반이 잘 팔리려면, 곡과 가사도 좋아야 하지만, 훌륭한 가수가 불러야 한다. 작곡자에게는 작곡료가 나가고, 작사자에게는 작사료가 나가는데, 가수는 저작권자가 아니라는 이유로 가창료를 못 받으면 불공평한 일이다. 그래서 저작권에 버금가는 저작인접권을 인정하게 되었다.

원 저작물의 해석 등을 통하여 저작물의 보급에 기여한 사람에게 저작재산권에 준하는 '저작인접권Neighboring Right'이 인정된다. 배우, 가수, 연주자, 지휘자 등 실연자實演者, 사운드 엔지니어와 레코드사 등 음반 제작자,

방송국 등 방송사업자가 저작인접권을 가진다. 앞서 언급한 무용의 경우, 무용에 대한 안무는 안무가에게 있지만, 안무를 실연하는 무용수는 실연자로서 저작인접권을 가지게 된다.

재산권으로는 복제권, 배포권, 대여권, 공연권, 방송권, 전송권, 판매용 음반의 방송에 대한 보상청구권, 판매용 음반의 공연에 대한 보상청구권, 음반의 디지털 송신에 대한 보상청구권이 포함된다.

음반 제작자는 제작한 음반에 대하여 복제권, 배포권, 대여권, 전송권을 가지고, 판매용 음반의 방송 사용에 따른 보상청구권, 판매용 음반의 공연에 대한 보상청구권, 음반의 디지털 송신에 대한 보상청구권을 가진다.

방송사업자는 복제권과 동시 중계방송권을 가진다.

저작인접권자의 인격적 권리는 실연자에게만 성명 표시권과 동일성 유지권을 인정한다. 저작권 보호기간은 저작권자보다는 더 좁게 보호하는 취지에서, 실연은 실연부터 70년, 음반은 음반 발행부터 70년, 방송은 방송부터 50년 기간이다.

가요 관련 저작인접권

• 저작인접권(출처 : 법제처)

6

저작권 비보호 대상
"사상과 표현의 합체의 원칙"

—

지금까지 저작권 보호 대상에 대하여 이야기하였다. 그럼, 저작권 보호가 되지 않는 대상은 무엇일까?

사상과 표현의 이분법

저작권은 '표현Expression'을 보호하지, 표현에 내재된 아이디어나 사상은 보호하지 않는다. 아무리 좋은 생각이라도, 생각 자체로는 저작권 보호가 안 된다. 저작권 보호가 된 책을 그대로 복사하면 침해가 되지만, 책을 읽고 소화하여 그 사상을 다른 표현으로 기술한다면 저작권 침해가 성립되지 않는다. 사상에는 사실, 작동 원리, 게임 규칙, 문제 해결방법, 저작권 작성에 필요한 구성 부분 등을 포함한다.

독창적 표현은 보호하지만, 표현의 기초가 되는 단순한 단어나 문구 등은 보호하지 않는다. 예를 들면, 제목은 저작권 보호가 힘들다. 실제로 같은 제목이지만 내용이 다른 문학 작품이나 가요 등이 많이 있다. 또한, 표현이라 하더라도 헌법, 법률, 공고, 판결, 결정, 명령 등은 저작권 보호를 받지 못한다.

사실

사실Fact도 사상과 마찬가지로 저작권의 보호가 안 된다. 작가가 역사소설을 쓴다고 해서 역사적 사실에 관한 저작권을 가질 수 없는 것과 같다. 단순히 사실을 나열한 것도 저작물이 아니다. 예를 들면, 음식점의 메뉴판이나 열차시간표는 저작권 보호가 되지 않는다. 앞서 언급한 대로, 미국에서는 파이스트 사례에서 자본의 투입 기준을 버리고 구성 정보의 선택과 배열이 독창성이 있는지를 저작권 보호의 기준으로 채택하였다.

비슷한 논리로, 전자제품 작동을 설명하는 매뉴얼은 저작권 보호가 안 된다. 게임의 규칙도 저작권 보호가 안 된다. 혹시 누가 전국 고스톱 통일안을 내놓았다 하더라도 저작권 보호는 안 된다. 일종의 매뉴얼이기 때문이다.

플롯

문학 작품의 주제나 기본 줄거리는 사상의 범주에 속하므로 저작권 보호가 안 된다. 그렇다면, 플롯Plot이나 극중 인물의 캐릭터Character는 보호를 받을 수 있을까? 플롯이나 캐릭터가 얼마나 구체적으로 전개가 되었느냐에 따라 다르며, 상당히 구체화되어 있으면 보호될 수 있다.

필수 장면의 원칙

2차 대전 시대의 전쟁 영화에서는 으레 독일군 캐릭터가 나온다. 이러한 캐릭터는 보호가 될까? '필수 장면의 원칙Scene a faire'은 어떤 상황을 표현하기 위하여 기본적으로 필요한 요소는 저작권으로 보호하지 않는다는 원칙이다. 따라서 2차 대전에 독일 나치의 상투적인 캐릭터는 영화 주제를 표현하는 데 필요한 소재이므로 저작권 보호가 안 된다.

영화를 찍을 때 무작위로 찍히는 미술 작품이나 배경음악에 저작권이 존재한다면 저작권 침해가 될까? 영화의 스토리 구성에 필요한 그림이나 음악이라면 필수 장면의 원칙에 의하여 무방할 수 있지만, 저작권 시비가 있을 수 있으므로 주의를 기울여야 한다. 예컨대, 블로그에 올리기 위하여 동영상을 스스로 촬영하다가 우연히 삽입된 배경음악도 저작권 침해가 될 수 있다.

사상과 표현의 합체의 원칙

어떤 사상에 대한 표현이 너무나 정형화 되어 있거나 표현할 수 있는 방법이 거의 유일한 경우, '사상과 표현의 합체의 원칙Merger Principle'에 의하여 그 표현은 아이디어와 동일시하여 저작권 보호를 하지 않는다. 예를 들면, 컴퓨터 아이콘 중 버리는 것을 상징하는 쓰레기통 아이콘은 아무리 '표현'이라 할지라도 달리 표현할 방법이 없으므로 저작권으로 보호하지 않는다.

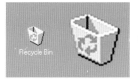
Windows Recycle Bin

VS

Apple Trash Can

•윈도우 대 애플 쓰레기통 아이콘 비교

7

룩 앤 필의 저작권 보호 문제
"Divide & Conquer"

—

컴퓨터, 웹, 스마트폰에 쓰이는 그래픽유저인터페이스GUI는 어떤 지식재산권으로 보호가 될까?

결론적으로 특허, 디자인, 상표, 저작권 다 적용된다. 그러나 침해 판단 기준에 있어서 상당한 차이가 있다. 특허침해는 부분의 조합인 전체적인 효과를 고려하여 넓게 보호를 한다. 반면, 저작권 침해는 비보호 대상을 필터링하고 남은 대상만 분리해서 좁게 판단한다.

20여 년 전, IT 업계에 유명한 소송이 있었다. 애플이 마우스 포인터, 풀다운 메뉴, 확대/축소가 가능한 윈도우, 데스크탑 GUI를 탑재한 매킨토시를 출시하여 크게 성공하였다. 이를 모방하여 마이크로소프트MS가 윈도우 OS를 비슷하게 만들자 애플이 마이크로소프트를 제소하였다. 애플은 사용자 측면에서 전체적인 느낌과 경험, 이른바 '룩 앤 필Look and Feel'

이 비슷하다고 저작권 침해를 주장하였다. 이 사건에서 법원은 저작권 비보호 대상을 필터링하고 남은 대상을 비교하는 이른바 '분할판단^{Divide and Conquer}' 방법을 적용하였다.

분할판단 방법은 우선 침해대상에서 합법적으로 라이센스를 받은 부분을 제외한다. 저작권은 표현을 보호하지, 아이디어를 보호하지 않으므로 아이디어 부분을 제외한다. 아이디어와 표현이 거의 일치하는 경우도 제외한다. 예컨대, 데스크탑 GUI의 쓰레기통 아이콘 등을 제외하였다. 비보호 대상을 빼고 남은 것만을 비교하니 비침해 판결로 나와 애플은 MS에게 패소를 당하고 운영체제 패권을 넘기게 된다. 흥미로운 것은 정작 애플도 매킨토시 GUI를 제록스 연구소의 스타^{Star} GUI에서 모방했다는 사실이다.

20여 년이 지난 후도 애플은 '룩 앤 필'을 절대 포기하지 않고 있다. 과거 MS와의 저작권 소송 실패를 뼈저리게 느끼고, 이번엔 특허 보호에 주력하였다. 아이폰과 아이패드를 만들면서 사용자 감성과 편의성에 관련된 기능들, 바운스백, 멀티터치, 두 손가락 줌 등을 기능 특허로 등록하였다. 더 나아가서 GUI를 디자인 특허로 등록하였다. 디자인 특허는 시각적 디자인에서 오는 심미감의 유사성을 전체적으로 판단한다. 과거에는 디자인 특허란 두 디자인이 조금만 달라도 비침해로 판단되는 좁은 범위의 보호여서 별로 중요하지 않았다. 그러나 최근 법원에서, 디자인 특허의 침해 기준이 일반인이 두 디자인을 보고 혼동하면 침해라는 넓은 범위의 보호로 바뀌면서 중요하게 되었다. 결국 애플은 아이콘 배열의 UI를 디자인 특허로 보호하여 삼성과의 소송에서 침해판결을 받아냈다.

애플은 상표도 이용하였다. 상표는 상품의 출처를 소비자가 혼동하지 않도록 보호한다. 일반적으로 이름이나 로고를 상품의 출처로 보호한다.

현대 추세는 출처를 연상시키는 냄새, 소리 등도 포함한다. 앞에서 언급했지만, 상표의 일종으로 트레이드드레스가 있다. 상품의 외관이 출처를 연상하게 되면 외관도 상표로 보호한다. 애플은 트레이드드레스를 '룩 앤 필'의 보호에 이용하였다. 애플은 아이폰의 둥근 모서리를 가진 사각형, 은색 테두리, 검정색 앞면, 아이콘들을 상표로 등록하여 삼성과의 소송에서 이용하였다.

제품이나 서비스를 이용하며 느끼는 사용자 경험이 스마트 기술의 중요한 화두가 되면서, '룩 앤 필'은 결국 법적 보호를 받는 것이 전 세계적인 추세라고 볼 수 있다. 따라서 좋은 상품을 개발하는 것과 동시에 특허, 디자인, 상표, 저작권의 융합지식재산으로 보호하려는 노력을 통해 혁신을 선도하여야 한다.

•애플 미국 디자인 특허(D604,305)

•애플 미국 상표 등록(3,470,983)

8
저작권의 공정 이용
"영화 〈프리티우먼〉 사례"

타인의 저작물을 사용하려면 저작권자에게서 허락을 받아야 한다. 그런데 분명히 타인에게 저작권이 있음에도 허락을 받지 않고 쓸 수 있는 예외가 있다. 바로 공정 이용이다.

문화가 발전하려면 정보가 자유롭게 교환이 되어야 한다. 아무리 저작물이라 할지라도 저작권 때문에 보도나 비평의 목적으로 인용조차 못한다면 문화 발전의 걸림돌이 될 것이다. 그런데 자기 작품이 비평의 대상으로 사용되도록 타인에게 인용 허가를 내줄 원 저작자는 없을 것이다. 그러므로 '공정 이용Fair Use'이라는 원칙이 저작권법에 마련되어서, 비평, 논평, 시사보도, 교육, 연구 등을 위해서는 원 저작자의 허락 없이 정당한 범위 내에서 공정한 관행에 합치되게 이용할 수 있도록 하고 있다.

공정 이용인지 아닌지의 판단은 허가 없이 사용하려는 (1)인용의 목적

(2)작품의 성격 (3)인용의 정도 (4)시장에 미치는 영향 등을 종합하여 판단한다. 인용의 목적이 상업용 목적인지, 비영리적 목적인지가 중요하다. 당연히 교육이나 비영리적 목적이면 공정 이용으로 판단될 가능성이 많아진다. 작품의 성격이 상업적인지 비영리적인지가 중요하다. 또한 예술적인 작품보다 사실이나 과학에 의거한 작품의 사용이 공정 이용 가능성이 높다. 소설 등 픽션에서 인용하는 것은 논픽션에서 인용하는 것보다 더 주의하여야 한다. 원 작품의 몇 퍼센트 정도를 인용하였느냐도 공정 이용의 판단기준이 된다.

패러디Parody는 공정 이용의 재미있는 예이다. 미국의 유명한 작곡자 '로이 오비슨Roy Orbison'의 1964년 곡, 〈프리티우먼Pretty Woman〉은 1990년 리처드 기어와 줄리아 로버츠가 주연한 영화의 주제가로도 알려진 유명한 곡이다. 이 곡을 흑인 랩그룹 '투 라이브 크루2 Live Crew'가 랩 스타일로 패러디하여 상업적으로 크게 성공하였다. 원작이 도시의 거리생활을 순진하게 표현했다면, 패러디는 거리생활의 타락을 표현했다. 이 사건은 미국 대

• 로이 오비슨 대 랩그룹 투 라이브 크루

법원까지 올라갔는데, 대법원은 설사 원곡의 핵심 부분을 베껴 상업적으로 성공하였더라도, 원작을 일단 연상시킨 다음 이를 풍자하여 새로운 창작이 이루어졌다면 이는 공정 이용에 해당하므로 저작권 침해가 아니라는 판결을 하였다Campbell v. Acuff-Rose Music, Inc. , 510 U.S. 569 (1994)

• 영화 〈프리티우먼〉

9

저작권의 상식과 비상식
"브로드웨이 쇼 〈캣츠〉 저작권"

일반적으로 지식재산은 속지주의를 따르므로, 해당 국가에 특허나 상표를 등록해야 보호가 된다. 저작권은 어떨까?

외국인 저작물

국내 저작권 제3조 제1항에 따르면 '외국의 저작물은 대한민국이 가입 또는 체결한 조약에 따라 보호된다'고 규정하고 있다. 이에 따라 우리나라와 저작권 국제협약을 맺은 나라의 국민이 만든 저작물은 우리나라에서도 보호가 된다. 대부분의 국가들이 저작권 국제조약인 '베른 조약'에 가입하고 있다. 예를 들면, 외국 뮤지컬을 허락 없이 국내에서 공연하면 외국인 저작권자가 한국 법원에 공연 금지를 요구할 수 있다. 실제로 몇 년 전에 브로드웨이 뮤지컬 〈캣츠〉가 국내 공연이 되었을 때 저작권을 가진

영국의 공연기획사가 가처분 신청을 해서 법원이 이를 받아준 적이 있다.

저작권 위탁관리

저작권의 재산적 가치는 이용자에게 이용 허락을 해주고 로열티를 받는 식이다. 예를 들어, 영화에 특정 곡을 배경음악으로 쓰려면 음악저작권자에게서 받은 라이센스가 필요하다. 그런데 이용자가 저작권자의 소재 등을 일일이 파악하여 직접 접촉하기가 힘들므로 '저작물 위탁관리'라 하여 저작자들로부터 권리를 위탁받아 관리하는 집중관리단체를 통하여 이용 허락을 받으면 편리하다.

대여권

저작권법의 기본적인 것은 대부분 상식과 일치하나 상식으로 납득하기 어려운 것도 있으니 주의하여야 한다. 저작물을 사면 그 저작물에 한해서는 구입한 사람이 마음대로 할 수 있어야 하는 것이 상식이다. 하지만 음반이나 컴퓨터 프로그램의 경우 원 저작권자에게 '대여권Rental Right'을 인정한다. 즉, 구매한 CD라도 구입자가 함부로 상업적인 목적으로 남에게 대여할 수 없는 셈이 된다. 이 같은 사항은 역사적, 사회적, 국제적 배경에서 연유한 것으로 특별한 지식을 요구한다.

국내에서는 영상저작물의 대여에 저작권자의 허락이 필요 없다. 비디오나 DVD 대여점이 해당 영상저작물을 손님에게 유료로 대여해도 따로 저작권료를 내지 않는다. 그러나 비디오방에서 상업 목적으로 영화를 틀어주는 행위는 저작권법상 '공연'에 해당하므로 저작권자의 허락이 있어야 한다.

10

저작권 침해 증명
"〈Feelings〉 표절 사례"

—

타인이 저작권을 침해한 경우, 법원에서 어떤 방법으로 침해 증명을 해야 할까?

저작권은 무형재산권으로, 재산으로서의 가치가 있으려면 권리자가 끊임없이 보호를 위한 노력을 경주해야 한다. 누가 권리자의 허락 없이 자신의 작품을 복사했을 때, 즉 침해 발생 시, 법원에 손해 배상이나 침해금지 청구를 요구함으로써 자신의 권리를 적극적으로 보호해야 한다. 이 경우 침해 행위를 입증해야 하는데 침해 행위를 직접 증명할 수 있다면 좋지만, 실제로는 직접 증거를 제시하기는 어려워서 보통 '정황 증거Circumstantial Evidence'를 제시하여 간접적으로 입증한다.

간접 증명은 두 단계로 입증한다. (1)피고가 원고의 작품에 접근할 기회Access가 있었어야 한다. 예를 들어, 침해 이전 시점에 원고의 음반이 상점 등에 판매되고 있는 등 피고가 접할 수 있는 기회가 있어야 한다. (2)피고의 작품이 원고의 작품과 '실질적으로 유사Substantially Similar'하여야 한다. 실질적 유사성은 우연의 결과라고 보기 힘들고 원고의 작품에서 베꼈다고밖에 볼 수 없을 정도의 유사성이다.

실제 사례를 들어보자. 〈Feelings〉은 국내에서 너무나 잘 알려진 팝송이다. 모리스 앨버트Morris Albert가 1975년 작곡하여 전 세계적으로 대히트를 친 작품이다. 그런데 이 곡이 결국 법원에서 표절로 판결이 난 사실은 많은 사람이 모를 것이다.

1987년 프랑스인 '루이 가스트Louis Gaste'는 〈Feelings〉가 자신의 곡 〈Pour Toi〉를 표절했다고 미국 뉴욕에서 저작권 침해소송을 제기를 했었다.(Louis gate v Morris Kaiserman, 863 F.2d 1061 (2nd Cir. 1988) 〈Feelings〉의 가사는 〈Pour Toi〉와 다르므로 멜로디에 대한 표절만이 문제가 되었다.

위의 논리를 적용하면 우선, 원곡에 대한 접근 가능성이 문제가 되었다. 저작권의 핵심은 독창성이다. 원곡을 들을 기회가 없었다면 원곡을 표절할 가능성이 없기 때문이다. 재판 과정에서 루이 가스트가 〈Pour Toi〉를 모리스 앨버트의 음반사에 보냈다는 것이 밝혀졌다. 배심원들은 모리스가 음반사를 통해서 원곡을 들을 기회가 있었을 수도 있다고 판정했다. 즉, 객관적인 접근 기회Reasonable Opportunity to Access가 주어졌다는 것이다.

다음 단계인 실질적 유사성 판단에서 배심원들은 두 음악을 비교하였다. 미국에서 유사성 판단은 전문가의 증언을 바탕으로 배심원이 판단한다. 두 음악의 음표 차이 판단은 전문가가 필요하지만 전체적 음악의 느낌에서는 편견이 있을 수 있다. 그러므로 음악의 유사성은 전문가들의 증언도 중요하지만 최종적으로 일반인의 기준에서 유사성을 판단하도록 한다. 배심원은 직접 음악을 들어보고 침해라는 결론을 내렸다. 결국, 법원은 〈Feelings〉 수입의 80%를 원 저작권자 루이 가스트에게 주도록 판결하였다.

● 모리스 앨버트의 〈Feelings〉 앨범

11
저작권 라이센싱
"저작권 단속도 중요"

저작권도 지식재산의 일종이므로 양도하거나 라이센싱할 수 있다.

일반적으로 라이센싱 계약은 '전용실시권'과 '통상실시권'으로 나누어진다. 전용실시권이란, 일정 기간이나 지역에 특정인에게만 독점적으로 실시권을 주는 것으로 제3자는 실시권이 없다. 예를 들어, 저작권자가 2년 동안 어느 업체에 독점적으로 작품을 판매할 권리를 주었다면, 그 기간 동안 독점판매자 이외에 제3자는 물론 저작권자조차도 작품을 판매할 수 없다. 저작권이 공동 소유인 경우 전용실시권을 받으려면, 공동 소유자들 모두에게서 허락을 받아야 한다. 아니면 독점적인 실시권의 행사가 불가하기 때문이다. 대조적으로 통상실시권이란, 특정인에 국한하지 않고 복수의 실시권자에게 비독점적인 실시권을 부여하는 것이다. 저작권이 공동 소유인 경우 통상실시권을 받으려면, 한 소유주의 허락만 있으면 된다.

전용실시권과 통상실시권은 여러 면에서 다르다. 독점적인 전용실시권이 비독점적인 통상실시권보다 대가를 더 지불해야 하는 것이 당연하다. 전용실시권은 저작권의 중요한 부분을 넘기는 것이기 때문에 꼭 문서화되어야 한다. 반면, 통상실시권은 문서 이외에 구두로 부여할 수 있으며, 상황에 따라 간주되는 경우도 있다. 예를 들면, 다른 사람이 저작물을 이용하고 있는 것을 저작권자가 알고 있었음에도 반대를 하지 않았다면, 묵시적으로 통상실시권을 준 것으로 간주된다.

'재실시권Sublicense'이란 저작권자로부터 라이센스를 받은 실시권자가 다시 제3자에 라이센스를 부여하는 것을 의미한다. 예를 들어, 어떤 출판사가 저작권자로부터 2년 동안 전 세계 독점 판권을 얻었다고 치자. 중국에 판매하고 싶은데 중국 시장에는 경험이 없다. 이러한 경우, 중국 출판사에 재실시권을 주어서 판매하게 하면 될 것이다. 하지만, 재실시권은 함부로 남발하지 않도록 조심스럽게 허여해야 한다. 재실시권을 주되 저작권자가 동의를 하도록 하는 것도 좋은 방법이다.

일반적으로, 라이센스 계약에서 권리자는 본인이 합법적인 저작권을 가지고 있다는 것을 '보증Warranty'한다. 이용자는 저작물을 잘못 사용하지 않겠다는 서약을 한다. 이용자가 저작권자에게 라이센스를 받아서 사업을 하려고 하는데 그 작품이 제3자로부터 저작권 침해소송을 당한다고 하자. 이런 경우를 대비하여, 이용자는 저작권자에게서 '손실보전 Indemnification'을 요구하게 된다. 저작권자의 입장에서는 설사 보상을 해주더라도 이용자가 지불한 라이센스 액수의 한도를 넘지 않도록 국한하는 것이 일반적이다.

이용자가 저작권자에게 라이센스를 받아서 사업을 하려고 하는데, 침해 행위가 일어나고도 이를 저작권자가 방관한다면 그 라이센스는 아무

소용이 없을 것이다. 그러므로 침해 행위를 누가 모니터하고 누가 단속할 지도 명시하는 것이 좋다.

12

디지털 저작권
"온라인서비스 제공자 등장"

—

디지털 네트워크 기술의 발전에 따라 온라인상에서의 불법복제가 심각한 사회 문제로 대두되면서 저작권이 진통을 겪고 있다. 비록 저작권이 역사적으로 진화를 거듭해 왔으나, 기술의 발전이 급속화되면서 저작권자의 이익과 이용자들의 공정 이용 사이에서 균형점을 이루도록 개정할 필요가 생기게 되었다.

과거 아날로그Analog 기술에서는 매체와 콘텐츠가 일치되어 있으므로, 물리적 매체가 손상되면 콘텐츠의 재생도 완벽하게 되지 않는다. 예를 들면, 레코드판의 바늘 홈이 오래되면 잡음이 들어가고, 녹음된 음이 완벽히 재생되지 않는다. 반면, 0과 1로 조합되는 디지털 기술은 콘텐츠의 완벽한 복사가 가능하다. 또한 콘텐츠와 매체가 독립적으로 되어 여러 매체를 통한 콘텐츠의 유통이 쉽게 된다. 즉, 디지털 환경에서는 저작물의 복사와 유통이 용이해진다. 그 결과 다음과 같은 문제들이 대두되었다.

최초 판매 원칙에 대한 논란

전통적으로 저작권에는 '최초 판매 원칙First Sale Doctrine'이 있다. 저작권자가 저작물을 팔면, 저작물 구입자는 저작권자의 허락 없이 저작물을 처분할 수 있다. 예컨대, 서적을 구입하면, 구입자는 그 서적을 마음대로 중고서점상에게 처분할 수 있다. 일단 저작권이 포함된 물건을 사면 최소한 그 물건에 대해서만은 권리가 소진되어 저작권자에게는 더 이상 권리가 남아 있지 않다는 것이다. 앞서 특허에서 언급한 '특허소진의 원칙'과 비슷하다.

이 원칙에는 소유권이 넘어갈 때마다 물건이 함께 넘어가므로 복제를 염려할 필요가 없다는 가정이 깔려 있다. 그러나 디지털 시대가 되면서 이러한 가정이 근본적으로 달라지게 되었다. 디지털 파일의 경우 한 번의 판매라도 복제가 수반되기 때문에 몇 단계 판매를 거치면 기하급수적으로 복제가 일어나게 된다. 이렇게 변화된 환경에서 최초 판매 원칙이 계속 유지되어야 하는지가 논란이 되고 있다.

출판물을 디지털 파일 형태로 제공하는 전자책eBook을 사서 중고품으로 다른 사람에게 마음대로 팔 수 있을까? 최초 판매 원칙에 의하면 재판매가 가능할 것이다. 반면, 디지털매체의 경우는 판매라기보다는 라이센스로 보아, 최초 판매 원칙이 적용되면 안 된다는 견해도 있다. 사용에 대한 라이센스만 부여한 것이므로, 디지털매체의 재판매는 저작권자의 허락이 없으면 저작권 위반이 된다는 것이다.

P2P 네트워크의 위협

디지털 네트워크가 발전하면서 개인 간에 파일 주고받기Peer-to-Peer, P2P가 쉽게 되었다. 이러한 P2P 네트워크에 의한 파일 공유는 수백만의 가입자가 순식간의 공유를 가능하게 하였다. 그 결과, 애써 창작한 저작물이 잘못하면 P2P 공유를 통하여 수백만에게 공짜로 퍼져 정당한 보상을 받지 못하는 위협이 생기게 된 것이다.

온라인서비스 공급자의 등장

전통적인 환경에서는 저작권자와 이용자의 양자 구도였다. 온라인 환경에서는 구글의 유튜브나 네이버 같은 소위 온라인서비스 공급자Online Service Provider, OSP를 통하여 저작물이 이용된다. 그러므로 저작권자, 이용자, OSP를 포함한 삼자 구도로 바뀌고 있다.

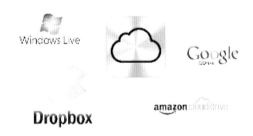

• 온라인서비스 공급자의 등장

13

컴퓨터 프로그램 저작권
"특허 보호도 가능"

문화 예술뿐 아니라 기술적 창작물인 컴퓨터 프로그램도 저작권으로 보호된다. 엄밀히 이야기하면, 저작권과 특허로 동시에 보호가 된다.

흔히들 '컴퓨터 프로그램을 쓴다'고 이야기하듯이 소프트웨어 개발 작업이 글 쓰는 작업과 비슷하다고 해서 우리나라와 미국을 포함한 대부분의 국가들이 소프트웨어를 저작권 범주에서 보호하고 있다. 그런데 저작권을 통한 소프트웨어 권리 보호에는 한계가 있다. 저작권법은 기본적으로 표현을 보호하지, 근간이 되는 사상Idea은 보호하지 않기 때문이다.

앞서 언급했지만, 미국에서 애플이 마이크로소프트의 윈도우 OSWindows OS가 매킨토시Macintosh의 사용자 인터페이스User Interface를 침해했다고 컴퓨터 프로그램 저작권 소송을 했으나 결국 실패하였다. 법원은 매킨토시 사용자 인터페이스에 쓰인 데스크탑Desktop의 은유는 표현과 사상이 거의 일치하므로 저작권법의 보호 대상이 아니라고 판시하였다. 예를 들면 파일을 지울 때 마우스로 파일을 끌어서 쓰레기통 아이콘에 넣는 것은 표현이라고 볼지라도 거의 다른 대안이 없는 표현, 즉 사상에 거의 일치되는 표현이기 때문이다.

또한, 로터스Lotus 1-2-3 스프레드쉬트Spread Sheet를 만든 로터스 사가 유사한 메뉴구조를 실행할 수 있는 스프레드쉬트 프로그램인 쿼트로Quattro를 만든 볼랜드Borland 사를 상대로 컴퓨터 프로그램 저작권 소송을 제기했으나 실패하였다. 'Lotus 1-2-3'의 스프레드쉬트의 메뉴구조는 작동방법으로서 사상의 범주에 드는 것이므로 저작권의 보호 대상이 아니라고 판결하였다. 이와 같이, 저작권법 보호는 심사과정을 거치지 않으므로 비용이 적게 들지만 보호 범위가 좁다.

반면, 소프트웨어를 특허로 보호할 수 있다면, 보호의 범위가 표현에 국한되지 않고 기술적인 사상까지 포함해 넓어질 수 있는 장점이 있다. 그런데, 전통적으로 소프트웨어를 특허로 보호하는 데는 저항이 많았다. 기계의 일종인 하드웨어와 달리 소프트웨어는 물리적인 형태가 없다. 그러나 점점 하드웨어가 소프트웨어로 대치되면서 소프트웨어도 하드웨어와 마찬가지로 보호되어야 한다는 주장이 대두되기 시작하였다.

문제는 소프트웨어가 수학적 알고리즘을 이용하는 경우이다. 제1부에서 언급한 대로, 자연 법칙, 자연 현상, 추상적 아이디어는 특허의 보호 대상이 아니다. 그렇다면, 수학적 알고리즘이 포함되면, 추상적인 아이디어이므로 특허의 보호 대상에서 제외되는 것일까? 미국에서는 디지털 파형을 디스플레이하는 방법이 수학적 알고리즘을 포함한다는 이유로 특허청에서 거절되었으나 특허고등법원 격인 연방항소법원CAFC은 이를 파기하고 수학적 알고리즘을 사용하더라도 특허로 보호될 수 있다고 판시하였다.

일반적 용도의 컴퓨터도 특정 소프트웨어가 구동하면 특정한 용도를 위한 기계가 되기 때문에 특허의 대상이다.

이와 같이 미국의 판례는 소프트웨어 관련 특허를 인정하는 추세이다. 그러므로 소프트웨어는 저작권과 특허로 동시에 보호된다고 보면 된다.

• 컴퓨터 프로그램 예시 '리눅스 소스코드'

14
미국 디지털 저작권법
"DMCA"

디지털 환경에서 저작권자의 권리를 효율적으로 보호하기 위하여, 각국은 디지털 저작권법을 정비하고 있다.

세계지적소유권기구[WIPO]는 1996년 'WIPO 저작권 조약 및 실연 음반 조약'을 채택하였다. 이에 맞추어 미국은 자국의 디지털 네트워크 환경에서의 저작권 보호를 위하여 1998년에 디지털 저작권법 'DMCA[Digital Millennium Copyright Act]'를 제정하였다. 주요 골자는 (1)디지털 콘텐츠를 암호화 등으로 보호

• 미국의 DMCA 법

하는 기술적 장치를 인정하고 (2)이러한 저작권 보호기술을 무력화하는 행위를 불법으로 간주하고^{Anti-circumvention} (3)온라인서비스 제공자의 역할을 중시하여 소위 '노티스 앤 테이크 다운^{Notice and Take Down}'을 준수하면 저작권 침해에 면책을 부여한 것이다.

암호화

디지털 저작물은 복제가 쉽기 때문에 한번 온라인에서 전송이 이루어지면 수많은 사람에게 순식간에 배포가 된다. 배포가 되더라도 내용을 볼 수 없도록 하는 한 가지 방법은 기술적으로 암호화하는 것이다. 이러한 암호화 보호기술을 DRM^{Digital Right Management}이라고 한다. 비유하면 책의 내용을 함부로 볼 수 없도록 포장을 하는 것과 비슷하다.

반 무력화 규정

그러나 완전한 암호는 존재하지 않고, 강력한 암호도 많은 노력을 들이면 결국 풀 수 있으므로 해킹 자체를 막아야 하는 문제가 생긴다. 그러므로 DMCA에서는 직접적인 저작권 침해행위가 없더라도, 암호 보호기술을 회피하거나 무력화^{Circumvent}하기 위하여 암호를 푸는 것 자체도 DMCA 저작권법 위반으로 규정하였다.

OSP 책임 한계

앞서 언급한 대로, 디지털 환경에서는 온라인서비스 제공자^{OSP}의 역할이 중요하다. 그런데, OSP는 가입자의 불법복제에 대하여 책임을 질 수도 있다. 예를 들면, 가입자가 최근의 베스트셀러 서적의 디지털 사본을 올린다면, 저작권 침해가 된다.

상식적으로 OSP가 고객의 행위에 대하여 모르고 있었으면 OSP는 책임이 없지만, 반대로 OSP가 고객의 행위에 대하여 알거나 알았어야 하는 상황에서는 OSP가 책임을 진다. OSP를 서점으로 비유하면, 서점은 책을 유통하는 곳이므로 판매하는 책의 저작권 침해와 관련 없다. 반면, OSP를 출판사로 보면 책의 저작권 침해에 대하여 책임이 있다.

미국의 프로디지Prodigy 사례에서, 프로디지라는 OSP가 사용자가 게시판에 올린 글 때문에 명예훼손으로 피소되었다. 법원은 프로디지가 서점처럼 단순히 정보의 유통 역할인지, 아니면 출판사처럼 정보를 컨트롤하는 역할인지를 따져보았다. 프로디지는 게시판에 올린 글들을 검열하고 편집하는 정책을 가지고 있어 정보에 대한 컨트롤 권한이 있었다. 따라서 법원은 출판사와 유사하다고 보아, 프로디지에게 명예훼손의 책임을 물었다.

반면, 비슷한 상황의 다른 사례에서, 콤퓨서브CompuServe라는 OSP는 사용자의 행위에 전혀 관여를 하지 않았다. 법원은 콤퓨서브가 정보의 유통자 역할에 불과하다고 판단하고 사용자가 올린 글에 대한 명예훼손의 책임이 없다고 판결하였다.

이 두 사례를 비교해 보면, 좋은 의도를 가지고 사용자가 올린 글을 검열했던 회사는 책임을 지게 되고, 수수방관의 정책을 유지한 회사는 오히려 면책이 되는 아이러니컬한 상황이 발생되었다. 그래서 DMCA 제정 시 OSP들이 로비를 해서 OSP의 면책조항을 마련하였다. 소위 '노티스 앤 테이크 다운Notice and Take Down'으로, OSP가 가입자가 올린 저작물에 대하여 저작권자의 침해 통보를 받은 경우 곧바로 공시하고Notice 시정하면Take Down 책임을 면하는 조항이다.

YouTube의 저작권

저작권은 전체 YouTube 커뮤니티에서 매우 중요합니다. 다음 색션에서는 YouTube 플랫폼에서 저작권을 관리하는 데 필요한 모든 정보와 도구가 소개되고 다른 제작자의 권리와 관련된 자세한 내용을 알아볼 수 있습니다.

- ▶ YouTube에서 콘텐츠 관리
- ▶ 저작권 지원 및 문제해결
- ▶ 저작권에 대해 자세히 알아보기

YouTube에서 콘텐츠 관리

저작권 침해가 의심되어 신고서를 제출하거나 본인의 동영상이 잘못 삭제되었다고 판단되는 경우 수행할 조치에 대해 알아보거나 콘텐츠 ID 일치에 대해 이의를 제기하는 방법을 알아보려는 경우 아래의 리소스에서 사용하기 쉬운 YouTube의 저작권 관리 절차를 참조하세요.

저작권 침해 신고서 제출
내 창작물을 무단으로 사용한 동영상에 대한 삭제 요청입니다.

이의제기 신청서 제출
저작권 침해가 없으므로 YouTube에서 잘못 삭제된 동영상의 복원을 요청합니다.

저작권 침해 신고 철회
본인 또는 회사가 YouTube에 동영상 삭제 요청을 했으나 또는 철회합니다.

콘텐츠 ID 일치 이의제기
콘텐츠 ID 일치가 잘못되었다고 생각되는 동영상에 대해 이의를 제기할 수 있습니다.

•유튜브의 저작권 관리(출처 : www.youtube.com)

Video Removed: Copyright Infringement

YouTube | Broadcast Yourself™

Dear Member:

This is to notify you that we have removed or disabled access to the following material as a result of a third-party notification by Universal Music Group claiming that this material is infringing.

Akon: Zero: http://www.youtube.com/watch?v=J1cJ0F1J2s

Please Note: Repeat incidents of copyright infringement will result in the deletion of your account and all videos uploaded to that account. In order to avoid future strikes against your account, please delete any videos to which you do not own the rights, and refrain from uploading additional videos that infringe on the copyrights of others. For more information about YouTube's copyright policy, please read the Copyright Tips guide.

If you elect to send us a counter notice, please go to our Help Center to access the instructions.

Please note that under Section 512(f) of the Copyright Act, any person who knowingly materially misrepresents that material or activity was removed or disabled by mistake or misidentification may be subject to liability.

Sincerely,
YouTube, Inc.

Copyright © 2007 YouTube, Inc.

•유튜브에서 저작권 침해 의심 공시

15

DMCA의 문제점
"역공학"

디지털 환경에 대응하기 위한 좋은 의도로 만든 DMCA도 문제의 소지가 있다. 바로 역공학 문제이다.

저작물에 대한 암호화 보호조치를 함부로 푸는 행위Cracking를 불법으로 규정한 DMCA의 규정이 논란이 되고 있다. 디지털 부품끼리는 서로 통신을 하게 되는데 여러 가지 이유로 인터페이스의 소프트웨어가 암호화되어 있는 경우가 있다. 인터페이스가 공개되어 있지 않은 경우, 타 회사가 호환 부품을 제조하려면 인터페이스를 뜯어보고 역공학Reverse Engineering으로 파악할 수밖에 없다. 이러한 목적으로 암호화를 푸는 행위가 합법적인 역공학인가, DMCA에 저촉되는 불법 크래킹인가?

프린터 카트리지 사례

프린터 산업에서 프린터 제조회사는 프린터를 싸게 공급하는 대신 토너카트리지Toner Cartridge를 비싸게 받아 이윤을 남기는 비즈니스 모델을 가지고 있다. 토너카트리지는 소모성 부품이므로 일반적으로 타 회사도 만들 수 있다. 만일 프린터 제조회사만 카트리지를 재충전할 수 있다면, 이는 제품 판매 후 제재를 거는 것이 되어 반독점법의 위반이 될 것이다.

프린터 제조사 렉스마크Lexmark 사는 자사의 프린터와 토너카트리지 사이에 암호화 통신 프로그램을 붙여서 타 업체가 재생 토너카트리지를 파는 것을 막으려고 했다. 렉스마크 프린터는 자사가 생산하고 리필Refill하여 재생한 카트리지만 작동이 되지, 타 업체가 재생한 카트리지는 작동이 안 되도록 암호화되어 있었다. 중고 토너카트리지를 재활용하는 애프터마켓업자가 호환되는 카트리지를 만들 수 없다. 그런데 SCCStatic Control Components 사가 호환이 되는 토너카트리지를 만들 수 있는 칩을 개발하였다. 호환 칩을 만들려면 렉스마크의 암호화 통신 프로그램을 역공학으로 풀어서 인터페이스 정보를 알아내야 했다. 렉스마크는 이러한 행위를 DMCA에서 금지한 기술적 보호조치 무력화 행위라고 제소하였다.

SCC는 법원으로부터 판매금지 가처분을 받았다. 이후, 항소심에서 뒤집어지기는 했지만, DMCA의 문제점을 드러냈다. DMCA의 기술적 보호조치의 취지는 저작물을 보호하기 위한 암호화 장치를 푸는 것을 금지하는 것이지, 호환 제품을 만들기 위한 역공학을 금지하는 것이 아니다. 저작물의 기술적 보호조치가 과도하게 적용되어 경쟁사를 음해하는 수단으로 남용된다면 저작권자의 권리 보호와 공정 이용 보장의 균형을 통해 사회 전체의 문화 발전을 도모하는 저작권법의 취지에 어긋난다. 무력화 회피 조항이 저작권 보호의 의도인 경우에만 적용되고, 호환 제품 개발 의도의 경우에는 적용되지 않는다는 것을 더 확실하게 명문화하는 것도 한 가지 방법이다.

• 렉스마크 카트리지와 프린터

16

불법복제와 OSP 면책 문제
"P2P 파일 공유"

앞서 언급한 DMCA의 OSP 면책은 실제 적용하기가 쉽지만은 않다.

냅스터 사례

이미 잘 알려진 미국의 '냅스터Napster' 사례를 살펴보자. 냅스터는 소위 'P2P' 네트워크를 이용한 파일 공유 서비스를 제공하여, 음원을 올리면 수많은 가입자들이 공유할 수 있었다. 1999년 미국 대학생 숀 패닝이 개발하였다. 냅스터는 직접 복제를 하지 않고, 이용자들이 파일을 제공하면 다운받을 수 있는 MP3 파일의 교환시스템을 운영하고 있다. 일반 온라인서비스 제공자OSP와는 달리 냅스터는 복제·전송·저장되는 행위는 일어나지 않고, 복제파일의 목록과 이용자 하드디스크 위치에 대한 정보만 가지고 있었다. 음악저작권자들을 대표하는 음반산업협회는 냅스터를 상대로 금지 신청을 하였다.

법원은 원고의 신청을 받아들여 결국 웹사이트는 폐쇄되었다. 냅스터는 온라인에서 사용자를 연결해 주는 OSP로서 DMCA의 면책조항에 의거하여 무죄를 주장하였다. 하지만 법원은 냅스터의 역할이 진정한 의미의 OSP가 아니라 거대한 복제 네트워크에 불과하여 저작권 침해라고 판결하였다.A&M Records, Inc. v. Napster, Inc. (2001)

국내도 비슷하게 P2P 서비스를 하던 소리바다가 있었다. 소리바다도 비슷하게 폐쇄가 되었었으나 2006년 유료사이트로 전환하였다.

• 미국의 냅스터와 한국의 소리바다

유튜브 사례

유튜브YouTube는 전 세계에서 가장 큰 동영상 공유사이트이다. 2007년 파라마운트 영화사 등을 소유한 미디어회사 비아콤Viacom은 유튜브 사가 저작권 콘텐츠를 함부로 유통되도록 방치하여 저작권을 침해하였다며 10억 달러의 손해배상 소송을 제기하였다. 원고 측인 비아콤은 2005~2008년 사이 자사 웹사이트에 있던 7만 9,000여 건의 동영상이 유튜브에 게재 배포되어 저작권 침해를 당했다고 주장했다.

유튜브가 DMCA의 면책이 적용되는 OSP로서 의무에 성실했는지가 논란의 핵심이 되었다. 2010년 연방지방법원은 유튜브가 DMCA가 정의한 OSP에 해당하고 저작권 침해 사실이 발견되면 'Notice & Take Down'을 적용하여 해당 동영상을 즉시 삭제해 왔으므로 법적 책임이 없다고 판결하였다. 그러나 2012년 4월 미국 연방항소법원CAFC은 원심을 파기하였다. DMCA의 면책조항에 의한 혜택을 받으려면 OSP가 구체적인 침해 사실에 대한 지식이 없어야 한다는 것이다. 나아가서 저작권 침해 사실이 있을 확률이 높음에도 불구하고 의도적으로 눈을 감았다면 면책조항이 적용될 수 없다는 것이다.Viacom Int' l Inv. V. YouTube Inc., 102 USPQ 2d 1283 (2nd Cir. 2012)

이 판결이 의미하는 것은 OSP가 저작권 침해에서 벗어나려면, 저작권 침해가 의심되는 대상을 신속하게 제거하여야 한다는 것이다. 그래서 이 판결 이후 유튜브는 더욱 적극적인 저작권 단속을 한다. 유튜브에 게재한 동영상에 저작권 음원이나 이미지 영상을 유튜브가 발견거나 제3자가 저작권 침해를 주장하면 경고장이 발송된다. 사용자가 일정기간 안에 문제의 동영상을 삭제하지 않으면, 문제 동영상이 삭제되고 영구정지 처분조치를 받을 수 있다.

• 전 세계에서 가장 큰 동영상 공유서비스 '유튜브'

17

디지털 저작물과 최초 판매 원칙
"소프트웨어 판매 vs 라이센스"

—

앞서 언급한 대로, 디지털 네트워크 환경에서는 전통적인 최초 판매 원칙이 적용되어서는 안 된다는 주장이 강하게 제기되고 있다.

'최초 판매 원칙First Sale Doctrine'이란 한번 저작물을 팔면 그 저작물에 관해서는 저작권을 주장할 수 없다는 원칙이다. 특허의 경우도 특허 제품을 한번 사면 이 제품을 다시 팔더라도 아무 제약이 없다. 저작권의 경우도, 책을 한번 사면 중고 서적으로 다시 팔더라도 제약이 없다. 문제는 디지털 환경이다. 디지털 제품은 중고라는 개념이 없고 네트워크상에서 완전하게 배포된다. 그럼 소프트웨어를 사면 이를 다시 재판매해도 되는 것일까?

최근의 미국 사례로, 온라인쇼핑몰 이베이eBay에 '오토 캐드AutoCAD'를 포함하여 중고 소프트웨어를 광고하고 파는 사람이 있었다. 오토 캐드의 제조판매 회사인 오토데스크Autodesk 사는 DMCA 저작권법에 의거하여 저작권법 침해를 주장하고 이베이에 'Notice & Take Down'을 해줄 것을 요청하였다. 생계에 위협을 느낀 중고판매자는 오토데스크를 상대로 그의 재판매 행위가 문제가 없다며 법원에 청구하였다.

오토데스크는 제품을 판 것이 아니라 단순히 라이센스만을 주었기 때문에 제품의 권리는 회사에 남아 있으므로 중고품으로 거래할 수 없다고 주장하였다. 반면 중고판매자는 최초 판매 원칙이 적용되어 중고품은 자유롭게 거래할 수 있다고 항변하였다. 이에 지방법원은 최초 판매 원칙이 적용된다고 판결했다. 회사가 판매와 리스를 구분한 점 등을 들어서, 회사가 단순히 라이센스를 준 것이 아니라 제품 자체가 팔린 것으로 판단하였다. 최초 판매 원칙에 따라 저작권자의 권리는 소진이 되어서 '재판매 금지' 등의 라이센스 조항이 적용되지 않는다고 판시하였다.

그러나 고등법원에서는 최초 판매 원칙이 적용되지 않는다고 파기하였다. 소프트웨어 구입자는 라이센스를 받는 것이지, 양도 가능한 제품을 산 것이 아니라고 판결하였다. 즉 디지털 환경에서는 최초 판매 원칙이 적용되지 않는다고 판결한 것이다.

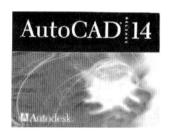

• 최초 판매 원칙이 문제가 된 오토 캐드(AutoCad) 프로그램

18
국내 저작권법
"한국저작권위원회"

—

우리나라 저작권법은 1957년에 제정된 후 시행되고 있다.

저작물

1986년 국제조약 가입을 위하여 국제적으로 인정되고 있는 제도를 도입하였다. 저작물을 "문학·학술 또는 예술의 범위에 속하는 창작물을 말한다"고 포괄적으로 규정하고, 저작물의 종류를 어문저작물, 미술저작물, 건축저작물, 사진저작물, 영상저작물, 도형저작물, 컴퓨터프로그램저작물 등으로 구분하였다. 저작권의 보호 범위 확대 및 저작인접권 신설, 외국인 저작물에 대한 보호 강화, 저작권위탁관리업 제도를 신설하고 분쟁 중재를 위한 저작권중재위원회를 설치하였다.

국제조약

1987년 세계무역기구World Trade Organization, WTO가 만든 무역 관련 지적재산권에 관한 협정인 'TRIPsAgreement on Trade-Related Aspects of Intellectual Property Rights'에 가입하고, 1996년 '베른 협약Berne Convention'에도 가입하였다. 베른 협약에서는 저작물이 창작되면 자동적으로 저작권이 발생하여 등록이나 신고 등의 수속이 필요 없는 무방식주의를 택하고 있다. 저작권 ⓒ 표시도 관용일 뿐, 구속력은 없다. 2004년 가입한 세계지적재산권기구 WIPO 조약에서는 유선이나 무선에 의하여 저작물을 공중the Public에 전달하는 것을 허락할 수 있는 권리전송권를 제안하고 있다.

전송권 신설

2000년 저작권법에 '전송권'을 신설하여 저작물을 온라인상으로 송신하여 이용하도록 제공하는 경우, 저작권자의 허락이 필요하도록 규정하였다. 전송권Transmission Right은 WIPO 조약의 결과로 생기게 된 것으로, 기존의 복제권이나 배포권과는 다른 새로운 개념이다. 디지털 네트워크 환경에서는 콘텐츠를 네트워크에 업로드만 하면 공중이 이용할 수 있는 혜택을 제공할 수 있다. 공중은 그 콘텐츠를 그냥 보기만 하거나 다운로드해 이용할 수 있다. 이를 기존의 배포권의 범주로 보호하기에는 무리가 있어, 새로운 권리로 전송권을 신설하였다.

국내법은 '전송권'을 다음과 같이 정의하고 있다. "공중 송신 중 공중의 구성원이 개별적으로 선택한 시간과 장소에서 접근할 수 있도록 저작물 등을 이용에 제공하는 것을 말하며, 그에 따라 이루어지는 송신을 포함한다."저작권법 제10조 제1항 즉, 인터넷 등을 통하여 이용자들이 접근할 수 있도록 저작물이나 음반을 제공하거나 송신하는 것에 대한 권리이다. 그러므로 웹사이트, 홈페이지, 블로그 등에 권리자의 허락 없이 글이나 음악을 올리는 것은 전송권 침해가 된다. 책, 만화, 그림 등을 스캔하여 홈페이지나 블로그에 올려놓는 행위, CD 음악을 MP3로 변환하여 카페에 올리는 행위 등은 전송권 침해가 된다.

이용자들 간에 파일을 공유하는 P2P 공유 프로그램 이용자들은 P2P를 통하여 업로드와 다운로드를 한다. 업로드는 네트워크에 연결된 서버에 내용을 올려서^{복제} 일반 공중의 구성원이 개별적으로 선택한 시간과 장소에서 이용할 수 있도록 제공하는^{전송} 것이므로 복제권과 전송권에 관련된다. 다운로드는 서버로부터 자신의 컴퓨터에 담는 것^{복제}이므로 복제권이 관련된다.

전송권은 엄밀히 이야기하면 이용제공권이다. 전송이 일어났어도 무조건 전송권이 침해되는 것이 아니다. 사용자들끼리 이메일 전송으로 콘텐츠를 주고받았다면, 공중으로 하여금 이용하도록 한 것이 아니기 때문에 전송권 침해가 아니다.

전송권은 방송권과 다르다. 방송권은 공중의 구성원이 동시에 접근하도록 제공하는 행위에 대한 것이나, 전송권은 공중의 구성원이 선택한 시간과 장소에만 접근하도록 제공하는 행위에 대한 권리이다.

동영상을 제작하면서 배경음악을 사용하는 경우, 해당 음악의 권리자로부터 복제권을 받아야 하고, 업로드를 하려면 전송권도 받아야 한다. 음악의 전송권은 한국음악저작권협회, 실연자의 전송권은 한국예술실연자단체연합회, 음반제작자의 전송권은 한국음원제작자협회가 관리한다.

사적 복제

다운로드를 하더라도 개인적으로만 이용하고 공유하지 않으면, 개인 이용에 의한 공정 이용이 되어 복제권 침해행위에 해당하지 않는다. 저작권법 제27조^{사적복제}는 "공표된 저작물을 영리를 목적으로 하지 아니하고 개인적으로 이용하거나 가정 및 이에 준하는 한정된 범위 안에서 이용하는 경우에는 그 이용자는 이를 복제할 수 있다. 다만, 일반 공중의 사용에 제공하기 위하여 설치된 복사기기에 의한 복제는 그러하지 아니하다"라고 규정하고 있다.

링크

인터넷상에 링크를 걸어서 프레임 전체를 복사하는 '프레임 링크^{Frame Link}'는 저작권 침해로 간주될 소지가 많지만, 단순 링크는 별 문제가 없다. 예컨대, 신문기사의 제목을 클릭하면 해당 신문사 사이트로 이동시키는 링크는 문제가 없다. 유튜브 동영상의 URL를 복사해서 링크하면 문제가 되지 않는다.

실연자 전송권

2000년 전송권 신설 당시에는 저작인접권자가 제외되었으나, 2004년 개정되어 음반제작자와 실연자에게도 전송권을 부여하였다.

온라인 저작권법 개정

2003년 국내도 미국의 DMCA와 비슷한 취지로 온라인 저작권의 활성화를 위하여 저작권법을 개정하였다. 온라인서비스 제공자^{OSP}의 책임 한계를 명확히 하였다. 인터넷을 통한 제3자의 저작권 침해 시 OSP가 권리 침해 사실을 알고 해당 저작물의 복제·전송을 중단시킨 경우에는 침해행위로 인한 책임을 감면 또는 면제한다.

저작권의 침해를 방지하기 위한 암호화 조치를 무력화하는 해킹 기술이나 서비스를 제공하는 행위는 저작권 침해행위로 본다. 저작권 보호를 위한 전자 형태의 권리 관리 정보^{메타} 정보를 제거나 변경하는 행위도 침해행위로 본다.

불법복제 규제 강화

2009년 7월 23일, 불법복제자와 온라인서비스 제공자에 대한 규제를 더욱 강화한 개정 저작권법이 발효되었다. 불법복제물을 상습적으로 유포하는 소위 '헤비 업로더^{Heavy Uploader}'와 게시판 운영자를 대상으로 "상습적으로 저작권 침해행위를 하는^{경고를 3회 이상 받은 경우} 이용자 및 게시판에 대하여 문화체육관광부 장관이 저작권위원회의 심의를 거쳐 6개월 이내의 기간을 정하여 계정을 정지시키거나 게시판 운영을 정지시킬 것을 명할 수 있으며 온라인서비스 제공자는 이에 따라 조치해야 한다"고 명시하여 강도 높은 저작권 보호조치를 제정하였다.

컴퓨터 프로그램의 저작권 보호

또한, 과거에 컴퓨터 프로그램을 독립적으로 보호하던 '컴퓨터 프로그램 보호법'을 저작권법으로 편입하여 일관성을 유지하게 되었다. 그 결과, 기존의 저작권 위원회와 컴퓨터 프로그램 보호위원회는 한국저작권위원회^{www.copyright.or.kr}로 통합되었다.

19
한미 FTA 저작권법 개정
"사후 70년 보호"

―

한미자유무역협정FTA이 체결되고 비준이 되어 국내 저작권법이 개정되고 2012년 3월 15일자로 발효되었다.

저작권 관련 주요 개정 사항은 다음과 같다.

1. 저작권 보호기간을 사후 50년에서 70년으로 연장하였다. 미국은 1998년 저작권 보호기간을 사후 50년에서 70년으로 연장하였는데, 2003년 만료될 운명에 처했던 미키마우스의 저작권을 2023년까지 연장하게 되었다고 해서 소위 '미키마우스 법'이라고도 불린다. 국내 저작권도 보호기간을 사후 70년으로 연장하였다.

2. 온라인 저작물의 '일시적 복제권'을 도입하였다. 인터넷으로 영화를

보거나 음악을 들을 때 다운로드를 하면 당연히 복제권이 관련된다. 그러나 '스트리밍Streaming'으로 보거나 듣는 경우, 일시적으로 컴퓨터 내부 기억장치RAM에 복제는 되지만 이러한 일시적 복제를 국내에서는 불법복제로 간주하지는 않았다. 그러나 미국 법원에서는 이러한 일시적 복제라도 불법복제로 간주할 수 있다. 개정법에 의하면 일시적 복제권을 인정하므로, 음악을 저장하지 않고 듣기만 하는 스트리밍의 경우에도 저작권료를 내야 할 수 있다.

3. 저작물에 대한 기술적 보호조치를 강화하여 '복제통제'에서 '접근통제'까지 확장하였다. 복제통제란 내용의 암호화에 대한 통제를 뜻한다. 접근통제Access Control란 ID와 비밀번호처럼 저작물의 접근에 대한 통제를 뜻한다. 기존 국내 저작권법에는 접근통제에 대한 기술적 보호조치는 명시되어 있지 않았다. 이전에는 ID와 비밀번호가 있어야 접근할 수 있는 내용을 해킹하여 접근할 경우, 내용 저작물 자체의 암호화를 푸는 행위가 없으면 처벌 규정이 없었다. 개정법에 의하면, ID와 비밀번호를 알아내 허락 없이 접근하는 것 자체가 불법이고 이에 대한 처벌이 가능하게 된다. 마치 서점에서 포장된 책의 비닐을 찢을 경우, 책을 본 것으로 간주하는 것과 비슷한 논리이다.

4. 불법침해자에 관한 정보 제공을 쉽게 하였다저작권법 제103조 3. 민형사 소송의 제기가 필요한 경우를 위하여, 온라인서비스 제공자OSP가 저작권자에게 침해자의 '성명과 주소 등 필요한 최소한의 연락처' 정보를 제공하도록 하고 있다. 저작권자는 이를 거절당한 경우 문화체육관광부 장관에게 정보 제공을 명령할 것을 청구할 수 있도록 하고, 문화체육관광부 장

관은 한국저작권위원회의 심의를 거쳐 정보를 제공할지 결정하도록 하였다.

5. 법정손해배상 제도를 도입하였다제125조의 2. 저작권 침해의 경우 손해액을 증명하기 어려운 경우가 많다. 이 때문에 미국에서는 '법정손해배상 Statutory Damages'이라 하여 최소 손해배상액이 규정되어 있다. 개정법에 따르면 저작물당 1천만 원 이하, 영리 목적으로 고의적 침해인 경우 5천만 원 이하의 손해배상 청구가 가능하다. 단, 이러한 법정손해배상을 청구하려면 저작권 등록을 해야 한다.

6. 피해자의 고소가 불필요한 비친고죄 대상을 확대하였다제140조. 비친고죄의 대상이 이전에는 '영리를 위해서 상습적인' 경우였으나 '영리 목적 또는 상습적인' 경우로까지 확대되었다. 그러므로 비영리 목적이라도 상습적인 침해가 있으면 피해자 고소 없이 검찰의 공소제기가 가능하다.

—
20
저작권 보호 기술
"DRM"
—

저작권을 법적으로 보호하는 것과 더불어, 기술적으로 저작권 침해가 일어나지 않도록 하는 것도 중요하다. 유튜브는 검색엔진을 사용하여 올라오는 동영상 중 저작권 침해 가능성이 있는 것을 자동적으로 가려낸다.

접근 방지 기술

저작권 기술에는 우선 (1)저작물에 대한 접근을 방지하는 기술 (2)암호화하는 DRM 기술이 있다. 접근 방지 기술은 콘텐츠의 유통 경로를 불법 사용자가 접근하지 못하도록 봉쇄하는 것이다. DRM 기술은 인터넷 환경과 같이 불안전한 유통경로를 가정한다. 내용을 암호화Encryption해서 배포한다. 내용을 받아 복호화Decryption하려면 DRM 서버로부터 키를 받아야 한다.

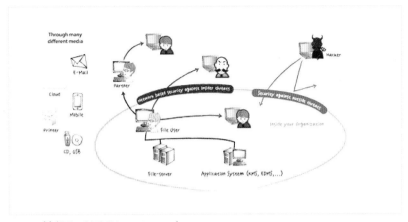

• DRM 기술(출처 : 파수닷컴㈜ www.fasoo.com)

DRM 호환 기술

고객이 정당하게 음원을 사면, 본인이 보유한 여러 기기에서 이를 듣고 싶어 한다. 그러나 여러 기기에서 쓰이는 암호화 장치DRM가 달라서 호환이 되지 않아 불편하다. 한번 다운받은 유료 음악이나 영화를 집 안에 있는 여러 기기에서 들을 수 있게 하는 것이 중요하다. 이러한 문제를 해결하기 위하여, 필자는 2004년 삼성전자 임원 재직 시 DRM 호환을 위한 국제기구 '코랄 콘소시엄'을 결성한 바 있다. 삼성전자, 소니, 필립스, HP, 러스트, 파나소닉, 폭스 영화사 등 7개사가 참여하여 DRM 표준규격을 제정하였다.

사후 무단복제 방지 기술

DRM이 저작물 배포 이전에 암호화로 보호하는 기술이라면, 배포 이후에 무단복제를 방지하는 기술도 있다. 사후 방지 기술로는 (1)워터마크 (2)포렌직 기술이 있다.

DRM 호환에 따른 사용 예

Fox사가 제작한 디지털 영화 콘텐츠

유료
다운로드

HP
노트북

삼성전자
휴대폰

디지털 기기긴
제한없이 사용 가능

소니 디지털 TV

파나소닉
PDA

• 2004년 10월 5일. 삼성전자, 소니, 필립스, HP 등 7개
업체가 디지털 저작권을 함께 쓴다. (출처 : 매경)

워터마크Watermark는 저작물 내에 저작권 출처를 나타내는 정보를 숨겨두어 불법복제된 저작물이 어느 단계에서 불법복제 되었는지 밝혀내는 기술이다. 포렌직Forensic 기술이란 마치 범죄 현장에서 증거를 찾아내는 것처럼 디지털 기기에서 불법복제 관련 정보를 발견하거나 복구하는 기술이다.

21
오픈소스 소프트웨어
"SW 플랫폼 대세"

저작권으로 보호되는 소프트웨어를 이용하여 공유와 혁신을 촉진하는 방법이 있다. 바로 오픈소스 소프트웨어이다.

우리가 많이 쓰는 안드로이드 스마트폰은 구글이 보유한 안드로이드 Android 운영체제를 쓰고 있다. 안드로이드는 일반인에게 다소 생소한 오픈소스 소프트웨어Open Source Software, OSS이다. OSS란 출처가 공개되어 있어 자유롭게 사용하고 고칠 수 있는 소프트웨어를 말한다.

무료로 소프트웨어를 사용하고 수정할 수 있도록 하는 OSS가 급속히 확장되는 추세이다. 이러한 OSS는 1980년대 초반, 소프트웨어의 상용화에 반발하여 MIT 프로그래머 출신 리처드 스톨만Richard Stallman이 자유소프트웨어재단Free Software Foundation, FSF을 만들어 자유소프트웨어 운동을 시작한 것에서 기원한다.

• 자유소프트웨어 운동 창시자 리처드 스톨만

OSS는 상업 소프트웨어와 달리 인터넷 등을 통하여 무상으로 소스코드를 공개하여 누구나 그 소프트웨어를 개량하고 재배포할 수 있다. 즉, OSS는 누구나 자유롭게 사용, 복제, 배포, 수정이 가능하다. 그러나 반드시 준수해야 하는 의무조항이 있다. 만약 사용자가 이러한 의무를 이행하지 않으면 FSF 권리자로부터 저작권 및 계약 위반으로 소송을 제기당할 수 있다.

예를 들어, OSS 기반 라이센스 모델은 'GPL General Public License'이라 하여 자유로운 소프트웨어의 공유를 보장하고 확산시키기 위하여 '소스코드 공개'와 '무상 허용 Royalty Free' 원칙을 택하고 있다. 그러므로 GPL로 공개된 소프트웨어를 수정한 경우에는, 그 사실을 공중에게 공개해야 할 의무가 주어진다.

흥미로운 것은 OSS를 추구하는 소프트웨어의 자유 공유를 위해 독점권의 하나인 저작권을 활용했다는 점이다. OSS는 자신들의 소프트웨어에 대한 저작권을 확보하고 이 권리를 기반으로 자유로운 공유와 수정을 보장하고자 하였다. 지식재산을 보유하고 있다고 해서 반드시 유상으로 라이센스를 허여하라는 법은 없다. 경우에 따라, 무상으로 배포해 오히려 급속도로 퍼질 수도 있다. 여기에 수정을 하더라도 계속 무상으로 배포하는 것을 계약 조건으로 한다면, 마치 바이러스가 퍼지듯이 그 자체가 생명력을 가지고 급속도로 발전하며 퍼지게 된다. 이것이 바로 OSS의 핵심 이념이다.

OSS를 이용하여 소프트웨어 개발을 하려면 다음 사실들을 유념하여야 한다.

첫째, GPL에도 중요한 예외조항이 있다. 회사에서 자체 개발한 프로그램이 GPL에 의하여 배포된 프로그램을 사용한다는 이유만으로 소스코드를 반드시 공개해야 하는가? 그렇지는 않다. GPL 제2조 예외규정에 따르면, 개작된 프로그램에 포함된 특정 부분이 원 프로그램으로부터 파생된 것이 아닌 별도의 독립적인 저작물로 인정할 만한 상당한 이유가 있을 경우에는 GPL이 아닌 다른 라이센스 조건, 이를테면 소스코드를 공개하지 않고 심지어 상업적인 조건으로도 배포가 가능하다. 예를 들면, OS처럼 커널서비스를 제공하는 것이 주목적인 프로그램인 경우에도 OS를 단순 사용한 사용자 프로그램은 독립된 저작물로 간주될 수 있다.

오픈소스로 유명한 토발스는 리눅스 커널을 개발하여 GPL 조건으로 배포하였다. 그러므로 원칙적으로 리눅스 커널을 변경하거나 이용한 프로그램을 개발하면 소스코드를 공개하여야 한다. 그러나 토발스는 정상정인 시스템콜에 의하여 커널서비스를 이용하는 사용자 프로그램은 예외로 하였다. 실제로 많은 상용 소프트웨어 업체들이 리눅스 버전의 소프트웨어를 판매하고 있다. 심지어 디바이스 드라이버조차도 정상적인 시스템콜을 이용하는 경우, 상업적으로 제공할 수 있다.

둘째, 개발한 프로그램을 GPL로 공개한 경우 무상으로 제공되는 것으로 간주할 수 있다. GPL에 의하면 공개 소프트웨어 관련 특허를 무상으로 자유롭게 사용할 수 있도록 하지 않는 한 GPL로 배포할 수 없다고 한다. 그러므로 GPL로 배포했다는 것은 특허를 내는 것을 포기한 것으로 간주된다. 프로그램 개발자가 이미 특허를 보유하고 있다 하더라도 GPL로 배포한다는 것은 묵시적 허락Implied License Doctrine에 의하여 해당 프로그램과 관련된 자신의 특허를 주장하는 것을 포기한 것으로 간주된다.

셋째, 오픈소스 라이센스에는 GPL 이외에도 LGPL, MPL, BSD 등 다른 변형 라이센스가 있어 상황에 맞는 것을 선택하여 이용할 수 있다. LGPL은 GPL보다 완화된 라이센스로 주로 개발된 라이브러리를 배포하기 위하여 많이 쓰인다. 많은 개발자들로 하여금 사용을 장려시켜야 하는 오픈소스, 예컨대 라이브러리의 경우, GPL의 조건으로 한다면 상용 소프트웨어가 링크를 할 경우 그 상용 소프트웨어를 공개해야 하기 때문에 개발자들이 사용을 기피할 수 있다. 때문에 오픈소스 라이브러리의 사용을 장려하기 위하여 조건을 완화시켜 LGPL을 만들었다. 이는 LGPL 라이브러리에 응용프로그램이 컴파일이나 링크를 통하여 작동하더라도 공개할 의무가 없고 LGPL을 따를 의무가 없다. 즉 상용 소프트웨어의 링크를 허용한다. 그러나 GPL과 마찬가지로 LPGL로 배포된 라이브러리를 수정하는 경우에는 다시 LGPL로 공개해야 한다.

MGPL 라이센스는 대상이 라이브러리가 아니더라도 결합된다면 다른 라이센스로 배포되는 것을 허용한다. 기존 프로그램 중 수정된 부분만 MGPL로 공개할 의무가 있을 뿐, 결합을 위하여 첨가되는 프로그램은 공개할 필요가 없다.

BSD 라이센스는 GPL이나 LGPL보다 훨씬 더 완화된 라이센스이다. BSD는 미국 정부가 제공한 재원으로 운영되었기 때문에 GPL이나 LGPL과 달리 프로그램을 수정하더라도 소스코드를 공개할 의무가 없다. 그러므로 상용 소프트웨어 개발자들이 부담 없이 사용할 수 있다.

• 리눅스 마스코트와 리눅스 OS 개발자 토발즈(출처 : Wikimedia commons)

22

소프트웨어 경쟁력
"특허와 OSS의 유연한 전략 필요"

—

소프트웨어 경쟁력이 핵심 역량으로 부각되고 있다.

소프트웨어의 자유 공유에 기초한 오픈소스 소프트웨어OSS는 특허 및 프로그램 저작권 등의 지식재산과 개념상 서로 상반되어서, 개발자 입장에서는 어떤 전략을 추구해야 하는지 혼란스러울 수 있다. 이러한 혼란은 공유를 위한 OSS도 궁극적으로 경쟁력 추구를 위한 무형재산이란 큰 프레임워크로 이해할 수 있다. 그러므로 소프트웨어 경쟁력을 높이려면, OSS와 소프트웨어 특허를 현명하게 조화하는 전략이 필요하다.

최근 OSS가 대세로 부각되고 있다. 많은 인원이 집단 프로젝트에 참여하여 단시일 내에 프로그램을 완성시킬 수 있어 소프트웨어 개발의 큰 패러다임이 되었다. 특히 OSS가 모바일 혁신을 주도하고 있다. 예를 들면, 스마트폰에 탑재된 안드로이드는 OSS의 일종이다.

안드로이드는 OSS 리눅스 운영체제에 기초한 스마트폰 운영체제이다. 구글이 2007년 아파치 라이센스Apach License를 기반으로 안드로이드를 오픈소스화 하였다. OSS이므로 어느 회사나 무상으로 개발할 수 있어, 애플 스마트폰의 대항마로 등장하였다. 아파치 라이센스에 의하면 누구나 쓸 수 있지만 같은 안드로이드 진영에서 특허 공격을 하면 라이센스 자체가 무효가 된다. 그러므로 반안드로이드 진영이 아니라면 특허 전략만이 능사가 아니다. 그렇다고 지식재산이 중요하지 않은 것도 아니다. 안드로이드를 개발한 구글은 안드로이드를 상표로 등록하였다. 안드로이드 상표를 붙이려면 구글의 인증을 거쳐야 한다. 즉, 구글은 오픈소스로 생태계를 넓히고, 지식재산으로 생태계를 제어한다.

•리눅스 기반 안드로이드 운영체제

그러므로 소프트웨어 개발 단계마다 오픈소스를 고려한 특허 전략이 필요하다. 예컨대, 안드로이드의 가장 기초인 '리눅스 커널Linux Kernel'은 소스코드 공개 의무가 가장 엄격한 GPL 라이센스로 보호된다. 리눅스는 마이크로소프트나 애플 등 비안드로이드 진영으로부터 계속 특허 공격을 받고 있다. 그러므로 안드로이드 진영은 리눅스에 관해서는 가장 방어적인 특허전략이 필요하다. 방어 목적으로는 무상으로 리눅스 특허풀을 제공하는 '오픈 인벤션 네트워크Open Invention Network'라는 국제 특허풀 단체가 있다.

아파치 라이센스는 스마트폰 제조사나 앱 개발사가 수정하더라도 소스 코드를 공개할 의무가 없으므로 상업적 소프트웨어 개발이 가능하다. 그런데, 안드로이드 운영체제 관련한 기능들은 특허를 확보해도 안드로이드 진영을 상대로는 특허 공격을 할 수 없다. 그러므로 방어적인 측면에서의 소극적인 특허 전략이 적당하다. 반면, 응용에 관련된 기능들, 예를 들면, 고유한 유저인터페이스나 앱은 특허 활용이 가능하므로 경쟁사 견제 등 공격적 활용을 염두에 둔 적극적인 특허 전략이 가능하다.

안드로이드 외에도 많은 종류의 오픈소스 라이센스가 있다. 예컨대, 삼성은 리눅스 파운데이션Linux Foundation의 리눅스 커널에 기반하고 '플로라 라이센스'에 의거한 '타이젠' 모바일 운영체제를 개발하고 오픈소스로 제공하여 구글 안드로이드의 독주에 대항하고 있다. 기업 입장에서 OSS를 잘 활용하려면 해당 라이센스 조건을 잘 준수하는 회사 내 OSS 준법 사용체계의 확립이 중요하다.

바야흐로 플랫폼Platform 전쟁 시대이다. 하드웨어 플랫폼은 특허가 대세이지만 소프트웨어 플랫폼은 OSS가 대세이다. 하드웨어와 소프트웨어의 경계가 없어지는 추세에서 오픈소스를 고려한 특허 전략으로 생태계를 넓히고 플랫폼을 선도하는 유연한 전략이 요구된다.

23
저작권의 미래
"계약법 중요"

—

기술의 발전이 가속화됨에 따라, 저작권의 미래는 어떻게 될까?

디지털 환경에서 대두된 저작권법 문제는 기술의 발전에서 비롯된 문화 발전의 필연적인 결과라고 볼 수 있다. 국가에서 법의 역할은 구성원에게 예측 가능성을 주어 건전한 질서를 확립해 사회 발전을 도모하는 것이다. 보통 사회 규범에 대한 법은 사회 규범이 급변하지 않으므로 자주 바뀔 필요가 없다. 그러나 지식재산법은 다르다. 지식재산법의 역할은 기술의 발전에 따라 시의적절하게 법을 개정해 주어야 기술의 발전에 걸림돌이 되지 않는다.

저작권법은 역사적으로 인쇄기술로 시작하여 기술의 발전을 수용하여 그림, 사진, 영화 등을 포함하도록 진화했고, 컴퓨터 프로그램 영역까지 확장되었다. 그러나 최근 온라인 문화가 발달하면서 개정에 대한 진통을 겪고 있다. 온라인서비스 제공자들의 저작권 관리 책임이 강화되고 저작권 관리 기술을 보호하는 추세이나 계속 문제가 생기고 있다.

역사적으로 저작권이 몇 백 년 동안 긴 수명을 누려왔던 이유는 독창성 있는 창조를 자극하기 위한 창작자 보상과 이용자인 사회 대중의 요구 사이에서 탄력성 있는 균형을 잘 지켜왔기 때문이다. 그러므로 앞으로도 저작권법은 새로운 형태의 창의적인 콘텐츠를 보호하는 중요한 역할을 할 것이다.

저작권법의 개정은 기술 발전에 대한 이해와 저작권자와 이용자 간의 균형점에 대한 심도 깊은 이해가 필요하다. 저작권 균형점은 해당 국가의 기술이나 문화 수준에 따라 다를 수 있으므로 단계적 조치가 필요하다. 창작자의 권리 보호도 중요하지만 권리 보호만 강화하면 문화 콘텐츠 시장 전체를 위축시키는 악순환이 생길 수 있으므로, 이용자의 공정 이용 또한 중요하다. 이 점에서 정부가 자유 이용 사이트를 운영하여 공공저작물을 이용하도록 촉진하고, 온라인 저작물 거래시스템을 구축하는 등의 적극적인 역할을 할 수 있다.

저작권법의 개정에만 의존하지 말고 온라인서비스 제공자들이 저작권자와 이용자들 사이에서 협력 역할을 하는 것도 촉구된다. 저작권자와 이용자의 위상이 비슷해짐에 따라 일률적인 저작권법보다도 다양한 관계 설정에 따른 계약법의 역할도 중요해질 것으로 전망된다.

예를 들면, 크리에이티브커먼즈Creative Commons는 저작권의 공유를 지향하는 비영리 단체이다. 저작물에 대하여 다른 사람의 자유로운 공유를 허락하되 일정한 유형의 조건을 붙인다. 그 조건은 다음 그림에서 볼 수 있다.

라이선스	이용조건	문자표기
	저작자표시 저작자의 이름, 저작물의 제목, 출처 등 저작자에 관한 표시를 해주어야 합니다.	CC BY
	저작자표시-비영리 저작물을 밝히면 자유로운 이용이 가능하지만 영리목적으로 이용할 수 없습니다.	CC BY-NC
	저작자표시-변경금지 저작물을 밝히면 자유로운 이용이 가능하지만 변경 없이 그대로 이용하여야 합니다.	CC BY-ND
	저작자표시-동일조건변경허락 저작물을 밝히면 자유로운 이용이 가능하고 저작물의 변경도 가능하지만, 2차적 저작물에는 원 저작물에 적용된 것과 동일한 라이선스를 적용해야 합니다.	CC BY-SA
	저작자표시-비영리-동일조건변경허락 저작물을 밝히면 이용이 가능하며 저작물의 변경도 가능하지만, 영리목적으로 이용할 수 없고 2차적 저작물에는 원 저작물과 동일한 라이선스를 적용해야 합니다.	CC BY-NC-SA
	저작자표시-비영리-변경금지 저작물을 밝히면 자유로운 이용이 가능하지만, 영리목적으로 이용할 수 없고 변경 없이 그대로 이용하여야 합니다.	CC BY-NC-ND

• 크리에이티브커먼즈의 6가지 유형의 이용 허락(출처 : www.cckorea.org)

24

만화 캐릭터 보호
"상표, 저작권, 디자인 동시 적용"

—

토종 애니메이션 캐릭터 '뽀로로'는 어린이들에게 절대적인 인기이다. 비행모를 쓰고 동그란 고글을 쓴 파란 펭귄 모습의 뽀로로는 TV 애니메이션에서 시작해서 어린이용 장난감 및 학용품에 적용된다. 전 세계 국가에 수출되고 있어 브랜드 가치가 1조 원이 넘는 것으로 평가되고 있다. 당연히 타인이 무단으로 사용할 수 없고, 사용하려면 로열티를 지불해야 한다. 이런 캐릭터는 구체적으로 어떤 지식재산권으로 보호될까? 결론적으로, 상표, 저작권, 디자인, 세 가지가 다 적용된다.

우선 '뽀로로' 캐릭터의 이름은 상표로 보호된다. 상표는 상품이나 서비스의 출처를 표시하는 것이므로 품목을 지정하는 것이 중요하다. 만화, 인형이나 액세서리 품목으로 지정하여 심사를 거쳐 등록을 받게 된다. 국내에서 상표권은 '선 출원주의'이다. 먼저 캐릭터를 상표로 출원하는 것이 필요하다. 상표권은 갱신하면 계속 보호될 수 있다.

캐릭터의 이미지도 회사가 연상이 되면 상표로 보호된다. 상표란 상품이나 서비스의 출처를 보호하여 오랫동안 쌓아온 회사의 명성과 평판 Good Will을 보호하는 데 있다. 상품이나 서비스의 출처를 표시하는 상표는 명칭으로 표기되는 것이 일반적이나 출처를 분별할 수 있는 거의 모든 것, 심지어 소리나 냄새까지도 상표로 사용될 수 있다.

특히 시각적인 요소가 중요한데 미국에서는 비즈니스의 전체적 이미지나 외양을 상표의 일종인 '트레이드드레스Trade Dress'로서 등록의 필요 없이 보호한다. 상품의 외관도 이차적인 의미로 출처가 연상되면 트레이드드레스로 보호될 수 있다. 이 법리를 적용하면, 만화 캐릭터도 트레이드드레스로 보호될 수 있다. 미키마우스를 보면 누구나 디즈니를 연상하게 된다. 그러므로 미키마우스는 상표의 일종인 트레이드드레스로 보호될 수 있다.

두 번째, 저작권이 적용된다. 캐릭터의 이름은 너무 짧아서 저작권으로의 보호는 힘들다. 그러나 캐릭터의 이미지는 저작물의 범주인 미술창작물로 보호될 수 있다. 또한, 등장 캐릭터의 성격은 플롯의 저작권 보호와 비슷하게 얼마나 자세하게 표현이 되어 있느냐에 따라 보호의 범위가 달라진다. 자세하게 표현되면 보호가 되지만, 스토리 전개상 필수 불가결한 캐릭터는 '필수 장면의 원칙Scene a faire'에 따라 보호가 안 된다.

최근, 토종 캐릭터 '부끄러운 토끼부토'가 네덜란드 만화 캐릭터 '미피Miffy'와 흡사하다는 이유로 원고가 법원에 저작권 침해 가처분신청을 냈으나 기각되었다. 토끼라는 동물의 특성상 유사하게 표현될 수밖에 없고, 소비자들이 두 캐릭터 사이에 혼동을 일으키거나 미피의 명성이 손상될 우려가 없어 별도의 창작물로 보아야 한다고 판시하였다.

세 번째, 디자인권이 적용된다. 예를 들면, 캐릭터 인형은 디자인으로 보호될 수 있다. 최근 2개의 창작 디자인을 결합한 소위 '짝퉁 디자인'이 문제시 되고 있다. 우리나라도 선행 디자인 대비 차별성을 강화해서 짝퉁 디자인 등록을 막아야 한다.

• 토종 캐릭터 뽀로로와 뿌까

국내 창작 애니메이션이 점점 해외에서 각광받고 있다. 창조성과 융합지 식재산의 이해를 바탕으로 해외 시장을 석권했으면 하는 바람이다.

25

패션의 보호
"지식재산 사각지대"

—

상업적으로 중요한 분야임에도 불구하고 지식재산 사각지대가 있다. 바로 패션이다.

매년 국제 패션쇼에서 그해의 패션을 선도하는 새로운 의상이 발표된다. 그런데, 이러한 의상과 상표는 다르지만 디자인이 똑같은 이른바 '짝퉁 패션'이 금세 출시된다. 패션 디자이너들이 밤새워 창의성을 발휘하여 만든 의상은 어떤 형태로든 무형재산으로 보호되어야 마땅하다. 과연 어떤 지식재산권으로 보호될 수 있을까? 결론적으로, 어느 권리도 뚜렷이 적용되기 힘들다.

첫째, 기술을 보호하는 일반 특허는 패션 의복에 적용되기 힘들다. 물론 예외가 있다. 태양전지 등의 기술적인 장치가 들어간 특수 의복에는 일반 특허가 적용된다. 예컨대, 가슴을 지지하기 위한 기술적 구조에 관련된 브래지어 특허들은 많다. 어떤 발명가는 100가지 형태로 변형시켜 입을 수 있는 브래지어를 특허 등록하였는데, '빅토리아 시크릿' 사가 비슷한 브래지어를 판매하자 특허소송을 제기한 적도 있다. 그러나 특수 의복이 아닌 한, 특허 보호는 힘들다.

둘째, 디자인 특허는 유행 시점에서의 적절한 보호가 힘들다. 제품의 외양을 보호하는 디자인 특허는 선행 디자인과 대비하여 새로운 디자인이어야 하는데 의상이란 과거 의상들의 조합이 많고 시대에 따라 돌고 돌기 때문에 새로운 의상 디자인을 등록하기 어렵다. 또한 디자인 특허는 장식적인 요소를 보호하지, 기능적인 요소는 보호하지 않는다. 새로운 디자인이라 할지라도 만일 입기 위한 기능에서 출발하면 디자인 특허로 보호되기 어렵다. 설령, 디자인 등록이 되더라도 몇 개월 후면 유행을 놓치게 된다.

셋째, 저작권 보호는 의복의 기능성 때문에 힘들다. 패션을 예술의 일종으로 보면, 저작권이 떠오른다. 저작권은 문화 예술 작품의 독창적인 표현을 보호한다. 그러나 저작권은 회화Painting와 같이 예술품은 보호해도, 의자와 같은 실용물품Useful Article은 보호하지 않는다. 미적인 부분과 실용적인 부분이 분리될 수 있다면 미적인 부분은 별도로 저작권 보호가 될 수 있다. 예컨대, 셔츠에 인쇄된 그림은 셔츠와 그림이 개념적으로 분리될 수 있으므로 그림만 별도의 저작권 보호가 가능하다. 그러나 독창적인 이음새와 파임으로 재단된 패션 의복은 기본적으로 의복으로서의 요소와 미적인 요소가 독립적으로 존재하지 않으므로 저작권으로 보호되기 어렵다.

넷째, 상표 보호는 상표 이름에 국한된다. 짝퉁 패션도 상표는 다른 이름을 쓴다. 패션을 상품의 이미지로 보면 상표의 일종인 트레이드드레스를 생각해 볼 수 있다. 트레이드드레스란 상품의 이미지에서 연상되는 상품의 출처를 보호하는 것이다. 트레이드드레스는 상표로서 분별력이나 이차적 의미가 있어야 한다. 트레이드드레스는 기능적인 요소가 있으면 안된다. 의복이란 입기 위한 기능이 우선이므로 트레이드드레스로도 보호되기 힘들다.

결국, 아이러니컬하게도 패션은 어느 지식재산으로도 보호받기 힘들다. 미국에서는 이런 특수한 불합리를 인식하고 패션을 독립적으로 보호하려는 입법Design Piracy Prohibition Act을 2006년 시도했으나 제정하지는 못했다.

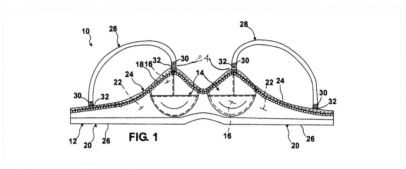

• 브래지어 미국 특허(US 6,733,362)

• 빅토리아 시크릿 광고

제3부

지식재산 비즈니스 이야기

제3부에서는 제1부에 소개한 특허와 디자인, 제2부에서 소개한 상표와 저작권을
어떻게 활용하여 수익화를 하는지에 대해, 즉 지식재산 비즈니스 방법을 소개한다.

전 세계적으로 기술과 경영혁신이 가속화되면서, 세계는 새로운 기술과 창의적 비즈니스 주도의 혁신 경제와, 설계된 제품과 서비스를 공급하는 제조 경제로 나누어지고 있다. 제조 경제는 노동력이 싼 신흥 국가들로 옮겨가고 있는 반면, 혁신 경제는 선진국들이 주도하고 있다. 혁신 경제는 혁신의 공급자와 수요자가 자체적으로 생태계를 형성하여 폭발적인 성장을 가능하게 한다.

혁신 경제의 핵심은 창의적 아이디어와 기술 혁신을 보호하는 지식재산특허, 디자인, 상표, 저작권이다. 과거에는 지식재산이 제조의 부속물에 불과했으나, 이제는 독립적인 수익 창출 자산으로 부각되었다. 즉, 지식재산을 활용하여 매출을 발생하는 지식재산 비즈니스가 전 세계적으로 떠오르는 산업으로 등장하게 된 것이다.

지식재산 비즈니스 중에서도, 기술을 중심으로 한 특허 비즈니스가 큰 축을 담당하고 있다. 특허 비즈니스가 나오게 된 배경에는 '기술과 권리의 분리'라는 패러다임의 변화가 있다. 과거에는 기술 자체를 구하기 힘든 시대였지만, 이제는 글로벌화와 인터넷의 발달로 기술을 구하기 쉬운 시대가 되었다. 반면, 최초 아이디어 창시자나 개발자에게 부여하는 기술에 대한 권리는 상대적으로 구하기 힘든 시대가 되었다. 가치는 자연스럽게 희소가치가 있는 권리로 이동하게 된다. 미국의 경우, 좋은 특허가 백만 달러를 호가하는 시대가 되었다.

이러한 희소가치로 인해 기술에 대한 권리, 즉 특허를 이용한 여러 가지 비즈니스 모델이 나오게 되었다. 특허 거래, 특허 라이센싱, 발명자본이다. 발명자본이란 특허의 씨앗이 되는 발명에 투자하는 것이다. 미국, 유럽, 일본 등에 이미 발명자본이 시작되었고 우리나라에서도 창의자본이란 이름으로 시작되었다. IP가 금융과 손잡으면서 이제는 IP 펀드 시대가 되었다.

혁신은 공급과 수요 간에 선순환이 일어나면 가속화된다. 혁신은 두 가지 방법으로 공급된다. 첫째는 기술을 사거나 라이센싱을 받아 사업화하는 자발적인 형태이다. 둘째는 먼저 기술을 제품에 적용하고 사후에 특허권자로부터의 소송 등을 통하여 기술료를 지불하는 비자발적인 경우이다. 궁극적으로 혁신은 어떠한 형태로든 보상을 받게 된다. 현재는 법원에서 손해배상소송을 통하여 혁신에 대한 보상의 액수를 정하지만, 미래에는 지식재산 거래시장을 통한 효율적인 정산체계가 생길 것이다.

정부는 창조경제를 실현하려 하고 있다. 좋은 아이디어를 기술로 구현하여 여러 산업 분야와 융합해 가치를 창조하고 일자리를 창출하는 것이다. 하지만 구현된 좋은 아이디어가 보호되지 않으면 아무 소용이 없다. 창조경제에서는 아이디어 백화점이 필요하다. 마치 집 안에서 물품이 필요하면 백화점에 가서 사듯이 좋은 아이디어가 있으면 이에 대한 기술과 권리를 아이디어 백화점에 가서 사는 것이다. 기존에 있던 아이디어에 대하여 정당한 가격을 지불하고 새로운 아이디어를 구현할 수 있는 기술을 가지고 권리 침해의 우려 없이 마음껏 활용해서 비즈니스를 하는 것이다.

• 창조경제 비전과 전략(출처 : 미래창조과학부 업무보고 2013. 4. 18)

1
패러다임 변화
"기술과 권리의 분리"

—

　세계를 이끌어 온 산업 기반의 사회는 정보화 사회를 거쳐, 정보화를 매개로 한 지식의 창출·보호·활용을 통한 지식재산 경제를 넘어서, 창의성을 원천으로 하는 창조경제로 패러다임 전환이 급속히 진행되고 있다.

　창조경제 시대에는 국가, 기업, 개인 경쟁력의 핵심 요소가 종래의 자본, 노동 등의 유형재산에서 지식재산 중심의 무형재산으로 바뀌게 되었다. 실제 지난 15년간 S&P 500 기업의 시장가치 중 무형재산이 차지하는 비중을 살펴보면, 1975년 17%에서 2010년에는 80% 이상으로 크게 늘어난 것을 볼 수 있다. 여기서 무형재산이란 회사의 인력, 기술력, 지식재산, 브랜드 등을 총망라한다. 애플과 같은 기업은 무형재산의 비중이 90% 이상일 것이다.

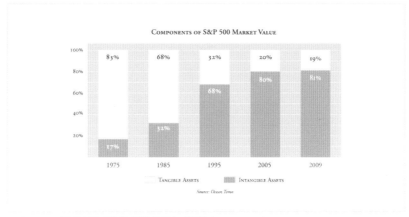

COMPONENTS OF S&P 500 MARKET VALUE

•S&P 500 기업의 시장가치 중 무형재산의 비중(출처 : OceanTomo)

　인터넷의 보급으로 세계가 하나가 되면서, 새로운 기술은 나오자마자 전 세계로 순식간에 전파된다. 즉, 기술이 보편화되는 '기술 민주주의 시대'가 도래하였다. 중세시대에 지구가 평평하다고 믿다가 둥글다는 것이 밝혀졌지만, 이제 세계는 기술 확산 측면에서 다시 평평해졌다고 볼 수 있다.

　기술이 보편화되면서, 기술과 권리가 자연스럽게 분리되기 시작했다. 이제 기술은 쉽게 구할 수 있는 반면, 기술에 관한 권리는 최초 개발한 사람에게만 부여되므로 구하기 어렵게 되었다. 경제적 가치는 희소가치가 있는 권리로 자연히 가게 마련이다. 그러므로 기술을 개발한 사람보다 기술에 대한 권리를 가진 사람이 더 경제적 가치를 누리게 되었다.

2

IP 가치 급증
"특허 건당 백만 달러"

특허 가치의 급증은 최근 몇 가지 사례를 보면 알 수 있다. 한때는 잘나가던 통신장비 업체 노텔Nortel Network이 제조업 경쟁력 상실로 파산하게 되어 통신 특허 6천 건이 시장에 나오게 되었다. 특허 경매에서 휴대폰 운영체제 안드로이드를 보유한 구글은 이러한 특허를 사려고 파이를 적어냈다. 31.4억 달러였다. 그러나 45억 달러를 써낸 애플 록스타Rockstar 컨소시엄에게로 넘어갔다. 록스타 컨소시엄은 애플을 주축으로, 마이크로소프트, 블랙베리, 에

• 노텔 특허를 인수한 록스타(Rockstar) 컨소시엄

릭슨, 소니로 구성되어 있다. 45억 달러를 통신 특허 6천 건으로 나누면 건당 80만 달러 정도이다.

• 모토로라를 인수한 구글

휴대폰 사업에 핵심 역량인 특허를 확보하려던 구글은 '아차' 하고 모토로라Motorla Mobility를 2012년 2월 인수 합병하였다. 특허 1만 7,000건을 가진 모토로라를 12.5조 원$12.5B에 인수하였으니, 특허 건당 80만 달러 정도에 매입한 셈이다.

소셜네트워크 신생기업 페이스북은 기업의 급격한 성장으로 특허소송에 대한 위험이 많아지자 특허를 보유할 필요가 생겼다. 비슷한 기업인 AOL의 특허를 인수하려고 마이크로소프트가 중매를 섰다. AOL 특허 800건을 10억 달러에 인수한 다음, 650건을 페이스북에 5.5억 달러에 매각하였다. 특허 건당 80만 불에 매입한 셈이다.

• 마이크로소프트의 중계로 AOL의 특허를 인수한 페이스북
(Facebook)

2011년 HTC는 애플과의 소송에 대항하기 위하여 S3의 그래픽스 특허 235건을 3억 달러에 구입하였으니 건당 백만 달러가 넘는다. 2010년, 페이스북이 프렌드스터Friendster에게서 7건의 소셜네

트워킹 특허를 4천만 달러에 샀으니, 건당 6백만 달러를 지불한 셈이다. 이런 최근 사례에서 보다시피, 양질의 특허는 백만 달러를 호가하는 시대가 도래하였다.

MIPS 사는 컴퓨터 아키텍처에 중요한 RISC 마이크로프로세서를 개발한 회사이다. MIPS는 컴퓨터 시장에서 인텔Intel, IBM, ARM 등에 밀리면서 기울게 되었다. 2012년 MIPS는 이매지네이션 테크놀로지Imagination Technolgies에 6천만 달러에 인수되었다. 반면, 이 회사의 특허 482건은 브리지크로싱 컨소시엄에 3억 5000만 달러에 팔리게 되었다. 즉, 특허의 가치가 회사의 가치보다 더 큰 시대가 된 것이다.

3

기술 융합과 IP
"스마트폰 특허전쟁"

—

IP 가치가 급증하다 보니 특허분쟁 또한 증가하고 있다. 특히 융합기술의 집약체라고 볼 수 있는 스마트폰과 관련하여 전 세계적으로 특허전쟁이 가열되고 있다.

최근 삼성과 애플의 특허소송은 전 세계적으로 큰 관심을 받으며 이슈가 되고 있다. 이 두 회사의 소송은 단순한 법적 분쟁이나 기술 다툼으로 보기보다는 여러 가지 측면에서 해석하는 것이 가능하고 많은 의미를 찾을 수 있겠지만, 아마도 가장 큰 시사점은 전 세계적으로 지식산업 시대 진입이 이루어졌고, 지식산업 시대의 특허전쟁이 시작되었다는 것이 아닐까 싶다. 기존의 기능적인 부분만이 아니라, 감성적 부분까지도 재산권으로 인정되는 새로운 시대가 시작된 것이다.

글로벌 경쟁력 확보를 위한 기업 간 특허침해소송, 특허를 활용한 경쟁

기업 시장 진입 방지, 로열티 수입 극대화 등 기업 간 국제 특허분쟁이 급증하였다. 일례로 스마트폰 분야의 경우 삼성과 애플이 9개국에서 50여 건의 분쟁을 진행 중이며, 노키아, HTC, 구글 등이 애플과 서로 제소하고, 구글이 모토로라를, 애플이 노텔의 통신특허기술을 인수하는 등 복잡한 관계를 이루며 글로벌 특허전쟁이 이루어지고 있는 상황이다.

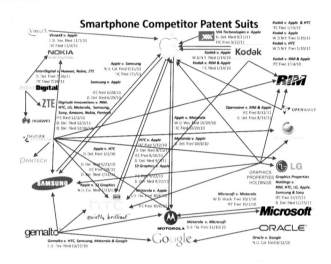

• 스마트폰 관련 글로벌 특허분쟁 판도(출처 : PC Magazine 2012. 1. 9)

특허 분쟁은 모바일 분야에서 자동차 분야 등으로 확장되고 있다. 국내 기업들은 글로벌 시장에 진출하면 매출이 높아짐과 동시에 글로벌 특허 강자들의 레이더 스크린에 포착되어, 자칫 특허소송의 피고가 될 수 있다. 아래 표에서 보다시피, 미국에서 2012년 소송 합의금 상위 10위의 합계액이 약 6조 5000억 원약 58억 달러에 달하는 것으로 나타나는 등 특허분쟁이 대형화되고 있는 추세이다.

순위	원고 vs 피고	기술 분야	합의 금액 (백만 달러)	합의 금액 (억 원)
1	Intel vs AMD	컴퓨터 칩	1,250	13,750
2	Eastman Kodak vs Samsung et al	카메라	880	10,100
3	Qualcomm vs Broadcom	스마트폰 칩	891	9,801
4	Boston Scientific vs Cordis	인공혈관	716	7,876
5	NTP vs RIM	모바일 이메일	675	7,700
6	Metronic vs Abbott	인공혈관	400	4,400
7	Metronic vs J&J	인공혈관	270	2,970
8	RIM vs Visto	무선랜	267	2,937
9	Flashpoint vs LG et al	카메라	250	2,875
10	CSIRO vs Broadcom et al	무선랜	229	2,630

• 미국 내 특허소송 합의금 상위 10위(자료 : Law360, 2012. 4. 2)

특허가 기업의 핵심 경쟁력이 되는 상황에서, 글로벌 주요 기업들은 핵심 지식재산의 개발·관리·활용에 집중해, 그러한 지식재산을 경쟁자 견제를 넘어서서 신규 수익원으로 활용하며 글로벌 경쟁체제에 대응하고 있다.

4
지식재산 전쟁의 진화
"IP 4.0 시대"

즉석카메라를 세계 최초로 발명한 폴라로이드가 이를 모방하려던 코닥을 상대로 특허 침해를 주장한 것과 같이, 기술 선도기업이 후발기업의 시장 진입을 봉쇄하기 위한 목적으로 특허 공세를 펼치던 분쟁을 특허전쟁 1.0 시대라 할 수 있다. 이후, 제조업이 어려워진 기업의 특허를 취득하여 제조업체들을 상대로 소송을 제기하여 돈을 버는 특허전문기업, 이른바 '특허괴물'이 출현한 시대를 특허전쟁 2.0 시대라 할 수 있다. '특허괴물'이라는 단어가 의미하듯이, 연구개발은 없이 법적 소송으로만 돈을 번다는 측면에서 사회적으로 부정적인 인식이 팽배하였다.

그러나 이제는 특허 비즈니스가 사회적으로 주류가 되고 확산된 3.0 시대이다. 지식재산 전문회사 내지는 비제조 특허전문회사NPE들의 출현에 따라 특허 브로커, 특허경매, 특허소송, 특허 라이센싱 등 IP 수익화에 대한 다양한 비즈니스 모델들이 나오게 되었고, 방어 목적, 또는 특허풀 구성을 통한 공유 목적의 IP 펀드 또한 나타나게 되었다. 지식재산이 단순히 소송으로 돈을 버는 것을 넘어서서, 자본시장에 개입하여 혁신활동에 선순환되도록 하는 이른바 'IP 금융'의 시대가 도래한 것이다. 특허를 독립적인 자산으로 인정하여 IP 담보 금융 등 다양한 형태의 비즈니스 모델이 진화하게 되었다.

앞으로는 더 나아가 제조업체와 NPE가 전략적으로 연합하게 되는 특허전쟁 4.0 시대라 할 수 있다. 예컨대, 애플 사가 디지튜드 이노베이션 Digitude Innovation 사에 자신의 특허권을 양도하여 삼성, LG, HTC 등을 상대로 특허소송을 제기한 것이나, 애플이 노텔의 특허 인수를 계기로 만든 특허펀드회사 록스타 비드코Rockstar Bidco LP를 앞세워 국내 스마트폰 제조사들을 상대로 특허 침해를 주장하기 시작한 것을 들 수 있다.

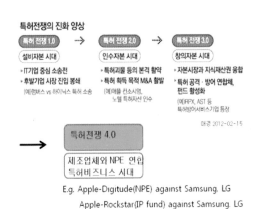

• 특허전쟁의 진화 양상(출처 : 매일경제 2012. 2. 15)

5
IP 비즈니스 모델
"NPE가 대세"

지식재산에 최근 큰 지각변동이 생겼다. 연구개발의 부산물로만 인식되던 특허가 독립적인 수익창출 수단으로 각광받게 된 것이다. 2000년대 닷컴이 붕괴되면서 헤지펀드들이 파산한 회사의 특허를 인수한 다음, 제조기업을 소송하여 수익을 올리기 시작했다. 이들은 돈은 벌었지만 사회적으로 부정적인 인식을 심어줘 '특허괴물Patent Troll'로 불렸다. 특허괴물이라는 용어는 1999년 테크서치TechSearch 사와 특허소송을 벌이고 있던 인텔의 피터 뎃킨Peter Detkin 변호사가 상대방에 대하여 사용했다고 한다.

특허권을 통해 로열티 또는 실시료의 수익창출이 빈번한 경제상황이 도래하게 되자, 물건의 생산이나 판매 없이 특허권만 가지고도 수익을 창출할 수 있다는 것을 자각하게 된 유수의 기업들이 특허권을 가지고 새로운 비즈니스 모델을 만들어 수익을 창출하게 되었다. 이러한 유수의 기업들을 비제조 특허전문회사ᴺᴾᴱ라고 한다. 특허 브로커, 공격형 NPE, 방어형 NPE 등이 생기면서 비즈니스 모델이 다양화되었다. 현재, 전 세계 700여 개의 NPE가 활동 중이다.

발명자본이란 아이디어나 발명, 특허권 등을 매입한 후 부가가치를 높여서, 이를 필요로 하는 업체들에 라이센싱 하여 수익을 창출하도록 하는 자본을 말하며, 벤처캐피털Venture Capital과 일부 유사한 개념이지만, 주식 투자 형식이 아니라 특허에 직접 투자하여 로열티 또는 실시료 수입과 같은 수익을 창출한다는 점에서 차이가 있다. 특허 비즈니스가 금융과 결합되면서 사회적으로도 당당한 비즈니스가 되었다. 결국 지식경제에서는 지식으로 돈을 버는 것이 문제없다는 말이다.

비제조기업으로 IP 비즈니스 전문기업을 표방하며 세계적으로 활동하는 지식재산전문회사ᴺᴾᴱ의 수는 계속 증가하고 있고 취급하는 사업 모델의 종류도 다양하다.

• 특허문서만 가지고 법정에서 돈을 요구하는 특허괴물

모델 종류	회사명
특허 라이센싱 및 행사	Acacia, Lemelson Foundation, NTP
IP 매집 펀드	Coller IP Capital, Intellectual Ventures
IP 기술 개발 및 창출	Qualcomm, Interdigital, MOSAID, Rambus, Tessera
라이센싱 에이전트	Fairfield Resources, IPValue, Thinkfire
소송자금조달 및 투자	Altitude Capital, Rambrandt, IP Management
IP 브로커	Bramson & Pressman, Ocean Tomo, Thinkfire, iCAP
IP 기반 M&A 자문	Analytic Capital, Inflexion Point, PCT Capital
IP 옥션	FreePatentAuction, IPAuctions.com
온라인, 포털, 게시판을 통한 거래	InnoCentive, Open-IP.org, The Dean's List
IP 담보대출	IPEG Consultancy BV, Pradox Capital
로열티 유동화	AlseT IP, UCC Capital
특허 분석 SW 및 서비스 제공	Intellectual Asset, Patent Caf, The Patent Board
대학기술 이전 중개	Texelerate, UTEK
IP 거래 및 교환 플랫폼	Gathering2.0, IP Exchange Chicago
방어적 특허풀, 펀드, 동맹	RPX, AST, Open Invention Network
IP 스핀아웃 자금 조달	Altitude Capital, IgniteIP, New Venture Partners
특허 기반 주식지표 제공	Ocean Tomo Indexes, Patent Board WSJ Scorecard

IP를 활용한 다양한 비즈니스 모델(출처 : 특허청, 2009. 12. 28)

6

핵심 부품 조달 및 IP 개발 라이센싱 모델
"퀄컴"

퀄컴Qualcomm 사는 핵심 부품과 특허를 동시에 공급하는 비즈니스 모델로 사업을 하고 있다. 핵심 부품 공급이라는 시장 독점과 특허라는 법적 독점을 병행하는 모델이다.

우선, 퀄컴은 강력한 기술력을 바탕으로 원천 특허를 개발하여 라이센싱을 한다. 전 세계에서 특허료를 가장 많이 받는 기업이 퀄컴이다. 1985년 작은 벤처로 시작한 퀄컴은 한국과 손잡고 CDMA 상용화에 성공한 이래, 가장 선도적인 무선통신회사로서 CDMA의 원천기술 특허를 가지고 전 세계 휴대폰 매출액의 약 5%를 로열티로 거둬들였다. 국내 업체들도 연 수조 원 이상을 퀄컴에 로열티로 내고 있다.

퀄컴은 특허 라이센싱과 동시에 핵심 부품인 무선 칩셋도 공급하고 있다. 애플과 삼성도 우수한 성능 때문에 퀄컴의 통신칩을 쓰고 있다. 제조사 입장에서는 핵심 부품을 독점적으로 공급하므로 별도의 특허료 지불도 거부하기 힘든 형국이다.

퀄컴은 매출의 20퍼센트를 핵심 기술과 특허 개발에 쓰고 있다. 현재까지 총 200억 달러^{20조 원}를 R&D 비용으로 재투자해 오고 있다. 미래가 만물인터넷Internet of Everything으로 가는 추세에서 통신 분야에서 지속적인 최고의 지식재산 기업을 추구하고 있다.

안타까운 것은 CDMA 상용화를 국내 연구소 및 기업들과 퀄컴이 파트너로 성공했음에도 불구하고, 일방적으로 로열티를 낸다는 사실이다. 이는 초기에 특허에 대해 무지했기 때문이다. 퀄컴이 원천특허를 가지고 있더라도 국내 연구소나 기업이 실용화 특허를 내서 상쇄를 하는 계약을 했었어야 했다. 그러나 이제 우리나라도 4G 시대를 맞아 LTE 특허를 많이 보유하고 있으므로 언젠가 퀄컴의 종속에서 벗어날 수 있을 것이다.

흥미로운 것은 퀄컴이 전기차의 무선충전 분야에도 많은 특허를 확보하고 있다는 점이다. 휴대폰이 원거리 통신을 하려면 지역을 나누어 기지국을 통해 송수신을 하는 것처럼, 전기차도 일정 거리 주행 후 충전소에서 충전을 하여 원거리 주행을 하는 시대가 올 것이다. 이때 무선충전을 할 수 있다면 훨씬 편리할 것이고 전기차의 본격적인 시대도 훨씬 빨리 도래할 것이다. 이렇게 휴대폰과 전기차 무선충전의 비슷한 비즈니스 모델 때문인지, 퀄컴은 '헤일로' 전기차 무선충전 기술을 개발해 상용화를 추진하고 있다.

우리나라에서도 우수한 성능의 핵심 부품을 시장에 독점적으로 공급하고 별도의 특허료 수입도 올릴 수 있는 기업이 나왔으면 하는 바람이다.

• 퀄컴의 비즈니스 모델(출처 : Qualcomm Presentation to FTC/DOJ 2007)

• 퀄컴 전기차 무선충전 기술(www.inhabitat.com 2012.7.26)

7

발명자본 모델
"인텔렉추얼 벤처스"

전 세계에서 가장 큰 특허회사는 미국의 인텔렉추얼 벤처스Intellectual Ventures, IV 사이다. 2000년 마이크로소프트 CTO 출신인 네이선 미어볼드Nathan Myhrvold와 한국계 에드워드 정Edward Jung이 설립하여 50억 달러5조 원 이상의 펀드를 운영하고 있다. 주요 투자자는 마이크로소프트, 인텔, 노키아, AT&T, GE, HP, 소니, 애플, 빌 게이츠이며, 이미 10억 달러의 수익을 투자자들에게 돌려준 것으로 알려져 있다. 2008년 초 한국에 지사를 설립하였으며, 삼성전자와 LG전자와도 라이센스 계약을 체결하였다.

IV는 발명자본Invention Capital의 개념을 처음으로 소개하였다는 데 큰 의의가 있다. 발명자본이란 주식이나 채권에 투자하는 것과 달리, 좋은 아이디어, 발명, 특허권 등을 매입한 후 부가가치를 높여서, 이를 필요로 하는 업체들에 라이센싱 하여 수익을 창출하도록 하는 자본을 말한다. IV의 또 다른 특징은 많은 수의 특허를 매입하는Patent Aggregation 모델이다. 현재, 5만 건 이상의 특허를 보유하거나 관리하고 있는 것으로 알려져 있다.

특허란 아이디어, 출원, 보정, 등록의 파이프라인을 통하여 만들어진다. 고품질의 특허를 만드는 방법은 쉽다. 가장 뛰어난 특허변호사나 변리사를 써서 훌륭한 명세서를 출원하여 시장에 출시된 제품이나 서비스와 일치하는 청구항을 등록시키면 된다. 그러나 아무리 똑똑한 변호사나 변리사라도 못하는 것이 있다. 특허 이전의 발명에 대한 창조적 아이디어가 바로 그것이다. '발명자본'이란 창의적인 아이디어에 의거한 발명에 자본을 투하하는 것이 취지이고, 국내에서는 발명 포함 창의적인 혁신을 촉진하기 위한 자본이라는 취지에서 '창의자본'이라 부르고 있다.

발명자가 특허 아이디어를 제공하면 IV가 초기 보상금을 주고, 특허화되어 추후에 매각이나 라이센싱으로 수익이 발생하면 백엔드 쉐어Backend Share라고 해서 발명자와 IV가 나누게 된다. 배분율은 일반적으로 발명가 20%, 투자자 60%, IV 20%로 알려져 있다. 최근에는 대학교 연구실과 전략적 파트너십을 구축하여 연구자들의 아이디어에 자금을 지원하고 그 수익을 배분하고 있으며 라이센싱, 스핀아웃 또는 스핀오프자회사 설립, 업무협약 등의 전략을 다양하게 구사하고 있다.

IV 모회사 밑에 크게 3개의 펀드가 있다. ISFInvention Science Fund는 초기 펀드로 특정 분야의 과학기술 특허에 투자를 한다. IIFInvention Investment Fund는 주로 IT 관련 특허를 매입하여 라이센싱 해서 수익을 올리고 최근에는 글로벌 제조업체들을 대상으로 소송까지 제기하였다. 많은 경우, 경영이 어려워진 회사의 특허를 매입한다. IDFInvention Development Fund는 아이디어 상태의 발명을 매입하여 특허화 하는 펀드이다.

IV는 빌 게이츠의 마이크로소프트MS와 관련이 많다. MS는 소프트웨어

회사로 기술의 권리에 대하여 관심이 많다. 애플이 MS의 윈도우가 애플의 운영체제의 저작권을 침해했다며 제기한 소위 룩 앤 필Look and Feel 소송에서 MS가 면죄부를 받으면서, MS는 승승장구하여 PC 운영체제를 거의 독점하게 되었다. 그러나 MS는 초기에는 대부분의 소프트웨어 회사가 그러하듯 소프트웨어를 저작권 분야로 생각하고 특허를 무시하였다. 그러다 많은 특허소송에서 패하여 엄청난 손해배상액을 지불하고서야 특허의 중요성을 깨닫게 되었다. IBM에서 특허 최고 책임자 마이클 펠프스Michael Phelps를 영입하고 특허부서를 정비하여 이제는 소프트웨어 특허 분야에서 고품질인 수천 건의 특허를 출원하는 기업이 되었다. 빌 게이츠는 MS가 독점 규제로 곤란을 많이 겪자, 특허라는 합법적인 독점에 매력을 느끼게 되었다. 결국, 수만 건의 특허를 개발, 매입하는 발명자본회사인 IV를 출범시키게 되었다.

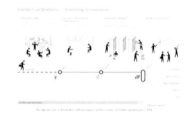

•특허 창출 파이프라인
(출처 : www.intellectualventures.com)

•말라리아모기를 잡는 레이저 특허 기술
(출처 : www.intellectualventures.com)

IV가 만든 재미있는 특허가 있다. 전 세계에서 매년 2억 5천만 명의 사람들이 말라리아에 걸린다. 특히 개방된 공간에서 모기를 척결하기는 힘들다. 그래서 말라리아모기를 추적하고 날갯짓의 주파수를 측정하여 효과적으로 암컷 모기를 레이저로 쏘아 태워버리는 기술을 발명한 것이다. 스타워즈 영화에나 나올 법한 이 장비는 이베이에서 부품을 사서 수백 달러의 비용만으로 만들었다고 한다.

IV는 국내의 지식재산 산업과도 깊은 연관이 있다. IV가 국내 대기업에 로열티를 요구하자 특허괴물을 넘어서 특허공룡이라는 비판이 비등하였다. 시간이 지나자, 지식경제사회에서 특허에 대한 로열티 요구는 합법적일 수밖에 없다는 시각과 국내에서도 비슷한 방법으로 전략적으로 대응할 필요가 있다는 의견이 대두되어, 정부 주도로 창의자본을 시작하게 된 계기가 되었다. 그러나 IV는 순수 민간 자본인 반면, 우리나라의 창의자본은 관 주도라는 면에서 뚜렷한 차이가 있다. 고도의 전문지식과 창의성을 요구하는 지식사업은 관이 주도하면 실행력과 경쟁력 면에서 떨어질 수밖에 없다.

8
공격적 라이센싱 모델
"아카시아"

해외에는 수많은 지식재산 전문회사NPE들이 포진하고 있다. NPE마다 자신의 고유한 핵심 역량으로 출발한 경우가 많다. 브로커 역할로 시작한 회사도 있고 침해 증거수집으로 시작한 회사도 있다. NPE 중에서도 소송이 핵심 능력인 기업이 있다. 바로 1995년 설립된 아카시아리서치Acacia Research 사이다. 지금까지 소송을 가장 많이 한 NPE로 알려져 있다. 흥미롭게도, 아카시아는 벤처캐피털로 시작했다가 확보한 벤처기업의 특허를 활용하기 위하여 라이센싱 전문기업으로 탈바꿈하였다.

아카시아는 특허권자 대신 특허소송을 해서 나온 수익을 나누어 가진다. 아카시아가 고용하는 특허소송 로펌은 성공 보수금Contingency 조로 손해배상액의 일정 부분을 가져간다. 아카시아와 특허권자는 두 가지 모델로 계약한다. 첫 번째, 특허의 소유권을 완전히 매입하는 '인수 모델'의 경우, 수익의 20%를 로펌이 갖고 나머지 80%를 아카시아가 차지한다. 두 번째, 특허의 소유권을 인수하지 않고 전용실시권이나 관리권을 가지는 '파트너 모델'의 경우, 수익의 20%를 로펌에게, 나머지를 특허권자와 아카시아가 반반으로 40%씩 나눈다.

아카시아는 모바일, 디지털미디어, 반도체, 인터넷, 소프트웨어, 에너지 등의 분야에서 수백 건 이상의 특허 포트폴리오를 보유하고 있고, 최근에는 자동차 분야 특허도 선점하고 있다. 연평균 매출 성장률이 40%에 육박하고 있다. 현재 2억 달러 매출, 시장가치 12억 달러에 달한다.

인수 모델의 대표적 사례로는 어댑틱스Adaptix 사의 4G LTE 특허를 인수하여 마이크로소프트와 삼성전자에 라이센싱 한 것을 들 수 있다. 파트너 모델의 사례로는 스마트폰의 원조인 PDA를 제조하던 기업 팜Palm 사의 특허를 일본 기업 억세스Access 사가 인수했는데, 2011년 특허침해소송을 제기하여 마이크로소프트와 라이센싱 계약을 체결한 것이 있다.

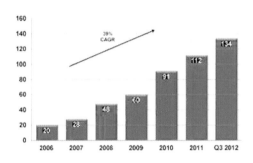

• 아카시아 매출 성장(단위 : 백만 달러, 출처 : www.acaciaresearch.com)

공격적 라이센싱 모델을 하는 회사로 모세이드MOSAID 사가 있다. 이 회사는 캐나다 오타와에서 원래 메모리 설계 관련 리버스엔지니어링을 하는 회사로 출발하였다가 NPE가 되었다. 최근 노키아로부터 특허를 위탁받아 화제가 되었다. 캐나다 오타와에 있는 와이랜WiLAN 사는 근거리 통신기술을 개발하다가 NPE가 되었다. 재미있는 것은 모세이드가 와이랜의 적대적 M&A를 물리치기 위하여 상장을 폐지했다는 점이다. 그 후 모세이드는 사모펀드인 스털링 파트너Sterling Partner에 5억 9000만 달러에 인수되었다.

공격적인 라이센싱 모델를 하는 회사로는 또 램버스RAMBUS 사가 있다. 이 회사는 국내 기업 SK 하이닉스Hynix와 소송하면서 증거를 파기한 혐의로 판사로부터 제재를 받기도 하였다.

9

방어형 NPE 모델
"RPX"

RPX는 2008년 7월에 설립되었고 '방어형 NPE'라는 비즈니스 모델을 최초로 선보인 데 의의가 있다. RPX의 비즈니스 모델은 방어적 특허 매입 Defense Patent Aggregation이라 하여 특허괴물이 공격한 특허를 매입하여 피제소 회사의 위험을 제거하는 데 있다. 제조사들을 회원으로 끌어들여 연회비를 주 수익원으로 한다. 공격적 특허소송을 주로 하는 NPE가 공격하거나 보유할 위험이 있는 특허를 선점하여 특허권 행사의 위험을 감소시키는 방식을 취한다. RPX는 특허권을 평가하여 특허권 전체나 일부인 서브라이센스 권리를 획득한다. 회원사의 분석을 통해 위험 특허를 구매하고 회원사들에게 RPX 보유 특허에 대한 라이센스를 제공하고 있다.

연회비는 회원사의 영업이익에 따라 수만 달러에서 수백만 달러이다. RPX는 미국 시장에 진출할 계획이 있거나 진출해 있는 기업이 직면하는

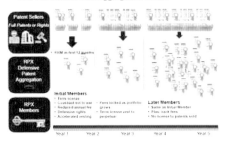

• RPX 사업모델(출처 : www.rpxcorp.com)

소송 위험 가능성 및 예상 라이센스 비용 혹은 피해 배상액을 산정함으로써 회피비용을 계산해 준다. 또한 RPX는 해당 기업 제품군에 대한 특허 포트폴리오 구축 여부, 미국 시장에서의 매출액 또는 예상 매출액 등에 따라, 특허 거래 및 특허 평가에서 상당한 백그라운드를 가진 창업진 및 임원진 등의 전문가 그룹이 수행하는 해당 기업 분석에 기반한 방어 특허 구매 프로세스를 제공한다. RPX의 회원사는 소송 위험으로부터 상당한 수준까지 보호받을 수 있다.

언뜻 들으면 RPX는 특허괴물에 대응하는 천사와 같다. 그러나 깊이 생각해 보면 문제가 있다. 첫째 문제는 돈이 미국에서만 돈다는 점이다. 대부분의 특허괴물은 미국 회사이고 RPX도 미국 회사이다. 미국 회사가 소송한 특허를 미국 회사가 다시 사는 형국이다. RPX 때문에 특허괴물의 공격 사이클이 빨라진다는 분석도 있다. RPX의 사장은 전직 IV 임원이다. 또 다른 문제는 회원사를 위하여 RPX가 매입한 특허가 회원사 소유가 아니라 RPX 소유가 된다는 것이다. 매입한 특허를 처분하기 위하여 언젠가는 RPX도 특허괴물이 될 가능성이 있다. 이러한 문제의식에서 출발하면, 우리나라의 특허전문회사가 국내 기업을 보호할 방어형 모델을 운영할 필요가 절실하다는 것을 알 수 있다. 물론, 앞서 이야기한 바와 같이 이러한 특허전문회사는 관 주도보다는 전문성과 창의성을 겸비한 민간 주도의 기업이어야 한다.

브레베Brevets는 유럽 내 특허 진흥을 위하여 2010년 프랑스 정부 주도로 설립된 특허 펀드이다. 프랑스 정부와 프랑스 공탁기구CDC가 1억 유로를 출자하여 펀드를 조성해, 민간 중소기업과 대학으로부터 특허를 획득하고, 포트폴리오를 구성해 라이센싱 프로그램을 운영할 계획이다.

최근 브레베의 주도로 오랑주Orange 사와 인사이드 슈어Inside Sure 사가 특허권자로 참여한 NFC 기술 특허 라이센싱 프로그램을 출범하였다. 이들은 2013년 12월 LG전자와 HTC를 상대로 미국과 독일에서 특허소송을 제기하였는데, 성공 여부는 불투명하다.

해외에서는 특허분쟁이 과열되다 보니 민간 주도의 특허괴물Patent Troll도 부정적인 역할을 한다는 비판적 시각이 높아지는 마당에, 정부 주도의 발명자본에 대해서도 정부 특허괴물Government Patent Troll이라며 더욱 색안경을 끼고 이 사건을 주시하고 있다.

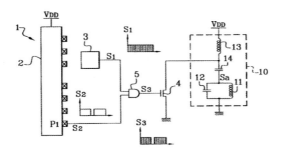

• NFC가 제소한 미국 특허(US 6,700,551)

11

일본의 IP 펀드
"LSIP"

LSIP^Life Science IP Platform fund는 생명공학 분야의 특허에 투자하는 일본 최초의 IP 펀드이다. 일본 산업혁신기구^Innovation Network Corporation of Japan, INCJ가 최대 10억 엔까지 투자하며, 일본 지식재산네트워크^IP Strategy Network, IPSN 회사가 운영한다.

산업혁신기구는 일본에서 차세대 혁신 기술의 상용화를 위한 기술, 재무, 운영에 필요한 자금을 지원할 목적으로 발족되었다. 환경과 생명공학 등 일본의 강점 분야의 연구개발을 가속하기 위하여, 특히 개방형 혁신상에서 융합될 수 있는 프로젝트들을 지원하고 있다. 일본 지식재산네트워크는 일본 의약품제조협회^Japan Pharmaceutical Manufacturers Association, JPMA에 의하여 설립되었다.

LSIP는 2010년 8월 출범하였다. 대학과 공적 연구기관이 보유한 생명과학 관련 특허들을 집약하여 기업들에게 라이센싱 함으로써, 기업들에게 새로운 제품을 개발하고 발명을 좀 더 이용할 수 있는 도구를 제공하는 것을 목적으로 하고 있다. 생명과학 연구의 바이오마커, 줄기세포, 암, 알츠하이머 질환 등 4가지 분야를 타깃으로 하고 있다.

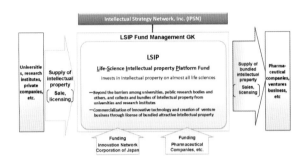

• 일본 LSIP의 포트폴리오 전략(출처 : www.ipsn.co.jp)

종래에는 각 대학이 따로 권리화를 하기 때문에 주변 특허들을 모을 수 없어 가치가 낮았던 지식재산들을 모아 포트폴리오화 하고, 필요하다면 보충 연구를 실시하고 데이터를 보충하여 포트폴리오를 강화하는 전략을 취하고 있다.

LSIP는 두 개의 비즈니스 모델을 운영하고 있다. 첫 번째는 '패키징'이다. 대학과 연구기관으로부터 입수한 특허를 패키징하여 포트폴리오를 구성한다. 이때 잠재적 가치를 평가하고, 몇몇의 경우에 있어 시장에서 특허를 추가적으로 구입하여 이들을 결합해 포트폴리오를 구성한다. 특허풀이 생성된 경우, LSIP는 기업에게 해당 특허풀을 라이센싱 하고, 발생된 이익을 기여자들과 공유한다.

두 번째 모델은 'IP 인큐베이션'이다. LSIP는 해외 출원 비용, 기존의 특허 포트폴리오를 보강하기 위한 추가 연구개발 비용 등을 지불하는 대가로 활용권을 독점적으로 받게 된다. 특허가 라이센스 되면, LSIP는 로열티의 일부를 받게 된다.

12
대만의 창의자본
"IP Bank"

대만은 전자 제조산업의 중심지로 국제 특허분쟁에서 경쟁 회사나 NPE에 의하여 제소당하는 경우가 많았다. 대만 경제부는 갈수록 첨예해지는 지식재산권 문제에 대응하기 위해 2011년 9월에 지식재산권관리회사智財管理公司, IP Bank를 설립했으며, 단기적으로 특허소송에 대응하기 위한 펀드와 중장기적으로 특허권 강화를 위한 펀드를 2012년 설립하여 운영하고 있다.

구분	소송 대응형 펀드	중장기형 펀드
예상 규모	5억 대만 달러(약 1700만 달러) 이상	10억 대만 달러(약 340만 달러) 이상
설립 시기	2012년 3~4월	2012년 중
대상 산업	스마트폰, 디스플레이 패널 등	에너지, 의료바이오, 스마트TV, LED, 그린원료 등

대만의 IP 펀드(출처: 현지 언론 종합)

IP Bank의 설립 주체는 대만 정부의 전자통신연구원ITRI이며 ITRI 산하 기술이전센터ITC가 운영하고 있다. 국제 특허분쟁에서 피소된 기업에 반소 제기를 위한 특허를 빌려주는 펀드, 유망 특허 기술을 사전에 개발 매입하는 펀드, 제조기업에 실시권을 허여하기 위한 펀드로 구성되어 있다.

원천기술이 취약하고 개별 기업의 규모도 상대적으로 작은 대만 기업들은 국제 특허소송에서 불리한 위치에 처해 왔으며, 이를 위한 산·관·학 협력체제 구축의 필요성 및 정부 역할론이 대두되었다. 그동안 OEM, ODM 생산을 위주로 하던 대만 기업들이 자체 브랜드로 글로벌 시장에서 경쟁하기 시작하면서 특허권 확보의 중요성을 절감했다. 이에 대만 정부는 IP Bank 설립을 통하여 지식재산 강화를 위한 지원을 하고 있다.

대만 IP Bank는 방어적인 목적으로 설립되었으나, 최근에는 수익화를 위한 노력도 하고 있다. 설립 주체인 대만 ITRI는 LG전자를 상대로 미국 지방법원과 ITC에서 TV와 모니터에 들어가는 백라이트 기술 관련 특허소송을 제기하였으나 패소하였다. 이는 관 주도의 특허 사업 능력의 한계를 보여준 것이라고 할 것이다.

13

해외의 지식재산 정책
"친기술혁신 정책"

지식 기반 경제로 진입하면서, 지식재산이 국가경쟁력의 핵심으로 부상하고 하고 있다. 전 세계 주요 국가들은 경제성장의 원천인 지식재산의 창출과 보호 및 궁극적으로 기술혁신를 위하여 체계적이고 전략적인 정책을 경쟁적으로 수립하고 있다.

미국의 지식재산 정책

미국은 기술혁신을 경제성장과 고급 일자리 창출을 위한 핵심 동력으로 인식하고 범정부 차원의 국가 지식재산 보호 전략 수립 등 지식재산 정책을 강화하고 있다.

특허소송만을 전문적으로 다루는 연방항소법원CAFC을 1982년 설립하여 수많은 특허 판례를 만들어냈다. 미국은 2008년 오바마 대통령이

• 미국 연방항소법원 CAFC

'PRO-IP 법Prioritizing Resources and Organization for Intellectual Property Act'을 만들고 대통령실에 '지식재산집행청Office of Intellectual Property enforcement'을 설치하여 '지식재산집행조정관Intellectual Property Exeuction Officer'을 임명하였다.

미국 지식재산 집약산업이 미국 경제와 일자리 창출에 직접적인 중대한 영향을 미친다고 분석한 〈지식재산과 미국 경제 : 중점산업〉이라는 종합보고서를 발간2012년 4월하기도 하였다.

일본의 지식재산 정책

일본은 80년대 이후 미국 중심의 특허 공격으로 막대한 특허 사용료를 지급하게 되었다. 또한 한국 기업의 등장으로 기업의 수익성이 악화되었고, 중국이 제조업으로 부상하면서 제조업마저 위기에 처했다. 이에 위기의식을 느낀 일본은 미국처럼 친특허 정책의 중요성을 깨달았다. 2002년 고이즈미 총리가 '지식재산 입국'을 선언하고 2003년 지식재산기본법을 제정하여 총리 스스로가 본부장을 맡는 '지식재산 전략본부'를 신설하였다.

전략본부는 '세계 최첨단의 지식재산 건국'을 목표로 여러 제도 개혁을 하고 다면적인 대응을 하고 있다. 전략본부는 2013년 지식재산 추진계획을 수립하고 4가지 중점 지식재산 전략을 추진하고 있다. 그것을 살펴보면 다음과 같다.

1. 일본 산업 경쟁력 강화를 위한 글로벌 지식재산시스템을 구축하여 일본 기업이 해외에서 유리하게 사업 활동을 하도록 하고 해외 기업도 일본 지식재산시스템을 이용하여 이노베이션 투자를 할 수 있도록 하며 세계를 무대로 활약할 수 있는 글로벌 지식재산 인재를 확보한다.

2. 중소 벤처기업의 지식재산 관리 지원을 강화하여 기업이나 대학이 보유하는 미활용 특허를 제공하고 중소 벤처기업의 지식재산 마인드 향상을 위한 활동을 전개하며 변리사 제도를 재검토한다.

3. 디지털 네트워크 사회에 대응하는 환경을 조성하기 위하여 콘텐츠 창작자에 대한 적절한 보상체제를 구축하고 콘텐츠 권리 처리를 일원화하며 콘텐츠 제공 플랫폼을 형성하고 빅데이터의 비즈니스를 진흥하며 지식재산을 디지털Archive하여 활용한다.

4. 콘텐츠를 중심으로 한 소프트파워를 강화하기 위하여 쿨 재팬Cool Japan을 모토로 일본 전통문화 관련 콘텐츠를 발굴하고 브랜드화 하여 해외 진출을 추진한다.

중국의 지식재산 정책

중국은 지식재산 전략을 국가 3대 발전 전략과학기술, 인적자원, 지식재산의 하나로 격상시켜 지식재산을 강화하고 있다. 지식재산 인재 육성 계획 '백천만 지식재산 인재공정'을 추진하여 수백百 명의 고등인력을 양성하고 수천千 명의 전문인력을 양성하며 수만萬 명의 전문기능인력을 양성하겠다는 목표를 세우고 있다.

또한 중국은 2015년도 인구 1만 명당 발명 특허 보유량을 3.3건으로 끌어올리는 목표를 수립2011, 전국인민대표대회하였다. 그 결과, 2011년 특허 출원 수는 중국이 미국을 제치고 1위를 차지하였다. 해외 출원 건수도 급증하고 있다.

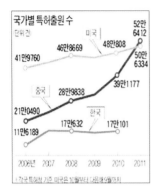

• 중국, 미국, 한국의 특허출원 수 비교(출처 : 특허청)

14

국내 지식재산 발전
"지식재산기본법"

특허법원 신설

기술을 주제로 하는 지식재산의 전문성 때문에 어느 국가나 일반 법원이 특허분쟁을 심리하기에는 어려운 점이 많다. 미국이 특허전문고등법원 CAFC을 만든 것처럼, 우리나라도 특허 심리를 전담하는 고등법원인 '특허법원'을 1998년 신설하였다. 특허청 심판원의 특허 유효 및 무효성에 대한 항소심을 전담하지만, 특허침해소송에 대한 항소심은 소관이 아니다.

어느 나라나 특허소송을 하게 되면 침해와 무효성 두 가지를 다루게 된다. 이는 동전의 양면처럼 연결되어 있다. 특허가 무효이면 침해 여부 다툼 자체가 무의미해지기 때문이다. 그래서 미국의 CAFC는 침해와 무효성 두 가지를 같이 다루고 있다. 그러나 우리나라에서는 특허침해소송은 지방법원, 일반 고등법원, 대법원을 거쳐야 하고, 특허무효소송은 특허청 심판원, 특허법원, 대법원을 거치는 이중 경로로 되어 있어 판결이 엇갈리고 소송이 장기화되는 단점이 있다. 언젠가는 특허침해소송도 특허법원으로 집중되는 날이 와야 할 것이다.

•한국의 특허법원

IT지재권센터

국가 차원에서 지식재산을 체계적으로 관리하기 위한 노력을 시작하였다. 정보통신부는 2005년 국가연구개발사업의 지식재산을 체계적으로 관리하기 위하여 IITA정보통신연구

•필자가 초대 센터장을 맡은 IT지재권센터(2005)

진흥원에 'IT지재권센터'를 설치하고 필자가 초대 센터장을 맡았다. 재직 시 중소기업에 대한 지식재산 컨설팅을 하고 국가연구기관 지식재산의 활용을 주도하였다.

지식재산기본법 제정

지식 기반 경제하에 국가경쟁력 강화를 위하여 지식재산의 창출·보호·활용에 관한 국가 기본정책을 수립하고, 이를 일관성 있게 추진하기 위하여 2011년 5월, 지식재산기본법을 제정하게 되었다. 범정부적 차원의 지식재산 전략을 수립하고 집행하는 기본 틀을 마련하였으며, 국가 지식재산 정책의 컨트롤 타워로서 국가지식재산위원회의 기능을 강화하였다.

지식재산기본법의 주요 핵심은 크게 창출·보호·활용 등이며, 이를 통해 창의자본 조성 및 IP 비즈니스 산업 육성을 위한 토대 마련을 목표로 하고 있다.

(1) **창출 촉진** : 지식재산 창출 지원, 국가 R&D 정책과 지식재산의 연계, 新지식재산 활성화·창출에 대한 보상

(2) **보호 강화** : 지식재산 보호 및 권리화 촉진, 집행·단속 강화, 외국에서의 국내 기업 지식재산 보호, 신속·공정한 분쟁 해결_{소송체계 정비, 재판의 전문화}, 재판 외 분쟁 해결_{ADR} 활성화

(3) **활용 촉진** : 활용 촉진 기반 조성_{DB·IP 금융}, 가치평가체계 구축, 서비스 산업 육성, 공정한 활용 질서

국가지식재산위원회

기본법에 따라 범국가적으로 지식재산 전략을 수립하기 위한 국가지식재산위원회가 2011년 7월 28일 대통령 직속으로 신설되어 전 삼성전자 CEO 윤종용 부회장이 위원장을 맡았다. 국가지식재산위원회 2기가 2013년 11월 13일 출범하여 현재 활동하고 있다. 필자도 전문위원으로 활동하고 있다.

한미 FTA 발효

한국과 미국의 자유무역협정FTA이 2012년 3월 발효되면서 지식재산 관련 법도 개정되었다. 의약품 특허 관련 특허권자와 복제약 제조업자 간

●국가지식재산위원회

의 이해를 절충한 허가·특허 연계 제도를 도입하였다. 복제 의약품 개발 후 허가 신청 시, 오리지널 의약품 특허권자에게 먼저 통보한 후, 통보받은 특허권자가 이의를 제기하면 특허분쟁이 해결될 때까지 복제 의약품 허가를 금지하는 제도이다. 콘텐츠 분야에서는 국제적인 추세에 따라 저작권 보호 기간을 50년에서 70년으로 연장하였다.

15

국내 지식재산 현황
"불편한 진실"

—

낮은 특허 손해배상액

국내 법원의 손해배상액이 너무 낮아 특허 침해를 막는 동기유발이 부족하다. 국내 법원에서 내리는 특허 손해배상액은 건당 평균 5천만 원으로 미국의 건당 20억 원에 비교하면 터무니없이 낮은 수준이다. 기업의 입장에서 손해배상액보다 이익이 훨씬 많으면 고의적으로 특허 침해를 하고 손해배상액을 물어줘도 되므로, 특허 침해를 두려워하지 않는 것이 사실이다. 최대로 받을 수 있는 특허 배상액이 낮으므로 특허의 거래 가격도 낮을 수밖에 없고 거래 시장이 활성화되어 있지 않다. 특허를 개발하여 높은 가격에 팔 수 있어야 양질의 특허를 개발할 텐데, 거래 시장이 없으니 양질의 특허를 개발할 의욕이 없어지는 것이다.

높은 특허 무효율

국내에서는 최종적으로 대법원까지 가면 특허 무효율이 80%에 육박한다. 특허권자 입장에서는 막대한 비용과 시간을 들여 대법원까지 가서 특허가 무효가 되면 이처럼 허망한 일이 없을 것이다. 글로벌 기업의 입장에서는 이기고 지는 것보다 예측성이 중요한데 무효율이 높으면 예측을 할 수 없으니 국내 법원에서 소송을 하지 않게 된다.

소송 관할 이원화

기술을 주제로 한 지식재산의 전문성 때문에 일반 법원이 특허분쟁을 심리하기에는 어려운 점이 많다. 미국이 특허전문고등법원CAFC을 만든 것처럼, 우리나라도 특허 심리를 전담하는 고등법원인 특허법원을 1998년 신설하였다. 특허청 심판원의 특허 유효 및 무효성에 대한 항소심을 전담하지만, 특허침해소송에 대한 항소심은 소관이 아니다.

증거 제도

미국의 경우, 증거조사Discovery 제도가 있어 상대방에게 정확한 문서 이름을 모르더라도 침해나 손해 입증 관련 증거 제출을 요구할 수 있다. 예컨대, 손해배상 추정을 위하여 상대는 매출장부를 의무적으로 제출하여야 한다. 이행하지 않으면 소송에 질 수도 있는 페널티가 가해진다. 국내에서는 실무적으로 입증 자료의 제출이 강제 실행되지 않는다. 예컨대, 특허 침해자가 매출장부가 없다고 버티면 도리가 없다.

특허 제도

글로벌 특허 경쟁에서 파괴력이 있는 원천특허란 선행기술 연구에 의거한 특허를 출원한 다음, 특허와 들어맞는 시장 제품이 출시되거나 기술 표준이 제정되었을 때 만들어진다.

미국 특허법에서는 계속출원제도Continuation Procedure가 있다. 특허를 등록받더라도 비슷한 패밀리 특허를 가지 칠 수 있다. 원 출원에 의거한 파생출원을 원래 출원일자로 인정받으며 계속할 수 있다. 출원인은 선행기술 연구에 의거하여 하나의 특허 등록을 받더라도 아직 시장이 개발되지 않은 경우 후속출원을 원래 출원일 날짜로 인정받으면서 계속하다 시장에 제품이 나오거나 기술표준이 제정되면 이에 정조준한 청구항으로 보정하여 원천특허를 확보한다.

국내에는 이러한 제도가 없어 원천특허 확보에 있어서 미국과 대비하여 상대적으로 불리한 상황이다. 신규사항을 추가하는 후출원이 1년으로 제한되어 있고, 분할출원이 보정서를 제출하는 기간으로 제한되어 있다. 국내 특허권자는 특허를 획득하더라도 시장 제품이 조금만 변경되면 특허권을 주장하지 못하는 상황에 불만을 가지고 있다.

계속출원제도는 제도의 차이를 넘어서 혁신의 보상에 대한 원천적인 질문이다. 경제가 성공하려면 혁신에 대한 보상이 중요하다. 계속출원제도는 혁신의 뿌리에서 가지까지 보상하는 취지를 가지고 있다. 혁신의 흐름을 강으로 표현하면, 상류에 있는 기본 특허와 하류에 있는 응용 특허도 보호하게 된다.

미국에서 계속출원제도가 소위 특허괴물에 의하여 악용되었다고 지적되는 측면도 있다. 그러나 미국이 계속출원제도의 근간을 유지하는 이유는 혁신경제를 유지하기 위한 중요한 수단이기 때문이다. 국내 특허법도 이러한 제도 도입을 신중하게 검토해야 할 시점이다.

기술무역 적자

우리나라의 연구개발비는 2011년 기준 49조 원이다. GDP 대비 4%로 OECD 평균을 크게 상회한다. 그럼에도 불구하고 우리나라는 기술무역수지 적자를 기록하고 있다. 2011년 기술무역 수출은 40억 달러였지만 수입은 99억 달러에 달하여 59억 달러의 기술무역수지 적자를 기록하였다. 반면 대부분의 선진국들은 기술무역수지 흑자를 기록하고 있다.

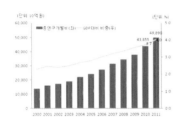 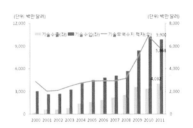

• 기술무역수지(출처 : 국가과학기술위원회)

우리나라는 그동안 수출 위주의 성장을 하였으나, 기초기술 확보보다는 기술 도입을 통한 제품화에 주력하여, 특허 출원의 양적 확대에도 불구하고 원천특허 등 우수 특허 확보 미흡으로 인한 기술무역수지 적자 폭이 지속적으로 확대되고 있는 상황이다.

게다가 국내에서 창출된 IP가 여러 경로를 거쳐서 해외 NPE에 매각되고 다시 국내 기업이 소송을 당하는 피해 사례까지 발생하고 있다. 국내에서 IP를 사업화하거나 활용할 수 있는 여건이 갖추어져 있지 않았기 때문에 먼저 시장이 형성되고 기반이 잡힌 해외로의 기술 유출이 일어나게 된 것이다.

이러한 상황에서 해외에 진출한 국내 기업을 상대로 한 해외 NPE들의 특허침해소송이 증가 추세에 있고, 대기업 중심의 특허소송이 중견·중소 기업 분야로, 기술 분야에 있어서도 IT 분야에서 자동차, 의료기기 분야로 확대되고 있다.

국가(US)	2007	2008	2009	2010	2011	2012. 5	합계	증가율
한국 기업 → 외국 기업	31	43	36	16	33	1	160	2.1%
외국 기업 → 한국 기업	92	77	84	95	145	75	568	16.4%
합 계	123	120	120	111	178	76	728	13.1%

한국 기업의 국제 특허 분쟁 현황(출처 : 지식재산보호협회, 기준 : 2007년 ~ 2012년 5월, 단위 : 건)

바로 이러한 것들이 우리나라 지적재산 분야에서의 불편한 진실이다. 이러한 것을 해결하지 않고 진정한 의미의 창조경제로 나아가기란 힘들다 는 것이 필자의 생각이다.

16

오픈 이노베이션과 지식재산의 조화
"배타적 IP도 협력하는 시대"

―

우리나라는 IT 산업의 눈부신 발전을 이루었다. 반도체, 이동통신, 스마트폰의 세계적인 종주국이 되었다. IP 산업도 장족의 발전을 이루었다. 외국과의 특허분쟁에서 선전하고, 승소하는 케이스도 생기고 있다. 표준특허를 개발해 국제표준화에 참가하여 수익을 창출하고, 좋은 아이디어를 원석으로 하여 강한 특허를 창출하는 창의자본도 시작하고 있다.

기술 융·복합이 되면서 정보 기술IT, 나노 기술NT, 바이오 기술BT이 녹아 들어가는 의료기기 등이 속속 개발되고 있다. 이 분야의 특허들이야말로 다른 나라들이 쉽게 개발할 수 없는 블루오션이 될 것이다.

기술 융·복합과 함께, 지식재산권의 융·복합도 진행된다. 새로운 블루오션의 기술은 특허, 디자인, 상표, 저작권이 합쳐진 복합 지식재산의 개념으로 보호해야 한다.

더 나아가서 오픈 이노베이션을 적극적으로 수용해야 한다. 전 세계적으로 오픈 이노베이션의 바람이 불고 있다. 집단지성이 개발지성의 합을 초과하여 잘만 하면 큰 시너지를 창조할 수 있는 시대가 도래하였다. 인터넷은 큰 집단지성을 형성하고 있다. 미래 SF 영화 〈스타트랙〉에서 우주 종족 중 하나인 보그가 각 개별 종족을 통합하면서 한 유명한 대사가 있다. "저항은 소용없다Resistance is Futile." 집단지성과 오픈 이노베이션은 저항할 수 없는 큰 물결이다.

이제는 지식재산도 협력해야 하는 시대가 왔다. 지식재산 자체는 배타적인 권리이지만 이러한 권리를 활용하려면 협력이 필요하다.

IP는 배타적인 속성을 띠고 오픈 이노베이션은 협력의 속성을 띠므로, 언뜻 보기에 서로 상충하는 듯 보인다. 그러나 오픈 이노베이션은 배타적인 권리 위에 존재하는 협력과 공유의 큰 개념이다. 이제는 오픈 이노베이션과 IP를 조화시켜야 한다. IP에도 배타적인 속성과 더불어 IP의 기초가 되는 기술혁신을 위한 협력 속성이 존재하고 있다.

17
국가 연구개발 특허
"IP 활용을 통한 선순환"

세계는 바야흐로 제조업 위주의 산업시대에서 지식경제시대로 바뀌면서, 지식재산이 국가와 기업의 부를 창조하는 시대이다. 이제는 특허와 같은 무형지식재산도 유형 제품과 같이 고품질 창출 전략을 세워야 한다. 제품에 불량이 없어야 하듯이, 법적 권리 행사에 문제가 없도록 특허가 만들어져야 한다. 또한 아무리 좋은 제품도 시장이 원하지 않으면 소용이 없듯이, 특허도 시장에 나와 있는 제품과 관련되어야 한다. 예컨대, 기술표준과 부합한 표준특허는 표준을 적용하는 시장 제품과 자동적으로 부합하게 된다.

고품질 국가 R&D 특허를 창출하려면, 국가 R&D의 주역인 대학과 출연연(정부출연연구기관)의 IP 창출역량을 강화시켜야 한다. 지식재산도 이제는 협업을 통하여 고품질을 창조하는 시대가 도래하였다. 국가 R&D IP가 국부의 중심이 되며, 이러한 국부를 축적하는 플랫폼이 필요하다.

고품질 특허 창출의 문제 중 하나는 R&D 과제 기간과 특허 개발 기간과의 미스매치이다. R&D 과제는 3년이면 끝나지만, 특허는 3년이 지나야 국제 특허 심사 활동이 활발해진다. 국내 현실은 과제가 끝나고 나면 과제 기간 중 출원한 특허를 개발하기 위한 인력과 자금이 없어지게 되므로, 기껏 개발한 원천특허를 포기하는 경우가 허다하다. 해결책으로 과제 기간 중 특허전문회사와 계약을 해서 과제가 끝난 후에도 특허 개발을 계속 할 수 있도록 하는 방법을 모색하고, 과거 과제에 대한 추적 평가도 강화할 필요성이 있다.

지식경제시대에 지식재산의 활용은 세계적인 추세이다. 인터넷과 글로벌 교역의 결과로 기술은 어디서나 구하기 쉽지만, 기술에 대한 권리는 오히려 구하기 힘들게 되면서, 가치는 순수기술에서 기술권리로 이동하게 되었다. 회사들은 특허를 방어적으로 쓰는 목적보다 경쟁사를 제압하는 수단으로 활용하고 있으며, 더 나아가서 수익화를 위한 수단으로 사용하고 있다. IBM이나 필립스Philips는 연 수조 원의 로열티 수익을 올리고 있다. 대학과 연구소, 공공연구기관의 IP 수익화 활동도 활발하다. 미국 스탠포드Stanford대학은 40년간 총 특허 수입이 약 1조 2000억 원에 달한다. 우리 공공연구기관 및 대학도 IP 수익화를 위해 노력해야 한다.

우리나라는 그동안 발명에 정당한 가격을 지불하지 않아, 창출되는 특허의 질이 낮아지는 악순환을 거듭하고 외국의 특허 공세에 노출되어 있었다. 이러한 악순환을 선순환으로 고치려고 하는 것이 창의자본이다. 좋은 발명에 정당한 가격을 지불하고, 고품질 IP를 기업에 공급하여 지식재산 생태계에 선순환 역할을 하고자 하는 것이다. 국내외 우수 기업, 연구기관, 대학으로부터 최고의 IP를 확보하고, 권리 강화와 포트폴리오 강화

를 통하여 IP를 배양하여, 강력한 IP 포트폴리오를 기반으로 라이센싱이
나 재매각을 통한 수익을 창출해야 한다.

18

대학의 지식재산 소유권
"상아탑 vs 현실"

—

어느 국가에서나 대학은 새로운 창조와 기술개발의 원천이다. 대학은 교육을 통하여 창의적 인재를 배출하고 연구를 통하여 새로운 기술을 창조한다. 수많은 기업들이 대학의 기술을 전수받아 사업화에 성공하였다. 그 예가 바로 원자현미경MRI, Gene Splicing 등에 활용이다. 이러한 성공적 사례도 있지만, 대학의 연구개발 성과가 상업적 성공에 이르는 길은 험난하다.

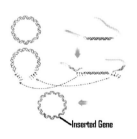

• 유전자 접합(Gene Splicing)

대학 연구의 선순환

대학도 연구비에서 자유로울 수 없다. 무조건 연구비를 쓰는 것이 아니라, 창출된 연구물을 활용하여 자금을 선순환시키는 것이 중요해졌다. 산학협력을 기반으로 한 연구중심 대학이 추세이다. 과거에는 기술을 이전하거나 제조까지 사업화하는 것이 주였으나 이제는 IP를 활용하여 라이센싱 하는 모델까지 추가되었다.

대학의 연구 성과를 희망 기업에 기술 이전하거나 직접 신기술 사업화로 연계하느냐, 라이센싱을 통한 수익화를 하느냐에서 소유권 문제가 중요하다. 소유권의 문제는 어떻게 연구 결과를 활용하느냐의 관점에서 보아야 한다.

대학 내 연구 결과물의 소유권

대학 내에서 이루어진 연구 결과에 대하여 미국에서는 대학의 자원을 이용한 발명이나 직무의 연장선에서 이루어진 발명은 대학이 권리를 취득하는 경우가 많은 반면, 유럽에서는 교수나 연구자에게 자율권을 부여하는 경우도 있다. 세계적인 추세는 대학이 자체 예산으로 수행하는 연구 결과물은 대학의 소유이다. 그러나 대부분의 대학 연구는 정부나 기업의 자금 지원으로 이루어진다.

주요 국가들은 국가 총 연구개발비 중 10% 내외를 대학에 지원하고 있다. 과거에는 정부가 지원하는 연구는 정부가 지식재산권을 소유하던 시절이 있었다. 정부가 소유권을 가져보았자 대학은 소유권도 없고 아무런 인센티브가 없어 지식재산이 전혀 활용되지 않자, 정부는 과감하게 대학에게 소유권을 귀속시켰다. 미국의 '바이-돌 법Bayh-Dole Act'이 효시이다. 대부분의 국가들이 이를 따라 법률을 제정하여, 국가에서 연구개발을 지원하더라도 소유권은 대학으로 귀속된다.

일단 기술에 대한 소유권이 대학으로 귀속되더라도 이를 사업화하려면 쉽지 않다. 산업에서는 대학의 기술을 상용성이 부족하다고 폄하하고, 대학에서는 산업이 신기술 수용을 꺼려 한다고 불평한다. 이 둘 사이를 만족시키려면, 상용화된 연계Bridge 기술을 개발하는 것이 필요하다. 미래창조과학부는 산학연 공동연구법인 지원제도를 만들고 대학이 기업과 공동으로 연구법인을 설립하도록 지원해 대학 연구의 후속 개발을 추진한다. 2017년까지 20개의 공동연구법인을 지원할 예정이다.

국내에서는 대학이 보유한 우수 기술을 전략적으로 활용하기 위하여 기술지주 주식회사가 생기고 있다. 대학과 독립으로 기술지주회사를 설립하고, 특허 기술 중 우수 기술을 발굴하여 자회사를 창업하고 육성한다.

기업이 연구비를 지원하는 경우는, 국가마다 차이가 있다. 미국의 경우에는, 기업이 연구비를 지원하더라도, 대학이 소유권을 가지고 기업은 통상실시권을 가지는 경우가 많다. 우리나라는 예전부터 자금 지원을 하는 기업이 소유권을 고집하는 경우가 많다. 그러나 최근에는 대학도 지식재산권을 중요하게 생각함에 따라 소유권 주장을 하게 되자, 협상으로 중간 타협책이 등장했다. 공동 소유가 바로 그것이다.

공동 소유권의 문제점

언뜻 보기에 공동 소유는 합리적인 것 같지만 실제로는 문제가 많고 효율적이지 않다. 권리는 창출만이 중요한 것이 아니라, 실제로 활용이 되어야 선순환이 된다. 그런데, 공동 소유 권리는 활용이 힘들다.

국내 특허법 제99조에 의하면, 공유특허의 경우, 각 권리자는 다른 공유자의 동의가 필요 없이 발명을 실시제조, 사용, 판매할 수 있다. 기업과 대학의 공동 소유인 경우, 제조기업은 대학의 동의 없이 생산을 통한 특허권 실시가 가능하다. 대학은 제조를 하지 않으므로 발명을 직접 실시하는 경우는 거의 없고, 제조를 하는 제3자 기업에 실시권을 허락하여 로열티로 수익을 올려야 한다. 그런데 특허법 제99조에 의하면, 제3자 실시를 하도록 전용실시권이나 통상실시권을 허락하기 위해서도 타 공유자의 허락이 필요하다. 공유자 기업의 허락이 필요한데 기업은 경쟁 제품을 만드는 제3자 회사에 라이센스를 주는 것을 허락하지 않는 경우가 대부분이다. 결국, 대학은 소유권만 공유하지, 특허를 활용할 길이 없는 것이다.

미국의 경우에는 기업이 대학에 연구 지원을 하더라도, 해당 대학이 특허권을 소유하고 지원 기업은 실시권을 갖는 경우가 많다. 공동 소유로 하더라도, 미국 특허법은 공유자인 경우 각자 특허 라이센스를 줄 수 있고 타 공유자의 허락이 필요하지 않다. 그러므로 기업이 지원한 연구라도 특허권을 소유하고 활용할 수 있다.

우리나라에선 공동 소유의 문제 때문에 대학의 특허가 활용되지 못하고 방치되는 문제가 심각하다. 우리나라 국가지식재산위원회에서는 2012년 공동 소유의 경우 실시 수익 배분을 강조한 '산학연 협력 연구 가이드라인'을 제시했다. 소유권, 실시권, 수익 배분을 위주로 6가지 유형을 제시하고 표준계약서를 제시하였다. 어디까지나 가이드라인이기 때문에 협상력에 따를 수밖에 없다.

유형	지식재산권의 귀속 주체	수익 배분
1	대학 단독 소유	기업에 무상 통상실시권 허여
2	대학 단독 소유	기업에 유상 전용실시권 허여
3	공동 소유	자기 실시 및 제3자 실시에 따른 수익 배분

4	공동 소유	제3자 실시에 따른 수익만 배분
5	기업 단독 소유	자기 실시 및 제3자 실시에 따른 수익 보상
6	기업 단독 소유	제3자 실시에 따른 수익만 보상

공동 소유 6가지 유형(출처 : 국가지식재산위원회, 2012)

활용 관점에서의 소유권 해법

많이 발생하는 공동 소유 권리는 협상에서는 쉽지만, 결국 실제적으로 활용되지 않는 결과를 가져온다. 한 가지 해법은 협상 과정에서 과감하게 활용 가능한 측으로 소유권을 몰아주는 방법이다. 기업은 특허를 활용할 때 자기 제품에 특허를 활용하는 방어적인 방법으로 이용하는 경우가 많다. 공격적인 라이센싱 방법으로 활용하려면, 상대방으로부터 역공을 당할 수 있기 때문이다. 반면, 대학은 공격적인 라이센싱으로 활용이 가능하다. 이러한 경우, 대학이 소유권을 가지고 특허를 활용하는 것도 좋은 방법이다. 물론 대학의 라이센싱 조직이 필요한 역량을 갖추고 있다는 전제가 필요하다. 기업은 통상실시권을 가지고 자사 제품 적용에 활용하면 된다. 만일 기업이 소송을 당했을 경우, 특허를 공격적으로 쓰려면 그때 소유권을 이전받을 수 있는 조항을 넣으면 된다.

연구 결과물의 소유권은 현실적으로 협상력의 문제이다. 과거 강의 위주의 대학이 기업에 종속적인 관계에서는 위탁 연구의 소유권을 기업이 가지는 것이 당연했다. 그러나 대학의 혁신적인 신기술 공급 역할이 커지면서, 기업과는 파트너십을 구축하는 형태로 대학의 소유권 주장이 커지고 있다.

파트너십 관계의 연구 결과물에 대한 소유권은 활용의 측면에서 보아야 한다. 기술 사업화를 할 것인지, IP 사업화를 할 것인지를 구분하여, 기술 사업화의 경우에는 제조를 가장 잘할 수 있는 기업이 소유권을 가지는 것이 맞지만, IP 사업화의 경우에는 대학이 소유권을 가지고 직접 라이센싱을 하거나 능력 있는 IP 전문회사와 협력하는 것이 맞다.

19

제조기업과 NPE의 파트너십
"적과의 동침"

—

지식경제가 심화되면서 지식재산은 더 이상 방어의 수단이 아니라 수익을 창출하는 공격적인 수단이 될 수 있다. 자본을 투하하여 지식재산을 유동화시키는 투자금융이 세계적인 추세이다. 이러한 특허자본을 보는 여러 다른 시각이 존재한다.

2000년 초 벤처기업들이 붕괴되면서, 특허를 인수한 헤지펀드가 제조업체들을 대상으로 소송을 진행하게 되었다. 제조 없이 특허소송만으로 돈을 번다는 점에서 사회적으로 부정적인 인식이 생겨났고, 때문에 '특허괴물'이란 용어가 나타났다. 이후 금융자본이 특허자본에 투입되면서, 미국을 중심으로 좀 더 중립적인 의미의 'NPE^{Non-Practicing Entity}', '비제조 특허전문업체'라는 용어를 쓰게 되었다.

세계 제조의 중심이 된 아시아 회사들은 미국에서 NPE의 중점 표적이 되고 있다. 미국에서 2011년 NPE 관련 법원 소송은 1,127건인데, 아시아 회사 대상이 221건으로 급증하고 있다. NPE가 제기한 미국무역위원회ITC 소송도 2011년 16건으로 급증하여 140개 업체가 피고가 되어 있고, 이 중 9개 업체가 한국 업체이다.

미국의 대표적인 NPE인 아카시아Acacia는 700개 업체를 대상으로 350건 이상 소송을 제기하였고, IP 내비게이션IP Navigation 사는 600개 업체를 대상으로 100건 이상 소송을 제기하였다. 처음엔 소송을 하지 않겠다고 천명했던 인텔렉추얼 벤처스Intellectual Ventures조차도 30개 업체 이상을 대상으로 8건의 소송을 제기하였다. 유럽의 경우, 이태리에 본사를 둔 시스벨Sisvel은 소비자 가전에서, 독일에 본사를 둔 아이피컴 테크놀로지IPcom Technoloiges는 통신 분야에서 활발하게 활동하고 있다.

이러한 글로벌 NPE들은 일반적으로 큰 포트폴리오를 산 다음, 개별적으로 쪼개어 라이센싱을 해 초고수익을 올리고 있다. 아카시아의 최근 주가 상승률은 나스닥 평균의 수배 이상이다. 문제는 제조에만 집중하는 국내 기업이 특허료를 많이 내고 있다는 사실이다. 예컨대 통신기술 NPE인 인터디지털Interdigital 사의 2011년 매출 3억 달러의 절반이 국내 기업의 특허료이다.

미국에서도 AIAAmerican Invents Act라는 특허법이 개정되어 특허괴물이 활동하기는 더 어려워졌다. 예전에는 특허를 침해하는 모든 기업을 묶어서 한 번에 소송할 수 있었는데, 개정 이후는 제품별로 따로 소송해야 하므로 특허괴물의 소송비용 부담이 커졌다. 미국 법원에서도 특허괴물을 제한하려는 시도가 있다. 어떤 NPE는 7만 달러 정도를 요구했다가 피고 기업이 60만 달러의 소송비를 들여 NPE가 나쁜 의도로 소송했다는 것을 밝혀내자, 법원이 변호사 비용 50만 달러와 벌금 14만 달러를 물게 한 사레도 있다.

그럼 앞으로 특허괴물은 줄어들까? 절대 그렇지 않을 거라고 본다. 이런 믿음에는 여러 가지 이유가 있다.

첫째, 세계 시장을 선도하는 미국에서 NPE를 묵인하고 있다. 연방항소법원CAFC의 법원장인 레이더Rader 판사는, 특허괴물이란 NPE 가운데 합리적인 손해배상액 이상의 과대한 특허수익을 얻으려는 업체로 규정한다. 즉 정당한 특허수익을 추구하는 NPE는 전혀 문제가 되지 않는다는 것이다. NPE가 지식재산 생태계의 일원이 된 지 오래다. 제조회사가 도산을 하게 되면 특허를 팔 수밖에 없다. NPE는 이러한 특허를 사주는 크리어링하우스Clearing House 역할을 한다.

둘째, 아이러니컬하게 제조회사도 점점 NPE처럼 행동하는 회사가 많아진다는 점이다. 제조기업이라 할지라도 특정 분야 사업을 접으면, 그 분야 회사 특허를 가지고 라이센싱이나 소송을 서슴지 않는다. 예컨대, 코닥Kodak은 더 이상 제조를 하지 않는 디지털카메라 특허를 가지고 스마트폰 업체를 상대로 소송을 해서 돈을 톡톡히 벌었다. 즉, 코닥은 스마트폰 분야에서 특허괴물처럼 행동한 것이다. 제조회사마저도 결국 NPE처럼 행동하게 된다면, 어느 나라에서나 NPE는 추세가 될 수밖에 없다.

셋째, 제조회사들이 NPE에게 특허소송을 당하는 약점을 상쇄하기 위하여, 다른 NPE에 투자나 특허 매각을 하고 공동사업을 하는 경우가 늘고 있다. 최근 이를 특허해적Patent Privateering이라고 부르기도 한다. 전쟁 시 민간 선박에 적선을 공격할 수 있는 권한을 주는 것을 'Privateering'이라 하는 데서 유래하였다.

마이크론 테크놀로지Micron Technologies는 라운드 락 리서치Round Rock Research라는 NPE에게 포트폴리오의 일부를 매각했다. 알카텔 루슨트Alcatel-Lucent는 특허를 이전하여 멀티미디어 패턴트 그룹Multimedia Patent Group이라는 NPE를 설립하였다. 스마트폰 경쟁에서 뒤진 노키아는 특허 일부를 모세이드Mosaid에 매각하여 수익화를 추진하고 있다. 아예 일부기업은 자체 NPE를 설립해 특허전쟁에 뛰어들고 있다. 예컨대, 애플이 중심이 되어 노텔Nortel 특허 포트폴리오를 45억 달러에 인수한 록스타Rockstar 비스코는 국내 기업을 상대로 특허 공세에 나서고 있다. 록스타 비스코는 애플이 지분 58%의 최대주주로, EMC, 에릭슨, MS, RIM, 소니가 지분에 참여하고 있고, WiFi, LTE, 소셜네트워킹 등 무선과 반도체 관련 6,000여 건의 특허를 보유하고 있다.

Strategic Partnership with IP Fund

• 제조기업과 IP 전문기업 펀드와의 파트너십

최근 마이크로소프트는 노키아의 휴대폰 사업을 72억 달러에 인수하였다. 흥미로운 것은 특허는 노키아에 두고 10년간 라이센싱을 받기로 한 것이다. 즉,

• '지킬박사와 하이드' 처럼 유연성 필요

노키아는 NPE로 활용하겠다는 것이다. 이와 같이 글로벌 업체들은 제조와 특허 사업의 전략적 파트너십을 추진하고 있다.

국내 제조기업들도 더 늦기 전에 한국형 NPE와 전략적 파트너십을 통해 글로벌 지식재산 경쟁의 우위를 점하기 위한 노력이 절실하다. 마치 《지킬박사와 하이드》에서 낮에는 지킬박사, 밤에는 하이드로 바뀔 수 있는 것처럼, 제조와 특허 사업의 두 가지 전략을 유연하게 추진할 수 있는 것이 중요하다.

20

IP 금융
"창조경제 동반자"

창조경제를 성공적으로 실현하려면, IP 금융이 중요한 역할을 해야 한다. 창조경제는, 전통적인 시설 투자보다 창의적인 아이디어에서 시작하여 가치와 일자리 창출을 목표로 하고 있다. 아이디어는 누구나 베낄 수 있으므로 시설 투자보다 진입장벽이 낮다. 그러므로 아이디어를 실현하는 기술을 지식재산으로 보호해야만 한다. 이러한 지식재산을 창출하고 보호하며 활용하여 재투자되는 선순환 구조를 만들어야 창조경제가 성공할 수 있다.

창조경제에서는 중소 벤처기업들이 혁신을 공급하는 중요한 역할을 한다. 중소 벤처기업들과 특허에 대한 이야기를 해보면, 목소리는 다음과 같다.

"우리 회사가 좋은 특허를 보유하고 있으나 사업 방향을 바꾸게 되어 특허를 매각하고 싶다."

"우리 회사의 좋은 특허를 담보로 사업자금을 융통하고 싶다."

"우리 회사가 좋은 특허를 가지고 있으니 특허료도 벌고 싶다."

"우리 회사가 해외 시장에 진출하는 데 걸림돌이 되는 해외 특허를 사고 싶다."

이러한 혁신 기업들의 다양한 수요를 만족시키려면, IP 펀드가 촉매 역할을 할 수 있다. 특허의 전문성 때문에 전문가가 운용하는 펀드 형태가 바람직하다. 해외에서는 사모펀드Private Equity Fund가 IP 비즈니스를 주도하고 있다.

우리나라는 창조경제를 촉진하기 위하여 성장사다리 펀드를 조성하였다. "창업-성장-회수/재도전"이라는 건강한 기업 성장 생태계를 구축하기 위하여, 정책금융공사, 산업은행, 기업은행, 청년창업재단 등이 펀드를 조성하고 민간 투자자들이 참여하는 형태로 3년간 6조 원의 펀드를 구성할 계획이다. 사다리 펀드는 각 단계별 하위 펀드와 모펀드Fund of Funds로 구성되어 있다. 성장금융펀드 중 하나로 지식재산 펀드가 조성되어 있다.

•성장사다리 펀드(출처 : 금융위)

IP 펀드를 운용하려면 어떻게 해야 할까? 우선 IP에 관한 불편한 진실을 알아야 한다. 많은 사람들이 특허를 자산으로만 인식하고 있다. 하지만 특허를 만들기만 하고 활용하지 않으면 유지비만 내게 되므로 자산Asset이 아니라 정반대인 부채Liability라는 점을 인식해야 한다. 기업이 특허를 많이 가지고 있다면 자산을 보유한 것인지, 빚더미를 안고 있는 것인지는 특허의 질에 따라 다르다.

또 하나 불편한 진실은 국내 특허만으로는 돈을 벌기 힘들다는 점이다. 국내 시장이 작은 이유도 있지만 국내 특허의 최종 무효율이 80퍼센트에 육박하기 때문이다. 특허청이 발행한 특허가 대법원까지 가면 80퍼센트가 무효가 되니, 국내 특허의 비즈니스가 활성화되지 못하는 것이다. 이러한 상황은 시간이 지나면 개선되겠지만, 해외 특허를 보유해야 돈을 벌 수 있는 것이 사실이다.

IP 펀드에서 가능한 비즈니스 모델은 기술과 시장의 발전에 따라 아래 그림과 같이 도출된다.

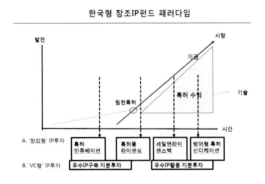

• 기술과 시장의 발전에 따른 IP 비즈니스 모델

기술 개발은 시장의 제품이 나오기 전에 대학, 연구소, 회사들의 연구 개발로 시작된다. 기술이 발전하면 어느 시점에서 기술을 이용한 제품이 시장에 출시된다. 이때 미리 출원한 특허가 원천특허가 되며 이후 특허 수익을 누릴 수 있다. 시점에 따라 여러 가지 비즈니스 모델이 가능하다.

우선 특허 자체에 투자를 하는 '창의형 IP 투자'와 특허 경영을 전제로 기업에 지분 투자하는 'VC^Venture Capital형 IP 투자'로 구분해 보자. 창의형 IP 투자는 기술과 시장의 성숙도에 따라 '특허 인큐베이션', '특허풀', '세일 앤 라이센스 백', '특허 신디케이션' 비즈니스 모델로 구분할 수 있다.

'특허 인큐베이션'이란 시장에 특허 제품이나 서비스가 출시되기 전에 특허를 출원한 다음, 시장 출시 제품이나 서비스에 맞도록 정조준 시키는 일련의 과정을 말한다. 미국에서는 특허를 등록한 시점에 시장 출시 제품이 없으면, '계속출원제도'를 통하여 모출원에 가지를 치는 출원을 유지하다가, 시장에 제품이 나오는 시점에 특허를 시장 제품에 정조준하는 것이 가능하다.

'특허풀'은 시장에 제품이 출시된 경우, 시장을 확대시키기 위한 장치이다. 시장에 제품이 출시되었는데, 특허권자와 제조사가 많은 경우, 개별 특허 협상을 해야 하는 불확실성 때문에 제조가 빨리 확산되지 않는 경우가 많다. 이러한 비효율을 없애기 위하여 특허권자와 제조사 간에 원스톱 라이센스 거래장을 만들어 준다. 특허권자는 정당한 특허료를 받고 제조사는 안심하고 제조할 수 있는 장을 말한다. 우리가 많이 쓰는 CD, DVD 기기는 국제 특허풀 때문에 소비자에게 빨리 보급되었다. 최근에는 특허풀이 시장 확대를 넘어, 제품 출시 이전에도 시장 창조를 촉진시키는 시장 창조 역할까지 하게 되었다.

'세일 앤 라이센스 백'이란 시장이 형성된 단계에서 기업이 특허권을 펀드에 넘기고 사업자금을 융통하여 사업을 하면서 라이센스료를 내고 나중에 특허권을 되사는 경우이다. 마치 부동산을 넘기고 세 들어 살다가 몇 년 후 되사는 경우와 비슷하다. IP를 기반으로 목돈을 마련하는 IP 유동화의 일부이다.

'방어형 특허신디케이션'이란 시장이 커지고 국내 기업이 글로벌 시장에 진출하면 특허 공격에 노출되는데, 방어 목적으로 분쟁 가능성이 있는 해외 특허를 선제 매입하여 국내 기업에 싸게 라이센스를 주고, 해외 회사들에게 특허료를 받아 수익을 나누는 비즈니스 모델이다.

'VC형 IP 투자'는 투자의 일부분을 특허 경영에 쓰게 되는데, 시점에 따라 우수 IP 구축을 목적으로 한 지분 투자와 우수 IP 활용을 목적으로 한 지분 투자로 나눌 수 있다.

각 비즈니스 모델마다 수익률과 위험도가 다를 수밖에 없다. 성공적으로 펀드 운영을 하려면 이런 여러 가지 비즈니스 모델의 조합을 통하여 전체 수익률을 관리해야 한다.

21

특허 인큐베이션
"시장 제품이나 서비스에 정조준"

—

'특허 인큐베이션'이란 양질의 특허가 나올 수 있는 환경을 만들어 주는 지원을 말한다. 좋은 특허, 고품질 특허, 원천특허란 무엇인가?

첫째, 특허에 결점이 없어야 한다. 이제는 특허도 제품인 시대이다. 특허 문서 청구항에 오자가 있거나 문법이 틀려서 법원에서 특허권을 집행할 수 없다면 제품에 하자가 있는 것이나 마찬가지이다. 둘째, 특허에 하자가 없더라도 특허가 시장의 제품이나 서비스와 매칭이 되어야 한다. 시장에 출시된 제품이 없는 특허는 소비자에게 소용이 없는 제품과 마찬가지이다. 쓸모없는 제품은 버리듯이, 시장에 제품이 없는 특허는 유지비만 나가는 장롱특허이다.

어떻게 시장에 나와 있는 제품이나 서비스와 특허를 일치시킬 수 있을까? 우선 시장에서 필요한 제품이나 서비스에 대한 기술의 연구개발이 시작된다. 어느 정도 기술이 성숙되면 제품이 출시되고 비즈니스가 시작된다. 이 시점에 연구개발 기술과 시장 제품이 일치되면 원천특허가 확보된다. 그러므로 어떤 연구개발을 해야 할 것인가가 중요하다.

일반적으로 시장의 추세는 예측이 된다. 그러나 어떤 연구개발에 투자할 것인가는 창의적인 생각이나 전문적인 경험에 의거한 혜안이 필요하다. 예컨대, 오래전부터 클라우드 시장이 뜰 것이라는 것은 많은 사람들이 예측하고 있었다. 그러나 클라우드 시장이 뜨면, 프라이버시가 중요해질 것이라고 예측한 사람은 많지 않다. 이렇게 혜안을 가진 사람이 미리 기술을 확보해 놓으면 원천특허 확보가 가능하다.

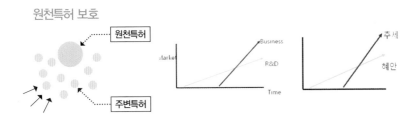

• 원천 특허 확보 전략

결국 원천특허 확보는 움직이는 과녁 맞추기이다. 어떻게 과녁에 정조준할 수 있을까? 우선 특허 출원 시 되도록 특허 기술의 개념을 폭 넓게 잡아서 청구하는 것이 중요하다. 이러한 추상화는 숙련된 특허 전문가들만이 가능하다. 폭넓은 권리의 특허를 출원하여 등록하더라도, 자연 발생적으로 시장의 제품이 특허와 일치하기를 기대하기는 어렵다. 시장의 출시 제품이나 서비스에 맞도록 정조준하는 것이 중요하다.

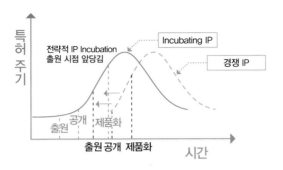

• 남보다 빠른 출원

미국에는 계속출원제도가 있다. 특허를 등록하는 시점에서 다시 가지를 친 특허를 출원할 수 있도록 하는 제도이다. 미국에서는 등록한 시점에 시장 출시 제품이 없으면, 계속출원제도를 통하여 가지를 쳐서 출원을 유지하다가, 시장에 제품이 나온 시점에 시장 제품에 특허를 정조준하는 것이 가능하다. 우리나라도 계속출원제도를 강화시킬 필요가 있다.

해외 기업들은 이렇게 미래기술을 선점하기 위하여 특허에 열을 올리고 있다. IBM은 순이익의 20%가 특허에서 기인한다. 필자도 IBM 왓슨Watson 연구소에서 일했던 경험이 있다. IBM은 직원이 좋은 발명을 신고하면 전세계 IBM 네트워크에 문의하여 발명을 분석하고 비판한다. 발명자는 이러한 비판에 맞서 특허성을 설득할 수 있어야 한다. 발명이 가치가 있다고 의견이 모아지면 특허변호사가 할당되어 특허문서를 작성하게 된다. 이러한 프로세스를 통해 IBM은 고품질 특허를 확보하고 있다.

애플은 스마트폰이 모바일 결제의 중심이라고 생각해서 관련 기술을 특허화 하고 있다. 다음 그림의 애플 특허는 스마트폰을 이용하여 매장에서 결제하는 것을 보여주고 있다. 미국에서는 식당 등에서 각자 계산을 하는 더치페이Dutch Pay가 일반화되어 있다. 심지어 이렇게 나누어 내는 방법조차 특허를 출원하고 있다.

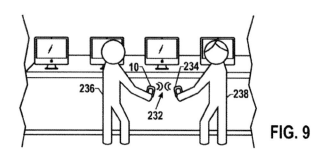

• 애플의 모바일 결제 특허(US 8,364,590)

애플은 지문인식이 모바일 금융의 바탕이라고 생각하여 관련 특허도 확보하고 있다.

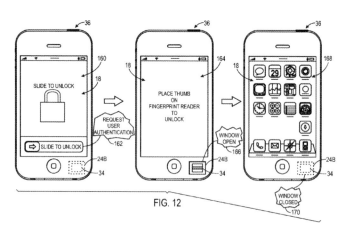

• 애플 지문인식 특허 출원(US 2012/0258773)

애플과 경쟁하는 구글은 이에 질세라 구글 안경을 특허화 하고 있다.

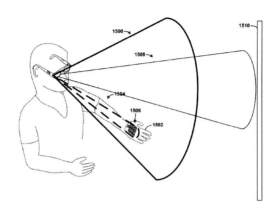

• 구글 안경과 키보드(US 2013/0016070)

22

특허풀

"특허권자 제조사 상호 윈—윈"

특허풀이란 기술 공급자와 기술 수요자 간에 기술 권리에 대한 효율적인 원스톱 쇼핑의 장을 제공하는 것이다. 시장이 생겼는데 복수의 특허권자와 제조사가 존재하는 경우, 개별 특허권 협상을 해야 하는 불확실성 때문에 시장이 활성화되지 않는 경우가 많다. 이러한 비효율을 제거하기 위하여, 특허권자들이 모여서 특허풀을 만들어 원스톱으로 라이센스를 제공하면 제조사들이 안심하고 제조할 수 있다.

특허풀은 특허라는 독점적인 권리를 모은다는 측면에서 독점의 우려가 있다. 독점의 우려 때문에, 일반적으로 다수가 합의하는 기술표준을 중심으로 특허 권리가 제공된다.

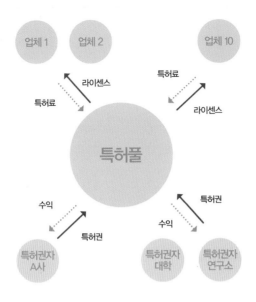

• 특허풀

특허풀은 필수 불가결한Essential한 특허로만 구성되어야 한다. 특허 기술을 쓰지 않으면 구현에 걸림돌Blocking이 되는 보완Complementary 기술의 특허로만 구성되어야 하고, 경쟁Competing 기술의 특허들로 구성되면 안 된다. 만일 특정 기술표준을 구현하는 데 두 가지 경쟁 기술이 있다면 한 가지만 택하면 되는데, 특허풀에 두 가지 기술이 다 들어 있어 돈을 다 내야 된다면 일종의 불법담합이 된다.

통신기술과 관련해서 많은 특허풀이 존재한다. 전 세계적으로 MPEG LA와 비아 라이센싱Via Licensing이 유명하다. 국내에는 아직 특허풀이 존재하지 않는다. 이제는 우리도 한국형 특허풀을 만들 수 있는 시점이라고 생각된다. 예를 들어, 보안기술 분야를 보자. 보안기술에는 DRM 콘텐츠 보안, 물리보안, 생체인증, 네트워크 보안무선랜, Antivirus, Firewall, 스마트폰 보안, 클라우드 보안 등 다양한 분야가 있다. 이들 각 분야에 표준기술 Reference Model을 수립한다. 표준기술에 업계로부터 많은 특허를 모아서 기술과 공정 거래의 측면에서 평가한다. 중립적인 기관에게 특허풀의 운영을 맡기면 된다.

특허풀은 국제 기술 협력 측면에서 개방 협력으로 볼 수도 있다. 예컨대, 국제적으로 환경문제를 풀려면 기술 선진국과 개발도상국 간에 기술 협력이 필요하다. 아무리 개발도상국이라 할지라도 선진국이 기술을 무상으로 주기는 힘들다. 라이센스 할 특허들을 묶어서 특허풀로 만들어 개발도상국의 기술 수요자에게 합리적인 라이센스를 제공한다. 개발도상국도 좋은 기술을 개발하면 기술 수요자에 머무는 것이 아니라 기술을 향상시켜 개량 기술을 다시 특허풀에 포함시킴으로써 기술 공급자로서 합류할 수도 있다.

특허풀뿐만 아니라, 특허를 중심으로 한 혁신적인 오픈 비즈니스 모델도 계속 제시되고 있다. 예를 들면, 특허 출원에 대한 선행기술 조사와 심사도 있고, 특허 활용에 있어서도 오픈 비즈니스 모델을 활용하여 불특정 다수가 참여하는 모델이 제시되고 있다.

23

IP 담보 금융
"세일 앤 라이센스 백"

중소기업은 항상 자금조달이 문제다. 중소기업이 좋은 IP를 가지고 있다면, 이를 담보로 자금을 융통할 수 있다. 이른 바 '세일 앤 라이센스 백' 방식이다. 중소기업이 가진 핵심 특허의 소유권을 금융기관에 넘기고 자금을 융통한 다음, 라이센스를 되받아 특허료를 내면서 사업을 영위하고 일정기간이 지난 후 자금을 갚으면서 특허를 되사오는 모델이다.

마치 자기 건물의 소유권을 넘겨 목돈을 융통하고, 일정 기간 임대료를 지불하고 거주한 뒤, 그 건물을 재매입하는 '세일 앤 리스 백Sale & Lease Back' 모델을 특허권에 적용한 방식이다.

하지만 소유권을 넘기고 다시 받는 라이센스에 주의하여야 한다. 전용실시권이 아니라면 금융기관이 원 중소기업의 경쟁자에게도 라이센스를 줄 수도 있다. 만일 중소기업이 팔리는 경우에라도 다시 받은 라이센스가 계속 유효해야 회사의 가치를 인정받을 수 있다.

금융기관의 입장에서는 중소기업이 빚을 못 갚는 경우, 사업정지를 시킬 수 있을 만큼의 핵심 특허여야 하고, 만일 중소기업이 도산하는 경우, 다른 기업으로부터 회수할 수 있을 만큼 시장에서 가치 있는 특허라야 한다. 이러한 조건을 만족시킬 수 있는 특허는 표준특허가 있다. 그런데, 국내에서 표준특허를 만들 수 있는 기업은 한정되어 있다.

임대료를 내는 기간 동안의 건물 유지 관리비는 투자회사가 부담하는 것처럼 특허권의 유지 관리비는 금융기관이 부담한다. 특허 사용료는 특허권을 활용하여 발생한 매출액의 일정비율을 내는 방식이기 때문에 아직 매출액이 적은 벤처기업의 입장에서는 초기의 자금 부담을 덜 수 있다.

• 세일 앤 라이센스 백 개념도

24

IP 신디케이션
"글로벌 시장 진출 동반자"

국내 기업이 성장하여 글로벌 시장에 진출하게 되면 특허전쟁에 노출된다. 흔히 경쟁사나 특허권자의 레이더에 잡힌다. 미리 준비해야 하겠지만 해외 특허 중에 피하지 못하는 특허가 있을 수밖에 없다. 이러한 특허로부터 방어하려면 매입하는 것도 수단이다. 국내 자본과 기업이 연합해서 신디케이션을 구성하고 IP 펀드를 조성하여 이러한 특허를 산 다음, 해외 기업에게서 특허료를 받아 수익을 공유하는 모델이다. 이렇게 특허를 사려면 특수 목적의 제3의 회사 SPC를 통하는 것이 좋다. 목적이 노출되면 특허권자가 특허를 너무 고가에 팔려고 하기 때문이다.

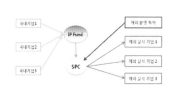

• IP 신디케이션

창조경제에서 지식재산은 경제성장의 원동력이고 고품질 지식재산 확보 야말로 국가의 경쟁력이다. 국부 펀드가 장기적으로 국가 경제에 필요한 해외유전 개발이나 리튬 등 희귀광물 확보에 투자하는 것처럼, IP 펀드란 전 세계에서 가장 좋은 아이디어나 발명, 특허권 등을 매입한 후 부가가치 를 높여서, 이를 필요로 하는 글로벌 업체들에 라이센싱 하여 수익을 창 출하도록 하는 펀드를 말한다.

해외에서는 지식산업이 산업의 큰 축으로 자리 잡고 있다. 전 세계에서 가장 큰 IP 펀드는 마이크로소프트의 빌게이츠가 투자한 인텔렉추얼 벤 처스이다. 5조 원 규모의 펀드로서 발명을 창조하는 것에서 시작해서, 라 이센싱 및 특허소송을 하는 다양한 비즈니스 모델로 진화하고 있다.

국부 차원에서 중요한 IP 펀드를 성공적으로 운영하려면 어떤 요인이 필요할까? 첫째, 활용을 전제로 한 특허 매입을 하여야 한다. 특허의 존속 기간은 출원부터 20년이지만 등록하고도 마케팅을 거쳐 실질적으로 라이센싱을 할 수 있는 유효기간은 7~8년에 불과하다. 즉, 특허를 매입하고 활용하지 않으면 8년 정도의 감가상각에 의하여 가치가 낮아진다. 그러므로 미리 특허의 활용계획을 세우고 특허를 매입해야 한다. 특허의 활용계획도 없이 매입하는 것은 감히 '직무유기'라고 할 수 있다.

둘째, 고도의 전문성이 필요하다. 특허 비즈니스는 글로벌 시장에서 진행되고 있으며 국내 기업의 해외 특허의 확보도 중요하다. 양질의 해외 특허를 확보하기 위해서는 해외 특허법과 판례에도 정통해야 한다. 기술들이 어떻게 융합하는지 그 추세를 잘 예측해야 미래에 성공할 수 있는 고품질 특허를 확보할 수 있다. 해외 펀드는 고도의 기술전문가, 법률전문가, 투자전문가들이 운용하고 있다.

셋째, 합리적인 IP 가치평가가 필요하다. 기술 사업화에 의거한 특허 가치평가는 부풀려지고, 소송 모델에 의거한 특허 가치평가는 축소화되는 경향이 있다. 정말 중요한 가치는 상황에 따라 동적으로 IP를 활용하는 데서 나오는 가치이다. 소위 옵션Option 가치평가를 이용한 좀 더 합리적인 가치평가를 해야 한다.

넷째, 합리적인 리스크를 감수해야 한다. 세상에 결점이 없는 특허는 없다. 제3자 특허를 매입하여 사업을 하려면, 이러한 결점에도 불구하고 현명하고 신속한 결정을 내리는 리스크 테이킹Risk Taking이 필요하다. 마치 용감한 자가 미인을 차지하듯이, 여기에서도 과감한 결정이 필요하다. 개별 특허는 무효화될 가능성이 있지만, 개별 특허들을 수십 건 모아 포트폴리오를 만들면 전체적으로 포트폴리오가 무효화될 가능성은 거의 없다. 그럼에도 불구하고 근거 없는 개별 리스크 우려 때문에 기회를 놓치는 우를 범하면 안 된다. 최종 결정에서 매입 특허 출처의 평판 등을 고려하는 것도 리스크를 줄이는 방법이다. 좋은 특허를 만들기로 유명한 회사일수록 무효화 가능성이 줄기 때문이다.

다섯째, 특허를 창출하는 제조기업과는 철저히 독립성을 유지하고 있어야 한다. 제조기업은 특허소송을 제기하게 되면, 상대방으로부터 제조하는 제품에 대한 특허 역소송을 받는 약점이 있다. 반면, 비제조기업은 제조 제품이 없으므로 원천적으로 특허 역공을 당할 수 없다. 그래서 세계는 이제 제조기업과 비제조기업이 전략적인 제휴를 하는 시대가 되었다. 그런데, 만일 비제조기업이 제조기업의 지배를 받게 되면 이러한 장점이 없어진다. 라이센싱 상대방은 배후의 제조기업을 역공해서 유리한 로열티 협상을 하려고 하기 때문이다. 투자자가 제조기업이라면, 제조기업은 투자 이외의 운영에 영향을 미치면 안 된다. 제조로부터의 독립성이 IP 펀드 생존의 핵심이다.

마지막으로, 특허 비즈니스는 아무런 위험을 부담하지 않으려는 안이한 공무원 낙하산 조직이 아니라 철저한 전문 경험에 의거하여 불확실성을 감내하는 민간 주도로 실행이 되어야 한다.

IP 펀드의 성공은 우리나라가 고부가가치 지식경제사회로 도약하는 기로에서 너무나 절실하다. 전문성과 용기로 무장하고, 철저히 독립적으로 민간 주도의 운영을 해서 글로벌 경쟁력을 갖추지 못하면 성공할 수 없다. 이러한 시대의 변화를 읽지 못하면 국가의 경쟁력도 추락할 수밖에 없다.

26
특허의 가치평가
"이론과 현실의 괴리"

전 세계적으로 특허 거래 시장이 활성화되면서 특허의 거래 가격에 대한 질문을 많이 받는다. 비용으로 보면, 한국 특허의 경우는 등록까지 드는 비용이 몇 백만 원 수준이지만, 미국 특허의 경우 등록까지 드는 비용이 2000만 원을 훌쩍 넘는다. IP 오퍼링Offering 회사에 의하면 미국 특허의 평균 거래 가격이 30만 달러이다. 애플은 노텔의 통신 특허 6,000건을 45억 달러에 인수하면서 건당 100만 달러 가까이 지불하였다. 같은 근원에서 파생된 특허 패밀리 기준으로 패밀리당 1000만 달러를 육박하는 특허도 있다. 그럼 특허의 가격은 어떻게 정해지는 것일까?

특허는 국가마다 효력이 다르므로 그 나라 시장의 크기, 법원에서 특허권자의 승소율, 금지명령 가능성, 승소 시 손해배상액 등이 특허의 가격을 좌우한다. 일반적으로 미국 특허, 유럽 특허, 일본 특허, 국내 특허 순으로 가격이 정해진다. 결국 분쟁 시 법원의 손해배상액 판결이 중요하다. 과거 재판에서 손해배상액이나 라이센싱 이력이 있으면 중요한 근거 자료가 된다.

과거 이력이 없는 경우에는 어떻게 판단할 수 있을까? 우선 특허의 가치와 가격을 구분해야 한다. 주식의 경우, 기초가 탄탄한 회사의 주식은 가치가 높다. 그러나 실제 주가는 시장 상황에 따라 오르락내리락한다. 마찬가지로 특허도 가치와 가격은 차이가 있다.

특허의 본질적인 가치는 기술성, 권리성, 시장성을 고려하여 산출할 수 있다. 기술성이란 기술이 얼마나 획기적인지, 다른 사람이 모방하기 힘든 것인지, 대체 기술이 있는지, 기술의 수명은 어떠한지 등을 고려하여 평가하게 된다. 권리성이란 특허 권리 청구항이 제대로 작성되어 있는지, 명세서가 제대로 작성되어 있는지, 특허법상 배타적인 권리가 얼마나 보장되는지를 평가하게 된다. 주로 특허변호사나 변리사가 평가한다. 시장성이란 특허가 적용되는 제품이나 서비스 시장이 열려 있는지, 얼마나 큰지, 얼마나 지속될 것인지 등을 평가하게 된다.

특허의 가치는 적용 대상의 범위에 따라 높아진다. 우선 특허 확보 비용을 최소한의 가치로 볼 수 있다. 특허가 자사 제품에 적용이 되었다면, 특허가 매출에 기여하는 부분을 현재 가치로 환산하여 특허 가치를 구할 수 있다. 자사 제품을 넘어서서 경쟁사의 제품까지 견제할 수 있다면, 특허 가치는 더욱 높아진다. 시장의 제품에 적용되는 특허를 상업특허라고 한다. 통상적으로 그 산업 분야에 해당하는 로열티율을 적용하여 가치를 평가한다. 경쟁사를 넘어서서 특정 산업에 꼭 필요한 표준특허가 되면, 특허 가치는 더더욱 높아진다. 예컨대, 통신표준특허는 수백만 달러의 가치가 된다.

특허 기술에 기반하여 제품과 서비스를 제공하는 경우, 즉 기술 사업화의 경우, 시장점유율에 따른 매출의 일정 부분이 특허 기술에 의거한다고 보아, 매출에 대한 기술의 기여도가 얼마인지, 기술에 대한 특허의 기여도가 얼마인지를 산출하여 순현재가치^{NPV}를 계산하게 된다.

이러한 NPV 산출 방식은 한 가지 시나리오에 국한되는 단점이 있다. 도중에 전략이 수정되기 마련인데, 이에 따른 시나리오는 고려되지 않는 것이다. 특허가 활용되는 중간에 전략이 수정되면 옵션으로서의 가치를 합해야만 정확한 가치를 구할 수 있다. 이러한 옵션의 가치는 블랙 쇼어 Black-Shore 모형을 통하여 산출할 수 있다.

NPV 산출 방식은 특허를 NPE에 매각할 때는 별 소용이 없게 된다. NPE는 제조를 하지 않으므로, 다른 제조업체에게서 받을 수 있는 로열티, 부득이 법원 판결에서 받을 수 있는 액수를 따진다. 특허의 매각 가격은 원 특허권자가 이미 허여한 라이센싱 대상이 많으면 새로 라이센싱을 허여할 대상이 줄어 가격이 낮아진다. 제조사 간에는 서로 간 크로스라이센싱이 많은데, 이렇게 이미 허여한 라이센싱 대상이 많으면 새로운 라이센싱 대상이 적어지므로 소위 흠결^{Encumbrance}로 간주되고 특허 매각 시 가격이 낮아진다. 연구개발을 제조 부문과 분리해서 처음부터 크로스라이센싱이 없는 특허를 확보하는 것도 방법이다.

특허의 가치를 평가하고 산정하는 컴퓨터 프로그램도 있다. 미국의 오션토모 사는 특허 평가시스템인 패턴트 레이팅^{Patent Ratings}을 보유하고 있다. 몇 가지 경험적인 평가 잣대를 이용한다. 예컨대, 특허 유지료를 오래 낼수록 가치 있는 특허일 확률이 많다. 이러한 요인들을 가지고 모델을 만들어 자동평가기법 자체를 특허 등록까지 하고 있다. 국내에서는 광개토연구소가 개발한 특허 평가 프로그램이 상당한 결과를 도출하고 있다.

실제 특허의 가격은 이론과 다르다. 우선 특허 가격은 활용할 수 있는 회사에 따라 상대적이다. 제조회사는 특허로 역공을 당할 수 있으므로 특허를 적극적으로 활용하기 힘들다. 반면, 같은 특허라도 비제조회사NPE 에게는 가치가 높다. 그러므로 NPE가 더 높은 가격으로 살 수도 있다.

또한 구매자 둘 이상이 경쟁적으로 입찰Bidding을 하게 되면, 특허 가격이 올라가게 된다.

고부가가치 특허를 만들려면 특허의 품질이 중요하다. 청구항의 권리 범위가 적절해야 하는 것이다. 청구항이 너무 긴 특허는 구성요소가 너무 많아 침해 제품을 찾기 힘들어서 가치가 낮다. 청구항이 몇 줄로 너무 짧은 특허는 권리 범위는 넓지만 무효 가능성이 높다. 그래서 미국 특허 인쇄 문서를 보면 1인치 길이의 청구항이 적당하다는 농담 반 진담 반의 이

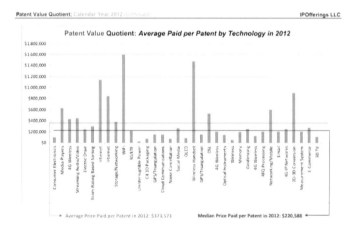

• 2012년 특허 가격(출처 : IP Offerings, www.ipofferings.com)

야기도 있다. 특허 청구항에 철자나 문법이 틀려도 소송에서 이기기 힘들어 가치가 낮아진다. 적절한 포트폴리오 전략도 중요하다. 여러 건의 특허가 포트폴리오로 되어 있으면 하나의 특허가 무효가 되더라도 전부가 무효가 될 확률은 낮으므로 정당한 가치를 받을 수 있다.

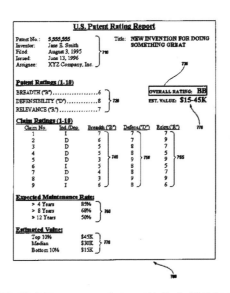

• 오션토모의 패턴트 레이팅(Patent Rating) 미국 특허(US 7,962,511)

27

IP 비즈니스 계약
"소 잃고 외양간 고치면 늦다"

—

특허에 대한 비즈니스 계약은 아무리 강조해도 지나치지 않다. 고생하여 개발한 기술에 대한 계약을 잘못하면 두고두고 후회할 수 있다. 우리나라가 퀄컴과 CDMA 협력을 할 때 일방적으로 특허료를 내는 것으로 계약을 한 것이 그 사례이다. 우리나라가 만든 개량 특허를 크로스 하도록 계약했더라면 퀄컴의 종속에서 벗어나고 로열티 적자에서 헤어나올 수 있었을 것이다.

특허를 출원할 때는 특허 기술에 대한 명세서와 청구항 작성을 하게 되지만, 특허로 비즈니스를 할 때는 특허권을 주체로 여러 형태의 계약을 하게 된다. 특허를 통째로 매입하는 특허 매입 계약PPA, Patent Purchase Agreement, 특허의 소유권만 제외하고 거의 모든 배타적 권리를 가져오는 전용실시권 라이센스 계약Exclusive License Agreement, 배타적 권리 없이 사용권을 가져오는 통상실시권 라이센스 계약PLA, Patent License Agreement 등이 있다.

특허로 비즈니스를 하려면 우선 특허를 매입해야 하므로, 특허 매입 계약PPA이 중요하다. 우선, 특허 권리 중 현재와 미래 및 과거 침해에 대한 보상을 넘긴다는 조항이 있어야 한다. 과거 조항이 빠지면 과거 침해 부분에 대한 손해배상을 못 받을 수 있다.

계약 적용 법률은 미국 특허인 경우 미국 법을 적용하고, 계약 관련 분쟁 법원은 국제 상업의 가장 중심지인 뉴욕 주를 선택하는 경우가 많다.

특허의 흠결Encumbrance

원 특허권자나 특허 매각자가 이미 라이센싱이나 크로스 라이센싱을 체결한 회사는 추가적으로 특허 라이센싱의 대상이 될 수 없으므로, 특허 가치 측면에서 흠결로 보아 'Encumbrance'라고 한다. 매입 시 'Encumbrance' 회사 목록은 꼭 확보해야 한다. 그러나 대기업이 매각자인 경우 'Encumbrance List'를 다 주기 힘든 경우가 있고, 이 경우 매입자가 몇몇 관심 대상 기업을 불러주면 이들만 라이센싱 체결이 되어 있는지 알려주는 샷건Shot Gun 방식도 쓰인다.

특허 보증

특허 매각자는 매각 특허의 신뢰성에 대하여 보증을 해야 하는데 회사 직원이 아니라 회사 자격으로 보증을 받아야 한다.

세금

원천징수세Withholding Tax는 돈을 받는 매각자 부담이 원칙이다. 매입자가 세금을 제하고 남은 부분을 송금하고 세금을 납부한 영수증을 매각자에게 보내 세금 정리를 하도록 한다.

소송 지원

매입한 특허를 가지고 라이센싱 활동을 하려면 소송을 해야 하는 경우도 있다. 이를 위해, 원 특허권자 회사의 발명자 직원들이 특허소송에 대한 지원을 할 수 있도록 협조 조항을 넣는 것도 필요하다.

글로벌 대기업의 특허를 살 경우, 그 기업들은 매각한 특허가 NPE에 넘어가는 것을 싫어하여 NPE에게 넘어가면 무력화되도록 하는 조항이 있을 수 있으니, NPE에 적용되는 조항과 NPE가 아닌 제조기업에 적용되는 조항을 잘 구분하여 검토하는 것이 필요하다.

28

특허 비즈니스
"광석을 보석으로"

특허를 수익화하는 특허 비즈니스가 성공하려면 3가지 요소가 필요하다. 고품질 특허 확보, 충분한 재정적 투자, 뛰어난 전문인력이다.

고품질 특허란 시장에 있는 제품이나 서비스와 들어맞는 특허나 가까운 시일 내 들어맞을 수 있는 특허를 말한다. 기술표준에 부합하는 표준특허나 시장 제품에 부합하는 상업특허가 이에 해당한다. 고품질 특허는 시장 경쟁의 전방에 있는 글로벌 제조사가 가지고 있는 경우가 많다. 제조사의 경우 자사 제품을 보호하고 경쟁사를 견제하기 위하여 특허를 확보하지만, 시간이 지나면서 필요 이상으로 특허를 확보하는 경우가 많다. 회사 입장에서는 이렇게 남는 특허를 수익화하면 좋을 것이다. 그런데 회사 입장에서 수익화를 위하여 직접 라이센싱을 하기는 힘들다. 라이센싱의 속성상 상대방 제조회사와 대립관계가 있을 수 있고 역으로 특허소송을 당할 수 있기 때문이다. 그러므로 제조를 하지 않는 제3자인 지식재산 전문회사에 특허를 넘겨 라이센싱을 맡기는 것이 안전한 방법이다.

재정적 투자란 특허 권리를 사기 위한 돈과 법원 비용, 운영비용 등을 말한다. 지식재산이 지식경제의 자본으로 인식되면서 고품질 특허의 시장 가격이 올라가고 있다. 특허 가격이 백만 달러를 훌쩍 넘는 경우도 많이 있다. 이러한 특허를 확보하기 위해서는 재정 자원이 필요하다. 부득이 법원에서 소송을 해야 하는 경우도 있는데 소송비용이 상당하다. 특허 글로벌 특허분쟁의 중심인 미국 법원에서의 특허소송은 비용이 엄청나다. 미국 법원에서 소송가액이 2500만 달러를 넘는 경우 평균 소송비용이 500만 달러이다. 즉, 손해배상액의 1/5을 소송비에 지출할 각오를 해야 하므로 이러한 재원을 확보하여야 한다.

전문인력이란 특허를 발굴하고 가공하며 활용하는 인력을 말한다. 이제 특허는 넘치고 있다. 넘치는 특허 중 좋은 특허를 발굴하는 것은 희귀 광맥을 찾는 것이나 마찬가지이다. 무엇보다 특허를 보는 날카로운 눈이 있어야 한다. 광맥을 찾아도 원석을 가공해야 하는 것처럼 원천특허를 가공하는 인력도 필요하다. 부득이 법원에서 분쟁을 한다면 뛰어난 소송변호사도 필요하다. 특허 비즈니스는 기술인력, 마케팅인력, 투자인력, 법률인력 등의 전문인력을 보유하고 있어야 한다. 기술인력은 변리사가 아니라 산업에 대한 이해도가 높은 기술자 출신이면서 특허를 이해하는 특허 엔지니어를 말한다. 마케팅은 특허 매매나 라이센싱 협상을 잘할 수 있는 세일즈맨 역할이다.

특허 비즈니스 회사는 특허서비스 회사나 특허사무소, 법률사무소와 차별화된다. 특허서비스 회사는 특허에 대한 데이터베이스, 특허 시스템 구축 등 지원 서비스를 하고 수수료를 받는다. 특허 내용에서 수익을 찾지는 않는다. 마찬가지로 특허사무소는 특허를 출원하는 서비스를 하고 수수료를 받는다. 법률사무소는 분쟁을 대리하지만 소송물에 대하여 지분을 확보하는 것이 금지되어 있다.

특허 비즈니스 회사를 운영하는 데 가장 중요한 것이 좋은 특허를 확보하는 능력이다. 특허 비즈니스에는 위험부담이 존재하지만 성공하면 큰 수익을 올릴 수 있고, 전문성을 확보하면 위험을 최소화하여 관리할 수 있다. 그러므로 외국에서는 전문성을 확보하여 고 위험 고 보상High Risk High Return을 추구하는 사모펀드Private Equity에서 많이 투자하고 있다.

1,000년 전 노르웨이 바이킹은 그 당시 하이테크 배를 설계하여 유럽을 누볐다. 우리나라도 우리가 만든 기술과 특허로 세계를 누빌 날을 기대해 본다.

•노르웨이 바이킹의 배

29

미래상–지식재산거래소
"특허를 주식처럼 거래"

창조경제에서는 혁신에 대한 보상이 원칙이다. 공상소설 같지만, 몃 훗 날에는 누군가 창의적인 아이디어를 국가 시스템에 등록하면 슈퍼컴퓨터 가 창의성의 정도를 자동으로 분석해서 아이디어 제안자의 통장에 바로 돈을 입금하는 시대가 올 것이다. 즉, 혁신에 대한 보상 시스템이 사회적 비용 없이 돌아가는 시대가 올 것이다. 그러나 아직 현실은 그렇지 않다.

특허권자와 제조사는 상반된 시각을 가지고 있다. 특허권자는 되도록 특허료를 많이 받고 싶고, 제품을 만드는 제조사는 되도록 적게 특허료를 지불하고 생산하고 싶어 하기 때문에, 초기에 협상을 하다 결국에는 사회 적 구속력을 가지는 법원에서 특허소송이라는 복잡한 절차를 거쳐 비자 발적으로 혁신에 대한 보상을 지불하게 되는 경우가 많다. 법원은 특허권 의 유효성을 검증하고, 특허료의 총액수, 해당 특허권자의 지분, 해당 특허권자의 특허료 지불 의무 액수 등을 결정하게 된다.

문제는 이 소송 과정에서 너무 많은 비효율이 발생한다는 것이다. 미국의 경우, 소송가액이 2500만 달러를 넘는 경우 평균 소송비용이 500만 달러이다. 법원이 혁신의 보상에 관한 효율적인 배분 장소가 아니라는 것을 명백히 보여준다. 결국 특허료의 총액과 배분이 문제인데, 이 문제를 법원보다 주식시장에 맡길 수는 없을까?

우선 특허권을 ULR^{Unit Licensing Right}이라는 표준 거래 단위로 나누어 상품으로 만든다. 특허권자는 관련 특허권을 구매자에게 이양한다. 구매자는 계획한 생산에 필요한 만큼의 특허 권리를 산다. 만일 생산량이 계획에 미달하면, 특허권자 입장이 되어 특허 권리를 다시 시장에 되팔아 다른 사람이 쓰도록 하면 된다. 이렇게 하면, 마치 기업이 거래소에서 기업공개를 하듯이, 특허 기술을 지식재산거래소에 상장할 수 있게 되고, 특허의 가치가 발견되어 정확한 가치평가가 이루어진다.

이러한 지식재산거래소의 장점으로는 첫째, 거래의 효율성이 증가한다. 당장 비싼 특허소송에 시간과 비용을 들이지 않아도 된다. 특허료를 일시불^{Lump Sum}로 지불하는 경우, 생산을 많이 하면 이익이지만 생산을 하지 않더라도 특허료를 내는 비효율도 없애준다. 기업 간 크로스라이센싱의 경우 양측의 특허 지분과 관계없이 상쇄하는 경우가 많아서 생기는 실물경제와의 괴리도 줄어든다.

둘째, 거래의 투명성을 제공한다. 대부분 특허분쟁에서 협상 타결 후 특허료 지불액수는 비밀 보호 조치가 되므로, 다른 사람이 과거에 얼마를 지불했는지 소문으로만 알 뿐이다. 비싼 소송을 통하면 변호사들은 과거 소송에서 특허료 내력을 알 수 있으나, 시장 참가자들에게 정보가 확산될 수는 없다.

이렇게 이론적으로는 장점이 많은 특허 주식시장을 운영하려면 현실적으로 어떤 요인이 필요할까? 첫째, 포트폴리오화가 중요하다. 특정 기술 분야의 여러 특허를 묶으면, 공급자 입장에서 개별 특허는 무효 가능성이 있더라도 전체적으로 무효 가능성은 거의 없으므로, 특허 상품으로서의 가치가 높아진다. 수요자 입장에서는 특정 분야 특허를 한꺼번에 해결할 수 있으므로 편의성이 증가하여 특허 상품으로서의 가치가 높아진다.

둘째, 특허 포트폴리오에 대한 정확한 초기 가치평가이다. 정확한 특허 라이센스의 가격은 시장에서 거래되면서 발견되지만, 처음 상장을 할 때 정확히 평가가 되고 시장에서 조정이 되어야 한다. 일반적으로 특허 포트폴리오 중 핵심 특허는 수익접근법으로 미래 수익을 계산하여 현재 자산 가치로 환산하고, 비핵심 특허는 비용접근법을 기초로 계산을 한다. 여기에, 시장에서 특허 기술 외 대체 기술Non-infringing Alternative의 존재 등에 대한 고려, 이미 라이센스를 받은 업체들Encumbrances에 대한 고려, 시장에서 전략적인 위치에서 나오는 옵션Option 가치도 고려해야 하는 어려운 작업이다.

셋째, 다수의 공급자, 즉 특허권자와 다수의 수요자, 즉 제조업자들이 존재하여야 한다. 특허료를 받고 싶어 하는 특허 공급자만 있으면 소용이 없다. 수요자 기업들도 특허료 지불을 지식재산거래소에서 하더라도 공정한 액수를 낸다는 믿음이 있어야 한다. 즉, 인식 제고가 문제이다.

미국은 국제지식재산거래소 IPXiIntellectual Property Exchange International가 시카고에서 출범하였다. 탄소배출권을 다루는 시카고기후거래소 회장을 하던 제라드 판네코에크Gerard Pannekoek가 거래소 회장으로 임명되었다. 탄소배출권이란 탄소 배출 할당량을 줄인 업체는 탄소배출권을 판매할 수 있고 탄소 배출을 초과한 업체는 구매를 해야 한다. 재미있는 것은 탄소

배출권과 지식재산이 공통점이 있다는 점이다. 제조를 하려면 지식재산에 대한 가치를 지불해야 하고, 지식재산을 더 많이 가진 곳은 이를 필요로 하는 곳에 팔 수 있다는 점이다.

특허거래회사 오션토모를 중심으로 1차 자본 모집이 완료되었으며 초기 5억 달러의 시장가치를 목표로 하고 있다. 특허권자로는 컬럼비아대학 포함 다수의 대학들이 창립멤버로 참가하고, 회사로는 소니, 필립스 등이 창립멤버이며 최근 HP, 포드자동차, JP 모건JP Morgan 등이 합류하여 많은 회사가 가입하였다. 2013년 5월에는 유기발광다이오드OLED 디스플레이 관련 특허 기술 225건을 포함 총 600건 이상의 특허를 포함한 계약을 시작으로 사업을 개시하고 있다.

• IPXi 회장 제러드 판네코에크(Gerard Panekoek)

현재도 특허권자들과 생산자들을 원스톱으로 연결시키는 특허풀이 존재한다. 그러나 특허풀에서는 특허권자는 계속 특허권자이고 생산자는 계속 생산자로 남아 있는 한계가 있다. 이러한 한계를 넘기 위하여 지식재산거래소는 생산자도 특허권자가 될 수 있는 혁신적인 발상에 기초하고 있다. 앞서 이야기한 성공요인을 인프라로 잘 발전시키면, 한국형 지식재산거래소도 언젠가 도입될 수 있다고 생각한다.

30

글로벌 특허가 블루오션
"IP 한류의 시대"

특허 인큐베이션에서도 이야기한 바와 같이 원천특허를 확보하려면 남보다 빠른 선행 연구개발이 가장 중요하다. 일단 남보다 먼저 연구개발을 하고 그 성과를 특허로 출원한 다음, 시장이 생기면 특허를 시장 제품이나 서비스에 정조준하면 된다.

우리나라는 'IT 강국'을 넘어서서 '스마트 강국'으로 변신하고 있다. 스마트폰, 태블릿, 스마트홈, 스마트카 등에서 세계 최고 수준의 연구를 하고 있다. 바이오 분야도 'Lab-on-a-Chip' 등 IT 기술을 의료 기술에 접목하는 기술 연구가 한창이다. 신기술 분야인 에너지 관련 이차전지, 환경 기술 등도 개발되고 있다. 이러한 선행 연구를 바탕으로 IP 금융과 정책이 잘 뒷받침되면, 우리나라도 얼마든지 원천특허 선도국가가 될 수 있다.

동북아시아의 한·중·일이 세계 제조의 중심이 되었으며, 2020년이 되면 동아시아 한·중·일의 교역량이 미국과 유럽을 넘어선다고 한다. 특허는 제조 및 기술과 분리되어 존재할 수 없다. 제조력이 상실된 기업을 보면 결국 특허도 약해질 수밖에 없다.

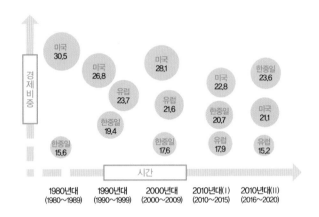

•주요 국가 교역(출처 : IMF)

벌써 글로벌 지식재산의 중심이 동북아로 옮겨가고 있다. 2013년 한·중·일 3국 특허 출원 건수가 100만 건이 넘어서 미국의 2배, 유럽의 7배가 되었다.

그러므로 언젠가 지식재산도 한국이 중심이 될 날이 올 것이다. 문제는 IP 중심을 빨리 우리나라로 가져올 수 있느냐는 것이다. 우리나라는 선행 기술에 많이 투자하기 때문에 올바른 IP 전략으로 충분히 가능하다. 올바른 IP 전략이란 결국 글로벌 시장에서 승부하는 특허를 만들어내는 데 있다. 예컨대, 빅데이터 기술에 관한 글로벌 특허를 선점하여 국내 기업을 보호하고 해외 기업에게서 기술료를 받으면 된다.

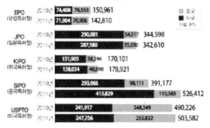

IP5 국가별 특허출원 건 수(단위: 건)

		외국	자국	합계
EPO (유럽특허청)	2010년	74,408	76,553	150,961
	2011년	71,904	70,906	142,810
JPO (일본특허청)	2010년	290,081	54,517	344,598
	2011년	287,580	55,030	342,610
KIPO (한국특허청)	2010년	131,805	38,296	170,101
	2011년	138,034	40,890	178,921
SIPO (중국특허청)	2010년	293,066	98,111	391,177
	2011년	415,829	110,583	526,412
USPTO (미국특허청)	2010년	241,917	248,249	490,226
	2011년	247,756	255,832	503,582

• "한중일 특허 출원 100만 건⋯ '세계 IP 중심'으로"(출처 : 전자신문, 2013. 1. 2)

　창조경제의 비전 아래 고품질 지식재산 창출과 IP 활용을 통하여 대한민국이 명실공히 지식재산 강국이 될 날을 기대해 본다.

이제는 지식으로 부를 창조하는 지식경제를 넘어서 창조로 부를 창조하는 창조경제가 도래하였다. 글로벌 경제는 창조 기반의 혁신과 제조로 양분되고, 혁신 주도 성장이 폭발적인 경제성장Exponential Economy 모델이 되고 있다. 이제 가장 고품질의 창조 혁신을 어떻게 창출하느냐가 국가 경쟁력의 핵심이다.

상상력과 창의적 아이디어를 기반으로 가치와 일자리를 창출하려면, 아이디어의 구현 기술, 독창적 디자인, 브랜드, 콘텐츠 등 무형재산이 지식재산으로 보호되고 선순환되어 새로운 국부를 창출하여야 한다. 이 책에서는 기술 보호에 관한 글로벌 특허 지식과 융·복합에 따른 상표와 저작권을 포함한 융합지식재산에 대하여 설명하였다. 지식재산이 창출만 되지 말고 활용되는 건전한 선순환 생태계가 조성되기 위한 IP 비즈니스와 IP 금융도 설명하였다.

수출에 의존하는 우리나라는 시장이 해외에 있고 분쟁도 해외에서 일어나므로 글로벌 스탠더드에 부응해야 한다. 건실한 국내 특허에 의거하여 많은 해외 특허를 확보해야 글로벌 경쟁에서 생존을 보장하고 경쟁의 우위에 설 수 있다. 고품질 특허만이 자산이고 장롱특허는 부채이다. 고품질 특허는 시장 제품에 정조준되도록 정성을 들여야 가능하다. 산업의 추세를 꿰뚫고 선행 연구에서 나오는 창의와 혜안을 바탕으로 글로벌 특허를 출원한 다음, 시장이 도래할 때 시장에 정조준하도록 특허를 등록시키는 것이 핵심이다. 우리나라는 선행 연구개발에 많은 투자를 하고 있으므로 이를 원천 지식재산으로 만들면 우리나라도 세계 지식재산의 중심이 될 수 있다.

애플과 삼성의 특허소송으로 전 국민이 특허, 디자인 등 지식재산에 대한 인식이 높아진 것은 다행이지만, 글로벌 지식재산에 대한 올바른 이해는 여전히 부족하다. 기술혁신의 가장 중요한 척도는 특허이다. 정부는 지식재산 선도를 외치지만 비전문가들이 판을 치고 뒷북만 친다. 선진국은 지식재산을 너무 강조하다 특허괴물의 남용을 야기하였지만 우리나라는 특허괴물의 근처에도 가본 적이 없다.

총성 없는 글로벌 지식재산 경쟁에 효과적으로 대응하려면 전문지식으로 무장해야 한다. 특허분쟁은 창과 방패 논리의 싸움이다. 특허 침해로 공격하면 무효로 대응하고, 균등론 침해로 공격하면 금반언으로 대응하고, 간접침해로 공격하면 묵시적 라이센스나 특허소진으로 대응하고, 표준특허로 공격하면 공정거래로 대응할 수 있다. 연구개발에는 그 분야 전공을 한 전문가를 쓰면서, 유독 지식재산 분야는 전문가가 아니라 정치적으로 총론만 외치는 비전문가들을 고용하는 경우가 많다. 이제는 다수의 국가에서 동시다발적으로 진행되는 소송이 많다. 지식재산 분야도 글로벌 스탠더드를 존중하고 글로벌 역량을 갖춘 인재가 역할을 해야 한다.

기술이 융·복합 되면서 지식재산도 융합되고 있다. 디자인은 보호의 범위가 넓어져서 상표와 비슷하게 보호되고 있다. 콘텐츠를 보호하는 저작권도 유튜브 등 디지털 시대에 맞추어 변화하고 있다. 소프트웨어는 특허와 저작권으로 보호되지만 점점 저작권에 의거한 오픈소스가 대세가 되어가고 있다. 융·복합 분야가 바로 지식재산의 블루오션이다. 융합과 통섭의 플랫폼을 마련하는 것도 중요하다. 창의적인 아이디어를 가진 인재들이 모여서 융합과 통섭의 기회를 통하여 좋은 기술과 지식재산을 창출하고 사업화할 수 있도록 소호벤처센터를 운영하거나, 대학을 활용해서 중소 벤처기업 중에서 창조 기업을 발굴하고 창업 육성하는 산학융합센터도 한 방법이다.

이제는 지식재산이 활용되는 시대이다. 특허가 제조의 보호 수단을 넘어서서 독립적으로 수익을 창출하는 수단으로 인식되면서 많은 특허 비즈니스 모델이 생기고 특허전문관리회사가 생기고 있다. 특허의 주기와 기술개발의 주기가 다르기 때문에 특허를 금융과 결합하여 장기간 투자하는 것이 핵심이다. 특허 비즈니스를 선도하려면 원천특허 확보 능력, 자금 동원 능력, 라이센싱 운용 능력이 중요하다. 미국에서는 특허 비즈니스가 너무 활성화되다 보니 기술력 없이 특허소송만 남발하는 특허괴물에 대한 견제의 논의도 나오고 있고, 일부 국가에서는 정부가 주도하는 특허괴물에 대한 우려도 나오고 있다. 우리나라가 글로벌 특허 비즈니스를 선도하려면 기술력과 전문인력을 갖춘 순수 민간 지식재산 전문기업이 주도를 해야 한다.

이제는 지식재산 비즈니스 전략이 기업의 핵심 역량이다. 시시각각 변하는 경영 환경에 어떻게 잘 적응하느냐가 기업의 경쟁력이다. 이제는 CEO 회의에서 지식재산 관리와 지식재산 수익화가 논의되기 시작하였다.

기업의 특허부서에서 과거에는 특허 출원을 잘 관리하는 사람이 특허 책임자였다. 이후 글로벌 소송이 많아지자 소송을 잘 관리하는 사람이 특허 책임자가 되었다. 이제는 특허 매각과 매입을 통하여 현재와 미래 사업을 위한 최적의 포트폴리오를 관리할 수 있는 사람이 특허 책임자로 적합한 시대가 되었다. 회사에서 필요한 특허를 모두 자체 출원만으로 충당할 수는 없다. 회사에 특허 포트폴리오를 분석하여 남는 특허는 매각하고 모자라는 부문의 특허는 매입할 수 있는 유연한 전략이 필요하다. 특허 비즈니스는 제조기업이 직접 하기보다 독립적인 비제조 특허전문기업이 파트너로 위치하는 것이 이상적이다.

예컨대, 신생기업인 페이스북은 많은 특허를 매입하여 소송에 대비하고 있다. 애플은 좋은 기술의 회사를 인수합병하여 기술을 제품에 접목하고, 특허는 특허대로 타 회사가 기술을 모방하지 못하도록 제3자 특허펀드를 이용하여 견제하는 전략을 쓰고 있다. 이제는 특허 비즈니스가 기업 전략에서 가장 중요한 요소 중 하나가 되었다. 우리나라는 퀄컴과 손잡고 통신 종주국이 되었지만 지식재산을 소홀히 하여 기술료 적자 국가가 되었다. 우리나라에서도 퀄컴과 같이 우수한 성능의 핵심 부품을 시장에 독점적으로 공급하고 별도의 특허료 수입도 올리는 기업이 나왔으면 한다.

지식재산도 국가 산업 발전에 중요한 무형의 인프라이다. 일반적으로 기술의 발전 속도에 비하면 법의 개정은 늦다. 그러나 지식재산은 기술 혁신을 위한 법에 근거하므로, 기술의 진화 속도에 맞추어 적극적으로 지식재산 관련 법을 개정하여야 혁신의 발목을 잡지 않는다. 혁신의 원천부터 시장의 제품까지 정조준해서 원천특허를 만들 수 있도록 법과 제도가 필요하다. 우리나라 법원도 글로벌 기준에 맞게 특허 무효율을 줄이고 특허소송액을 늘리면, 글로벌 분쟁의 심판을 많이 유치할 수 있다고 본다.

지식재산이란 인류를 위하여 존재한다. 요즘 청년 실업과 조기 은퇴가 화두가 되고 있다. 글로벌 경제로 가면서 제조 관련은 중국으로, 서비스 관련 업종은 인도 등으로 아웃소싱 되어 고용 없는 성장이 생기는 것이다. 과학 기술의 발전이 삶과 접목되어 삶의 질을 향상시키고 일자리 창출을 해야 하는데 반대의 현상이 나타나고 있는 것이다. 지식재산을 바탕으로 창업이 되고 관련 산업이 활성화되면 새로운 일자리를 창출하는 해법이 될 수 있다. 고품질 지식재산권의 창출, 보호, 활용이 산업이 되어 새로운 일자리를 창출함으로써 우리 사회의 자라나는 청년 세대와 산업시대의 역군인 장년 세대에게 희망을 줄 수 있는 날을 기대해 본다.

창의적 아이디어가 보호되고 보상이 주어지면, 꿈꾸어 오던 좋은 시나리오를 실현할 수 있는 세상이 올 것이다. 창조경제가 발달하면 '아이디어뱅크'를 생각해 볼 수 있다. 돈이 생기면 은행에 저축하고 필요한 사람이 은행에서 융자를 받는다. 비슷한 방법으로, 좋은 아이디어가 있으면 아이디어뱅크에 등록를 해놓는다. 사업을 하고 싶은 사람은 사업에 필요한 기술과 권리를 아이디어뱅크에 가서 사는 것이다. 기존에 있던 아이디어에 대하여 정당한 가격을 지불하고 마음껏 활용하고 발전시켜 비즈니스를 하는 것이다. 즉, 미래에 대한 아름다운 꿈Beautiful Mind을 꾸면 그것이 실현될 수 있는 사회가 될 것이다.